普通高等教育会计学专业规划教材

资产评估理论与实务

主　编　宋传联　闫大柱　于　洪
副主编　张淑杰　王洪会　诺　敏
参　编　尚　欣　车正红　张红漫
　　　　郑可心　吴英娟
主　审　郑立文　李　华　齐殿伟

机械工业出版社

本书是根据最新的《资产评估准则》编写的，其特色如下：

（1）适应我国目前的经济形势，根据新的资产评估准则编写而成。

（2）案例丰富，实务性强，能满足学生学习资产评估理论与实务的需要。与大多数同类教材相比，本书不单纯是抽象理论的说教，更有助于学生的理解与掌握，便于培养学生对所学知识的运用。

（3）每章都有配套的同步练习，有助于学生对基本知识点的快速掌握和教师的教学。本书在实用性和操作性上亦具有较强的指导作用。

本书可作为高等院校会计学、资产评估、财务管理等专业本科学生、专科学生的教材，也可作为资产评估从业人员的职业后续教育培训教材。

图书在版编目（CIP）数据

资产评估理论与实务/宋传联，闫大柱，于洪主编.
—北京：机械工业出版社，2011.2（2023.7 重印）
普通高等教育会计学专业规划教材
ISBN 978-7-111-33061-5

Ⅰ.①资…　Ⅱ.①宋…②闫…③于…　Ⅲ.①资产评估-高等学校-教材　Ⅳ.①F20

中国版本图书馆 CIP 数据核字（2011）第 006195 号

机械工业出版社（北京市百万庄大街 22 号　邮政编码 100037）
策划编辑：商红云　责任编辑：商红云　魏　悦
版式设计：张世琴　责任校对：刘秀丽
封面设计：张　静　责任印制：郜　敏
北京富资园科技发展有限公司印刷
2023 年 7 月第 1 版第 6 次印刷
169mm×239mm · 17 印张 · 323 千字
标准书号：ISBN 978-7-111-33061-5
定价：35.00 元

前　言

2007 年 11 月 28 日，财政部与中国资产评估协会举行中国资产评估准则体系发布会，正式发布了中国资产评估准则体系，2008 年 11 月 28 日，中国资产评估协会又发布 3 项新准则，资产评估准则体系进一步完善。但与之不相适应的是，目前很多高校的教材并没有根据资产评估准则的体系编写，不同的资产评估教材理论体系也各不相同，不利于资产评估的教学。

在 2006 年 2 月 15 日的会计准则中，增加了公允价值计量属性。如何更好地认识公允价值，进而评估公允价值，是会计学专业、财务管理专业、审计专业、财政专业的师生应该考虑的问题。而本书正是应公允价值评估的需要，按照最新的资产评估准则编写而成的。

本书全面、系统地介绍了资产评估理论与实务。全书共分为两编：第一编为资产评估基本理论与方法，包括总论、资产评估执业规范、资产评估的基本方法，共计三章。第二编为资产评估实务，包括机器设备评估、房地产评估、无形资产评估、长期投资性资产评估、流动资产评估、资源资产评估及企业价值评估，共计七章。

本书具体分工如下：第一、三、五、六、七、八章由宋传联副教授编写，第二章由于洪、张淑杰副教授编写，第四章由闫大柱副教授、诺敏老师编写，第九章由王洪会、尚欣、车正红副教授编写，第十章由张红漫、郑可心、吴英娟副教授编写。全书由宋传联副教授统稿，由郑立文、李华、齐殿伟教授主审。

本书可作为会计学专业、资产评估专业、财务管理专业、财政学专业、管理学专业、经济学专业的本科学生和专科学生的教材，也可作为资产评估从业人员的职业后续教育培训教材。

由于编者水平所限，加之时间仓促，书中的错误与失误在所难免，希望专家和学者不吝赐教。

编　者

目　　录

第二编 资产评估实务

第一编

资产评估基本理论与方法

第一篇

[illegible]

第一章　总　　论

学习目标

掌握资产评估的要素，资产评估的含义，资产评估的特点，资产评估的目的及价值类型、原则、假设及资产评估与会计、审计的关系等。

案例引导

由于飞机失事，Jack 和 Henry 被困沙漠。等待救援的过程是漫长的，整整七天过去了，Jack 和 Henry 所带的食品和水已全部消耗。此时出现了几位牧民，他们同意为 Jack 和 Henry 提供一些水和食品，代价是 Jack 和 Henry 所有的贵重物品必须归他们。这笔交易公平吗？Jack 和 Henry 该不该同意做这笔交易？

第一节　资产评估及其特点

一、资产评估的含义

资产评估是对资产的价值进行评定估算的经济行为。这种经济行为是一种法定的经济行为，不是随意的经济行为，因此，资产评估是在特定要素约束下的经济行为。目前我国资产评估准则规定法定的资产评估行为需要遵守下列要素：

（1）评估主体。评估主体是指从事资产评估的人员和机构。人员主体是指注册资产评估师，即通过全国注册资产评估师资格考试全科合格同时具有实践经验并获得注册的人员；机构主体主要有资产评估公司、资产评估事务所等。

（2）评估客体。评估客体是指被评估的资产，它是资产评估的具体对象。在评估实践中，它可能表现为某项单项资产，如一台机器设备，也可能表现为某项整体资产，如一个企业；可能表现为某些具有实物形态的资产，如一批材料，也可能表现为某些不具有实物形态的资产，如一项专利权。关于评估客体的具体内容在本章的第三节中有详细的阐述。

（3）评估依据。评估依据是指资产评估工作所遵循的法律、法规、经济行为文件、重大合同协议以及取费标准和其他参考依据。

由于资产评估是一种法定的经济行为，因而其必须遵守国家的法律、法规和文件的约束，只有明确这些法律、法规和文件，才能正确地进行资产评估。相关的法律、法规和文件在第二章中有详细的阐述。

（4）评估目的。评估目的是指资产评估要达到的目标。从普遍意义上来看，资产评估的目的是为未来的交易提供作价依据，但由于资产行为的不同，即交易类型的不同，决定了资产评估的具体目的必然有所不同。关于资产评估的具体目的在本章的第四节中有详细的阐述。

（5）评估原则。评估原则是指资产评估纲领性的规定。它是资产评估具体准则的原始依据，是处理评估当事人各方关系、处理评估业务的行为准则。资产评估为交易双方预交易的资产提供作价依据，这一目的决定了资产评估必定具备独立、客观、公正的工作原则。关于资产评估的原则在本章的第五节中有详细的阐述。

（6）评估程序。评估程序是指资产评估工作从开始准备到最后结束的工作顺序。由于程序的选择往往会涉及评估结果的公正性，因此，资产评估必须依据法定的程序进行评估。如果不规定资产评估的程序，资产评估师可以先根据评估一方的要求确定评估结果，再选择一定的方法拼凑这种结果，造成评估结果的失实，给另一方当事人带来损失，同时影响评估行为的社会形象，最终葬送资产评估的权威性，从而导致十分有害的后果。因此，我国资产评估法律规范规定了资产评估的程序，以利于规范资产评估行为，其具体内容在本章的第六节中有详细的阐述。

（7）评估价值类型。评估价值类型是对评估价值的质的规定性。资产评估的价值量是评估价值的量的规定性，而评估的价值类型则是评估价值的质的规定性。作为一名专业的资产评估师，在实施实质性的评定估算行为之前，必须明确评估为之服务的交易所需要的价值类型，以便选择更有效的方法评定这种类型的价值，更好地为资产交易服务。关于资产评估的价值类型在本章的第四节中有详细的阐述。

（8）评估方法。评估方法是指资产评估所运用的特定技术。为了得到资产的价值量，我们需要通过不同的渠道并运用不同的方法进行计算，这种评估的思路和技术方法在资产评估中我们称之为方法。资产的价值量可以通过何种评估渠道得到，可以通过何种技术方法计算，在第三章中有详细的阐述。

（9）资产评估假设。资产评估假设是指资产评估得以进行的前提条件。由于资产评估的结果用于不同的资产业务，因而对不同资产业务内涵界定得不同，必然决定了资产评估的计算方法不同，因而其计算结果也不同。因此，在进行每项实质性的评估之前，资产评估师必须先对结果成立的前提条件进行假设，以便更好地进行评定估算。资产评估假设在本章的第五节中有详细的阐述。

（10）资产评估基准日。资产评估基准日是指资产评估价值所对应的时点。由于货币在不同的时间点位具有不同的价值，因而资产评估必须明确评估价值所对应的时点，这个时点被称为资产评估基准日。明确资产评估基准日不仅使评估行为具有更好的操作性，而且也降低了资产交易双方不当使用评估结果的可能性。

二、资产评估的种类和特点

（一）资产评估的种类

从不同的角度出发，资产评估有不同的分类。

（1）按资产评估对象和获利能力划分，资产评估可划分为单项资产评估和整体资产评估。

单项资产一般具有独立的获利能力，因而对具有单独获利能力资产的评估，称为单项资产评估，如房地产的评估。

整体资产是指具有获利能力的资产综合体。如果评估对象是整体资产，则这种评估称为整体资产评估，如企业价值的评估。

（2）按引起资产评估的经济行为划分，资产评估可划分为资产转让评估、股权重组评估、企业兼并评估、企业出售评估和企业改制评估等。

（3）按资产评估服务的对象及资产评估师承担的责任不同，资产评估可分为评估、评估复核和评估咨询等。

评估一般是指某一标的物为某种特定行为首次接受委托的评估，评估的结果是资产评估报告。在评估过程中一般要完全遵守国家规定的资产评估准则，资产评估师应对评估结果的真实性、可靠性和合理性负责。

评估复核是指对其他评估机构出具的评估报告的再分析和再判断的过程，属于对同一评估对象在同一次资产业务中价值的再分析，资产评估师应当对复核意见的真实性和合理性负责。

评估咨询是指一般意义上的价格咨询行为，一般并不以出具评估报告为最终的服务宗旨，因此具有收费低廉，法律后果较小的特点。

（4）按资产评估面临的条件及执业过程中对准则的遵守程度，资产评估可分为完全性资产评估和限制性资产评估。

完全性资产评估是指严格遵守资产评估准则所进行的评估。限制性资产评估是指为满足某些特定委托方的要求所进行的评估，由于委托者的要求不同，资产评估师往往并不能完全遵守资产评估准则进行评估，但同时，这些评估结果往往也只能为某些特定的委托者服务，从而很可能在资产评估报告使用后危害潜在的另一方的利益。

随着我国市场经济的发展，只涉及某一方当事人的经济行为会越来越少。而国有资产被界定为全民资产的定位，必然会使限制性资产评估行为大大减少。

（二）资产评估的特点

1. 市场性

资产评估是市场经济发展到一定阶段的产物，没有资产产权变动和资产交易的普遍进行，就不会有资产评估的存在。资产评估是适应市场经济要求的专业中介服务活动，在市场交易活动发生的条件下，资产评估通过模拟市场条件对资产价值做出评定估算和报告，同时，这一估算和报告结果必须接受市场检验。

2. 公正性

公正性是指资产评估行为对于评估当事人不偏不倚。资产评估机构是市场中介机构，其本身具有公正性。从组织上讲，资产评估机构派出资产评估师进行评估时，评估机构和资产评估师应具有独立性，即始终站在第三者立场，与被评估单位没有直接的经济利害关系；从技术上讲，资产评估是按照公允、法定的准则和程序，运用科学的方法进行的，从而使评估结果具有公正性。

3. 专业性

专业性是指从事资产评估业务的机构应由一定数量和不同类型的专家及专业人士组成。一方面，这些资产评估机构形成专业化分工，使得评估活动专业化；另一方面，资产评估师对资产价值的估计判断是建立在专业技术知识和经验的基础之上的。

4. 咨询性

咨询性是指资产评估结论是为资产业务提供专业化估价意见的，该意见本身并无强制执行的效果，评估只对结论本身是否合乎职业规范要求负责，而不对资产业务定价决策负责。事实上，资产评估为资产交易提供的估价往往由当事人作为要价和出价的参考，最终的成交价取决于当事人的决策动机、谈判地位和谈判技巧等综合因素。

第二节　我国资产评估行业发展状况

我国资产评估行业起步于20世纪80年代末90年代初，虽然时间不长，但发展迅猛，目前已经成为我国社会主义市场经济体系中一个不可缺少的社会中介行业。

西方国家资产评估行业是随着经济的发展，为满足经济行为的相关当事人交易决策的价格咨询需要而产生的，而我国资产评估行业的产生则是适应经济体制改革和国有资产管理改革的需要，基于加强国有资产管理的需要而产生的。

十一届三中全会以后，我国经济体制改革逐步深入，国有企业对外合资合作、承包租赁、兼并、破产等经济行为日益增多，这些行为事实上都需要建立在对所涉及的国有资产价值的合理估算基础上。但与此不相适应的是，当时我国并没有专门的资产评估机构，国有企业往往以账面价值与境外投资者合资，导致国有资产大量流失。这些现象引起了社会各界的广泛关注，要求合理重估国有资产价值的呼声日益高涨。

1989 年，《国家体改委、财政部、国家国有资产管理局关于出售国有小型企业产权的暂行办法》（体改经［1989］39 号文件）和《国家体改委、国家计委、财政部、国家国有资产管理局关于企业兼并的暂行办法》（体改经［1989］38 号文件），明确规定对被出售企业的资产（包括无形资产）要认真进行清查评估。1990 年 7 月，原国家国有资产管理局成立了资产评估中心，负责资产评估项目和资产评估行业的管理工作。这些早期资产评估管理文件的发布和资产评估管理机构的成立，标志着我国资产评估工作正式起步。

20 世纪 90 年代初，原国家国有资产管理局代表政府直接管理资产评估行业，包括法规起草、机构管理、项目管理等基础工作，在较短的时间内即完成了《国有资产评估管理办法》的起草工作，并于 1991 年以国务院第 91 号令发布了该办法。

1993 年 12 月，中国资产评估协会成立，与当时的注册会计师协会合二为一，并于 1995 年代表我国资产评估行业加入国际评估准则委员会。中国资产评估协会的成立标志着中国资产评估行业已经成为一个独立的中介行业，我国资产评估行业管理体制也开始走上政府直接管理与行业自律管理相结合的道路。

从此以后，我国资产评估行业得到空前发展，资产评估机构和从业人员的数量迅速增加，我国逐渐建立了注册资产评估师制度，完善了资产评估行业准入制度，并陆续发布了资产评估操作规范意见等技术性规范。

由于最初我国的资产评估的主要功能是防范国有资产的流失，因此，资产评估的范围主要是国有资产评估，相应地资产评估机构也依附于政府部门，国有资产的评估当时采取评估立项制度。但随着我国社会主义市场经济体制的发展，我国资产评估管理的体制条件和形势背景发生了很大变化，资产评估业务深入发展，资产评估范围已不仅限于国有资产评估领域，资产评估机构经过脱钩改制，不再依附于政府部门，资产评估机构和从业人员独立执业和承担责任的条件基本成熟。同时政府对国有企业的管理方式也在进行调整，社会主义市场经济条件下的新型国有资产管理体制正在形成，在资产评估领域主要体现在以出资人身份对下属企业的有关资产评估事项进行管理。在这种背景下，取消政府部门对国有资产评估项目的立项确认制度的条件已基本成熟。2001 年 12 月 31 日，《国务院办公厅转发财政部关于改革国有资产评估行政管理方式加强资产评估监督管理工作意见的通知》（国办发［2001］102 号文件），对国有资产评估管理方式进行重大改革，取消财政部门对国有资产评估项目的立项确认审批制度，实行财政部门的核准制或财政部门、集团公司及有关部门的备案制。评估项目的立项确认制度改为备案、核准制，加大了资产评估机构和注册资产评估师在资产评估行为中的责任。与此相适应，财政部将资产评估机构管理、资产评估准则制定等原先划归政府部门的行业管理职能移交给行业协会。这次重大改革不仅是国有资产评估管理的重大变化，同时也标志着我国资产评估行业管理的发展进入到一个强化行业自律管理的新阶段。

2003 年，国务院设立国有资产监督管理委员会（简称国资委），财政部将有关国有资产管理的部分职能划归国资委。国资委作为国务院特设机构，以出资人的身份管理企业国有资产，包括负责监管所属企业资产评估项目的核准和备案。财政部则作为政府管理部门负责资产评估行业管理工作。这次改革对我国评估行业的发展具有重大影响，实现了国有资产评估管理与资产评估行业管理的分离，表明日益壮大的我国资产评估行业在形式和实质上真正成为一个独立的中介行业。

2003 年 12 月，国务院办公厅发布了《国务院办公厅转发财政部关于加强和规范评估行业管理的意见的通知》（国办发［2003］101 号文件），对加强和规范资产评估行业的管理提出了全面要求。根据国务院文件的精神，2004 年 2 月，财政部发布了《资产评估准则——基本准则》、《资产评估职业道德准则——基本准则》。

2003 年 12 月 31 日，国务院国有资产监督管理委员会和财政部联合发布《企业国有产权转让管理暂行办法》（国务院国有资产监督管理委员会、中华人民共和国财政部令第 3 号），对企业国有产权转让行为进行规范，其中明确规定企业国有产权在转让时应当委托具有相关资质的资产评估机构依照国家有关规定进行资产评估。

2005 年 5 月 11 日，财政部发布《资产评估机构审批管理办法》（财政部令第 22 号），这是新时期政府部门制定的资产评估行业管理的重要部门规章，对资产评估机构及其分支机构的设立、变更和终止等行为进行了规范。

2004 年以来，根据行政许可法等相关法律、法规和国务院文件的规定，资产评估行业进一步完善行政管理和行业自律管理相结合的管理体制。资产评估行业实施行政许可管理的项目：由财政部门实施的资产评估机构设立许可，由财政部与中国证监会共同实施的资产评估机构从事证券业务许可，人事部门与财政部门共同实施的注册资产评估师执业资格许可（含珠宝评估专业）。注册资产评估师注册由中国资产评估协会实行自律管理。

2008 年 4 月 29 日，财政部和中国证监会联合印发了《财政部、证监会关于从事证券期货相关业务的资产评估机构有关管理问题的通知》（财企［2008］81 号文件），对从 1993 年开始实施的对资产评估机构从事证券业务实施行政许可，资产评估机构申请证券评估资格应当满足的条件和应当提交的材料，具有证券评估资格的资产评估机构后续监管等问题作了明确规定，不仅加强了资格的准入管理，还建立了“优胜劣汰”的退出机制。

第三节 资 产

资产评估中的资产是指特定经济主体拥有或控制的，能以货币计量的，能够给经济主体带来经济利益的经济资源。这与会计中对资产的界定略有不同。

一、资产的基本特征

（1）资产必须是经济主体拥有或者控制的。因为只有资产能够被某特定主体拥有或控制，在法律上该项资产才是某经济主体的权利，才能够进行交易，也才能进行评估，所以资产评估强调资产的财产权利，强调资产法律意义上的所有者。

（2）资产必须能够以货币计量。也就是说资产价值能够运用货币进行计量，否则就不能作为资产确认。因为只有资产能够以货币进行计量，资产评估才能够确定该项资产的价值量。人力资源从理论上说也是企业的资产，但由于其价值计量具有高度的不确定性，因而目前还不能准确评估人力资源的价值，人力资源还不能作为资产评估的对象。

（3）资产是能够给经济主体带来经济利益的资源。也就是说，资产具有能够带来未来利益的潜在能力。资产评估强调资产被交易后具有使用价值，也正是因为其具有未来的使用价值，因而才存在被交易的可能。因而资产评估中所界定和评估的资产，必须是具有未来获利能力的资产，亦即必须具有未来的效用，这种效用越大，买者越会对其支付更高的货币额度以获取此项资产，因而，该项资产才具备更高的交换价值。相反地，某项资产尽管评估时具有效用，但交易后其效用将不再存在，因而对于买者而言，其不具有效用，因而也不会为之付出高额的货币额度。

二、资产的分类

为了更好地进行资产评估，必须对资产进行分类。资产按不同的标准可以划分为不同的种类：

（1）按被评估资产的存在形态分类，可以分为有形资产和无形资产。有形资产是指具有实体形态的资产，包括流动资产、对外投资、固定资产、其他资产和资源资产等。由于这类资产具有不同的功能和特征，在评估时可分别进行。无形资产是指不具有实体形态的资产，包括专利权、商标、非专有技术、计算机软件和商誉等。无形资产虽不具有实物形态，但只要具有获利能力，就会为未来的所有者带来经济利益，因而也属于资产评估的对象。

将资产分类为有形资产和无形资产，是因为有形资产与无形资产获利的方式不同。这种分类有利于资产评估师更好地评价资产的获利因素，从而更好地评估资产的价值。

（2）按资产是否具有综合获利能力分类，可以分为单项资产和整体资产。单项资产是指单台、单件的资产，如单台汽车、单台机床等。整体资产是指由一组单项资产组成的具有获利能力的资产综合体，如某一企业、某一车间等。在资产评估中，以单项资产为对象的评估，通常称为单项资产评估；以企业整体资产为对象的评估，通常称为企业价值评估或整体资产评估。企业整体资产不是企业各单项可确指资产的汇集，其价值也不等于各单项可确指的资产价值的总额，因为企业整体资产评估所考虑的是它作为一个整体资产的生产能力或获利能力，所以，其评估价值除了包括可确指的资产价值以外，还包括不可确指的资产，即商誉的价值。

将资产分类为单项资产和整体资产，有助于按照资产的组成确定其获利因素，从而更有效地评估资产的价值。

（3）按资产能否独立存在分类，可以分为可确指的资产和不可确指的资产。可确指的资产是指能独立存在的资产，即除商誉之外的所有有形资产和无形资产；不可确指的资产是指不能脱离有形资产而单独存在的资产，如商誉。

由于有形资产和除商誉外的无形资产都可以独立存在，因而将商誉作为不可确指的资产进行单独评估，有助于更好地明确各种不同资产的价值。

（4）按资产在生产经营过程中的作用分类，可以分为经营性资产和非经营性资产。经营性资产是指处于生产经营过程中的资产，如企业中的机器设备、厂房、交通工具等。经营性资产又可按是否对盈利产生贡献分为有效资产和无效资产。非经营性资产是指处于生产经营过程以外的资产，如行政管理部门所用的房屋、办公设备等。

每种资产都应当按照其发挥作用的形式来评估相应的价值。由于经营性资产处于生产经营过程中，因而其发挥作用的形式主要是对经营活动产生贡献，其对生产经营的贡献程度越大，则其价值也应当越高；而非经营性资产可能并不具备经营性资产的功能，但能够为非经营性活动产生贡献，因而评估时应当充分考虑该项资产所处的岗位或其在企业中的作用，从而正确地评估其应有的价值。将经营性资产作为非经营性资产评估或将非经营性资产作为经营性资产评估都是严重错误的。

当然，资产价值的评估应当充分考虑对资产的最佳使用，尤其对于房地产评估，应考虑其最大、最佳效用后再考虑其相应的贡献，从而评估其相应的价值。

（5）按现行会计制度和资产的流动性分类，可以分为流动资产、长期投资、固定资产和无形资产等。这种分类主要是为了满足出具资产评估结果的需要。由于很多情况下资产评估的服务对象是企业，在资产评估机构评估出企业的资产价值之后，被评估企业往往又需要根据评估结果建账、调账，因而资产评估师在资产评估过程中无论怎样对资产进行分类并评估，在出具评估结果时，都应当按照会计核算的需要出具评估结果，以满足被评估企业的需要。

第四节 资产评估的目的和价值类型

一、资产评估的目的

资产评估的目的是指进行资产评估所达到的目标。资产评估的目的有一般目的和特定目的之分。资产评估的一般目的包含了特定目的，而资产评估的特定目的正是一般目的的具体化。

（一）资产评估的一般目的

资产评估的一般目的是指评估资产的交换价值，并为未来的交易提供作价依据。这个评估的交换价值应当是资产的公允价值。

公允是指“公平、适当”，也就是说资产评估的一般目的是评估资产公平、适当的价值，为未来的交易提供作价的依据。只有评估的价值公允，才能得到相关使用者的认可，才有可能成为价格，并为资产交易服务。国际上普遍认为，公允价值是一种相对于当事人各方的地位、资产状况及资产面临的市场条件的合理的评估价值，是资产评估师根据被评估资产自身的条件及其所面临的市场条件，对被评估资产客观交换价值的合理估计值。公允价值的一个显著特点是，它与相关当事人的地位、资产的状况及资产所面临的市场条件相吻合，且并没有损害各当事人合法权益，亦没有损害他人的利益。

从这个角度来看，公允价值分为相对公允价值和绝对公允价值。所谓的相对公允价值，是指经特定买卖双方认可的交换价值。所谓的绝对公允价值，是指完全公平的价值；在资产评估中，这种完全公平的价值是指被多数人认可的价值，一般应当符合公平市场的前提条件。

在案例引导中，Jack 和 Henry 应当同意交易。因为在那样的情况下，他们赢得了时间，也就增加了被营救的希望。这笔交易是公允的，但不是绝对的公允，而是特定情况下的公允，我们称之为相对公允。

（二）资产评估的特定目的

资产评估作为资产估价活动，总是为满足特定资产业务的需要而进行的。通常把资产业务对评估结果用途的具体要求称为资产评估的特定目的。我国资产评估实践表明，资产业务主要包括以下方面：

1. 资产转让

资产转让是指资产拥有单位有偿转让其拥有的资产，通常是指转让非整体性资产的经济行为。

由于资产拥有单位的资产可能来自于投资者的资产，也可能来自于借入资金的购入使用，如果资产占有单位有偿转让其拥有的资产而不经过评估，则很可能会出现在转让过程中的转让价格不公允，从而危害投资者和债权人的利益。因此，我国法律规定，当发生资产拥有单位有偿转让其拥有的资产的经济行为时，必须进行资产评估。

2. 企业兼并

企业兼并是指一个企业以承担债务、购买、股份化和控股等形式有偿接收其他企业的产权，使被兼并方丧失法人资格或改变法人实体的经济行为。

一个优势企业无论以何种形式有偿接收另一个企业，都涉及双方企业原投资者、债权人在新的经济实体中所有权和债权的重新分配，而双方原有的会计对所有权和债权的计量并不能够在同一时点上进行比较，因而经济法规定在发生企业兼并事件时必须评估双方资产的价值。

3. 企业出售

企业出售是指独立核算的企业和企业内部的分厂、车间及其他整体资产产权的出售行为。

由于企业出售同样涉及企业的原投资者和债权人的权益，因而必须评估其相应的价值后再进行出售。

4. 企业联营

企业联营是指国内企业、单位之间以固定资产、流动资产、无形资产及其他资产投入组成各种形式的联合经营实体的行为。

同样，为了使企业联营资产的价值能够正确地计量并对比，必须评估联营出资的价值。

5. 股份经营

股份经营是指资产占有单位实行股份制经营方式的行为，包括法人持股，内部职工持股，向社会发行不上市股票和上市股票。

由于股份经营涉及每股资产的价格，而通常股价的确定依据是企业的净资产，因而在企业发生股份经营行为时需要评估企业的净资产。

6. 中外合资、合作

中外合资、合作是指我国的企业和其他经济组织与外国企业和其他经济组织或个人在我国境内举办合资或合作经营企业的行为。

中外合资通常以资产论权益，而只有通过资产评估对双方的资产进行正确地计量，才能明确双方的权益。

中外合作虽不完全以资产论权益，但中外双方在签订合作协议时往往也主要以双方出资的资产作为签约的考虑，因而，也应当评估双方的资产。

7. 企业清算

企业清算包括破产清算、终止清算和结业清算。

无论是何种清算，都需要向债权人和投资者清算资产。由于被清算资产的账面价值位于不同的时点，加之资产的形态不同，在清算时其价值量与其账面记录的价值往往有很大的差异。在企业清算时进行资产评估，既可以更好地进行清算，也有利于保护各方的利益，维护国家经济领域的正常秩序。

8. 抵押

抵押是指资产占有单位，以本单位的资产作为物质保障进行抵押而获得贷款的经济行为。

通常银行不是资产计量方面的专家，为了更好地进行经营活动，银行往往要求资产占有单位对其作为物质保证的资产进行评估，并以其评估结果作为发放贷款的依据。

9. 担保

这里的担保是指狭义上的担保行为，即指资产占有单位以本企业的资产为其他单位或个人的经济行为提供经济担保，并承担连带责任的行为。

由于担保获取的贷款也取决于担保资产的价值，因而需要对相应的资产进行价值评估。

10. 企业租赁

企业租赁是指资产占有单位在一定期限内，以收取租金的形式，将企业全部或部分资产的经营使用权转让给其他经营使用者的行为。

通常，企业的租赁价格取决于企业的获利能力或企业的规模，因此，企业的价值高低是确定租赁价格的前提。所以，企业租赁时通常需要进行评估。

11. 债务重组

债务重组是指债权人按照其与债务人达成的协议或法院的裁决同意债务人修改债务条件的事项。

由于债务重组往往是由于企业发生了资不抵债的事件，从而造成企业偿债能力的下降，因此，债务重组时应当进行评估，并重点关注企业的偿债能力。

二、资产评估的价值类型

（一）价值和价格

政治经济学中的价值是指蕴涵在商品中的无差别的人类劳动。事实上，这是指商品的内在价值。资产评估的价值是指交换价值，即可供交易的商品、服务与其买方、卖方之间的货币数量关系。

一般地，商品的交换价值与内在价值是不一致的。有些商品花费了极少量的人类劳动，但是却具有很高的交换价值；也有些商品花费了大量的人类劳动，但却只具有很低的交换价值。正确地认识价值的含义，才能正确地评估资产的价值。在本书中所谈的价值，是指资产评估师评估出的交换价值。评估的交换价值与交换价值之间也可能存在差异。如果资产评估师没有正确地理解交换价值的内涵，则其评估的价值就可能与交换价值有较大的出入。

资产评估中的价格是指特定交易行为中，特定的买方或卖方对商品或者服务的交换价值的认可。它是一个历史事实。

价格与价值的关系是，价格不一定按照评估价值成交。事实上，在交易时，双方的力量对比、买卖双方谈判的能力都会影响价格的成交。

如商店的一件大衣，其价格标签标示的价格是 2 800 元。事实上，价格标签上所列示的 2 800 元在其未成交之前是商店对该项商品交换价值的认定，只有消费者进行购买，此价值才变为价格。

（二）资产评估的价值类型

资产评估的价值类型是指资产评估价值的质的规定性，即价值内涵。价值类型需要与资产行为的发生相匹配。

资产评估的价值类型是资产评估价值形式上的具体化。资产在价值形态上的计量可以有多种类型的含义，它们分别从不同角度反映资产的价值特征。这些不同含义的价值类型不仅在质上是不同的，在量上也存在较大差异，而作为特定资产业务所要求的具体价值类型却是唯一的，否则，就失去了正确反映和提供价值尺度的功能。因此，必须根据资产业务的行为，即评估目的，弄清楚所要求的价值尺度的内涵，从而确定资产业务所适用的价值类型。

关于资产评估价值类型的种类，从不同的角度出发，有着不同的表述。

1. 以资产评估时所依据的市场条件划分

以资产评估时所依据的市场条件划分，资产的价值类型包括市场价值和非市场价值。

（1）市场价值。资产评估中的市场价值是指资产在评估基准日公开市场上最佳使用状态下最有可能实现的交换价值的估计值。

一般地，公开市场应当满足以下四个方面的条件：

1）市场上有足够多的买者和卖者。只有买者和卖者的数量足够多，才能形成自由竞争。

2）市场上买卖双方应当地位对等。如果买者的地位高于卖者，则会形成对买者有利、对卖者不利的价格；相反地，如果卖者地位高，则会形成对买者不利的价格。

3）买卖双方对资产有足够的知识和能力，并且买者有足够的时间和精力了解市场。在市场交易中，通常买者对资产的知识和能力是不足的，因此，往往交易价格对买者不利。

4）交易时双方需理智、冷静。如果交易双方有一方不够冷静、理智，则理智和冷静的一方会利用自己的优势，形成事实上对己有利的价格。

（2）非市场价值。非市场价值不是一种具体的资产评估价值存在形式，它是一系列不符合资产市场价值定义条件的价值形式的总称或组合，如在用价值、投资价值、继续经营价值和保险价值等。

一般而言，属于市场价值性质的资产评估结果主要适用于产权变动类资产业务；属于市场价值以外的价值性质的评估结果，既适用于产权变动类资产业务，同时也适用于非产权变动类资产业务。在评估时点，资产的市场价值以外的价值只对特定的资产业务当事人来说是公平合理的。资产评估结果公平合理性所涵盖的范围基本上就限定了评估结果的适用范围和使用范围。

这种划分方法不仅注重了资产评估结果适用范围与评估所依据的市场条件及资产使用状态的匹配，而且树立了一个资产公允价值的坐标。

2. 以资产评估的估价标准划分

以资产评估的估价标准划分，价值类型具体包括重置成本、收益现值、现行市价（或变现价值）和清算价格。

这种划分标准承袭了会计理论中关于资产计价标准的划分方法和标准，将资产评估和会计的资产计价紧密地联系在一起。

（1）重置成本。重置成本是指在评估基准日，按功能重置资产并使资产处于在用状态所花费的全部成本。重置的途径又分为自制资产和外购资产。在通常情况下，外购资产的重置成本和历史成本的成本项目是相同的，但其价值量可能不同。因为资产评估强调的是社会公允的概念，而会计成本强调的是个别性，这种个别性的成本很可能并不公允。这说明，在进行资产评估时，不能简单地将会计核算的历史成本作为资产评估中的重置成本。

（2）收益现值。收益现值是指被评估资产未来收益的折现值。如果专家能够对某被评估对象的未来收益作出估测，对获取该收益的风险和资产的获利年限也可以估测，则可以采用将利求本的思维，将未来收益折算到评估基准日，并作为被评估资产的价值。

（3）现行市价。现行市价一般是指资产的变现价值。它与重置成本的不同是重置成本强调的是全新的重置价格，而变现价值是在考虑了业已存在的贬值之后资产实际在某种类型市场上的售价。

（4）清算价格。清算价格是指资产在非公开市场上限制出售的价值。这个非公开市场通常对于卖者不利，或受变现时间的限制，或受变现条件的限制，从而形成最终交易价格低于正常市场价格，所以说，清算价格通常会大大低于现行市场价格。

3. 从资产评估假设的角度划分

从资产评估假设的角度来表述资产评估的价值类型，具体包括继续使用价值、公开市场价值和清算价格。

（1）继续使用价值。继续使用价值是指评估时假设未来资产按现在的用途继续使用或改变用途继续使用或转移地点使用所产生的价值。

（2）公开市场价值。公开市场价值是指假设资产将来在公开市场上交易所评估的价值。

（3）清算价格。清算价格是指假设资产处于清算状态时所评估的价值。

4. 从资产业务的性质划分

从资产业务的性质来划分资产评估的价值类型，具体包括抵押价值、保险价值、课税价值、投资价值、清算价值、转让价值、保全价值、交易价值、兼并价值、拍卖价值、租赁价值和补偿价值等。

这种划分方法强调资产业务的重要性，认为应根据资产业务选择资产价值类型。

第五节　资产评估的假设和原则

一、资产评估的假设

资产评估假设是指在评估实施前，先对被评估资产依据有限事实而作出的合理推断的状态，并以此为前提对资产实施评定和估算。资产评估与其他学科一样，其理论和方法体系的形成是建立在一定假设条件基础之上的。了解资产评估假设，有助于正确地选择评估方法，提高评估工作质量。资产评估适用的假设包括交易假设、公开市场假设、继续使用假设和清算（清偿）假设。

1. 交易假设

交易假设是资产评估得以进行的一个最基本的前提假设。交易假设是假定所有被评估资产已经处在交易过程中，资产评估师根据被评估资产的交易条件等模拟市场进行估价。众所周知，资产评估其实是在资产实施交易之前进行的一项专业服务活动，而资产评估的最终结果又属于资产的交换价值范畴。为了充分发挥资产评估在资产实际交易之前为委托人提供资产交易底价的专家判断的作用，同时又能够使资产评估得以进行，利用交易假设将被评估资产置于“交易”当中，模拟市场进行评估是十分必要的。

交易假设一方面为资产评估得以进行创造了条件，另一方面它明确限定了资产评估的外部环境，即资产是被置于市场交易之中的。资产评估不能脱离市场条件而孤立地进行。

2. 公开市场假设

事实上，理想的公开市场在现实中可能并不存在，资产评估往往对一些近似于公开市场的条件进行假设，这就产生了公开市场假设。公开市场强调的是市场上的交易双方（又称买卖双方）得到最大程度的满足，资产本身的价值得到最大程度的实现。从此角度来看，我们可以将符合以下两个条件的市场假设为公开市场：第一是市场的自由竞争，第二是强调资产的通用性。

如我国的房地产市场符合公开市场假设，评估时可以按照公开市场假设进行评估。其原因：一是由于目前我国的房地产市场的供给者——房地产开发商数量众多，足以为购买者提供可选空间，形成了自由竞争；二是由于房地产是通用性资产，它可以具有商业、工业和居住三种用途，因此，可以满足更多人的需要，从而实现其最佳效用。

3. 继续使用假设

从资产评估角度看，继续使用假设是指资产将按现行用途继续使用，或转换用途继续使用。对这类资产的评估，就要从继续使用的假设出发，不能按资产拆零出售所得的收入之和进行估价。按照通行的说法，继续使用假设又细分为三种具体情况：①在用续用。②转用续用。③移地续用。由于继续使用假设是在一定市场条件下对被评估资产使用状态的一种假定说明，在继续使用假设前提下的资产评估及其结果的适用范围常常是有限制的。在许多场合下评估结果并没有充分考虑资产用途替换，它只是对特定的买者和卖者是公平的。

继续使用假设也是资产评估中的一个非常重要的假设，特别是我国经济体制处于转轨时期，市场发育尚未完善，资产评估活动大多与老企业的存量资产产权变动有关。所以，不同情况下的继续使用假设对评估参数以及对评估结果的影响是不同的。

4. 清算（清偿）假设

清算（清偿）假设是指资产在非公开市场条件下被迫出售或快速变现条件下的假设说明。在这种情况下的资产评估适用强制出售中市场均衡被打破的实际情况，被评估资产的评估值通常要低于在公开市场假设前提下或继续使用假设前提下同样资产的评估值。因此，在清算假设前提下的资产评估结果的适用范围是非常有限的。

二、资产评估的原则

资产评估的原则是指调节资产评估委托者、评估业务承担者以及特定经济行为有关的权益各方在资产评估中的相互关系，规范评估行为和业务的纲领性的规定。资产评估准则是在评估原则的基础上结合国家的经济形势制定的具体规定，是原则的具体反映，因而掌握资产评估的原则有助于资产评估师对资产评估准则的理解与掌握；另一方面，在资产评估执业过程中，如果资产评估师遇到资产评估准则中没有规定的具体事项，资产评估师可以根据资产评估的原则作出相应的处理。

资产评估原则包括两个层次的内容，即资产评估的工作原则和经济原则。

（一）资产评估的工作原则

1. 独立性原则

资产评估中的独立性原则包含两层含义：①资产评估机构本身应该是一个独

立的，不依附于他人的社会公正性中介机构组织（法人），在利益及利害关系上与资产业务各当事人没有任何联系。②资产评估机构及其评估人员在执业过程中应始终坚持独立的第三者立场，评估工作不受委托人及外界的意图及压力的影响，进行独立、公正的评估。

2. 客观公正性原则

客观公正性原则要求资产评估工作实事求是，尊重客观实际。资产评估机构及其评估人员在评估工作中必须以实际材料为基础，以确凿的事实和事物发展的内在规律为依据，以求实的态度为指针，实事求是地得出评估结果，而不可以以自己的好恶或其他个人的情感进行评估。资产评估结果是资产评估师经过认真地调查研究，通过合乎逻辑的分析、推理得出的，具有客观公正性的评估结论。

3. 科学性原则

科学性原则是指资产评估师在评估过程中，必须根据特定的评估目的，选择恰当的评估方法，制定科学的评估方案。科学性原则体现在两个方面：①注意评估目的对评估方法的约束性。如对专利权的评估，如果评估目的是为了成本补偿，则适宜使用成本法；如果评估目的是为了专利权转让和投资作价，则适宜使用收益法。②制定科学、合理的评估方案。资产评估的具体业务不同，其评估程序的繁简程度也不同，因此应根据国家的有关规定和评估本身的规律性，结合资产评估的实际情况，制定科学、合理的评估方案。这样，既有利于提高评估效率，也有利于保证评估工作的顺利进行。

（二）资产评估的经济原则

1. 贡献原则

贡献原则适用于评估整体资产中某要素资产的价值。它是指资产的某一构成部分（要素资产）的价值，取决于它对其他相关的资产或资产整体的价值贡献，或者根据当缺少它时对整体价值下降的影响程度来衡量和确定。贡献原则要求在评估一项由多个资产构成的整体资产的价值时必须综合考虑该项资产在整体资产构成中的重要性，而不是孤立地确定该项资产的价值。

2. 替代原则

替代原则是指当同时存在几种效能相同的资产时，最低价格的资产需求最大。因为有经验的买方对某一资产不会支付高于能在市场上找到相同效用替代物的费用。评估时，某一资产的可选择性和有无替代性是需要考虑的一个重要因素。在资产评估中存在着评估数据、评估方法等的合理替代问题，正确运用替代原则是公正进行资产评估的重要保证。

3. 预期收益原则

预期收益原则是指在资产评估过程中，资产的价值并不按照过去的生产成本和销售价格决定，而是基于对未来收益的期望值来决定。资产评估价值的高低，取决于现实资产的未来效用或获利能力。一项资产在取得时的成本如果很高，但对购买者来说，其效用不高，其评估值就不会很大。预期收益原则要求在进行资产评估时，必须合理预测其未来的获利能力以及拥有获利能力的有效期限。

4. 供求原则

供求原则是经济学中关于供求关系影响商品价格原理的概括。假定在其他条件不变的前提下，商品的价格随着需求的增长而上升，随着供给的增加而下降。尽管商品价格随供求变化并不成固定比例变化，但变化方向都带有规律性。资产评估师在判断资产价值时也应充分考虑和依据供求原则。

5. 评估时点原则

市场是变化的，资产的价值会随着市场条件的变化而不断改变。为了使资产评估得以操作，同时，又能保证资产评估结果可以被市场检验，在资产评估时，必须假定市场条件固定在某一时点，这一时点就是评估基准日，或称估价日期。它为资产评估提供了一个时间基准。资产评估的评估时点原则要求资产评估必须有评估基准日，而且评估值就是评估基准日的资产价值。

第六节 资产评估的程序

一、资产评估程序的含义

资产评估程序是指注册资产评估师执行资产评估业务所履行的系统性工作步骤。由于资产评估是一种专业性、风险性很强的中介服务，为保证资产评估业务质量，控制资产评估风险，提高资产评估服务水平等，有必要规定资产评估的程序。

二、资产评估程序的重要性

（1）资产评估程序是规范资产评估行为，提高资产评估业务质量和维护资产评估公信力的重要保证。

（2）资产评估程序是相关当事方评价资产评估服务的重要依据。

（3）资产评估程序是资产评估机构和资产评估师防范执业风险，保护自身权益，合理抗辩的重要手段之一。

三、资产评估的具体程序

1. 明确资产评估基本事项

由于资产评估专业服务的特殊性，资产评估程序甚至在资产评估机构接受业务委托前就已经开始。在承接资产评估业务之前，要求通过与委托人讨论，阅读基础资料，进行必要的初步调查等方式，与委托人等相关当事人共同明确以下资产评估业务基本事项：

（1）委托方和相关当事方的基本状况。这有利于双方对评估目的的了解和对未来评估报告使用方向的明确；对资产评估师而言，也可以降低资产评估风险。

（2）资产评估目的。由于资产评估有不同的特定目的，因此，在评估前必须首先明确评估目的。

（3）评估对象的基本状况。资产评估师应当了解评估对象及其权益的基本状况，包括其法律、经济和物理状况。在了解时，应当关注被评估资产是否存在权利受限情况。

（4）价值类型及定义。只有明确价值类型才能正确地选择评估方法。

（5）资产评估基准日。资产评估基准日的选择应当有利于资产评估结论有效地服务于资产评估目的，减少和避免不必要的资产评估基准日期后事项。资产评估师应当根据专业知识和经验，建议委托方根据评估目的、资产和市场的变化情况等因素合理选择评估基准日。

（6）资产评估限制条件和重要假设。这有利于降低评估风险。

（7）其他与评估有关的事项。

2. 签订资产评估业务委托约定书

资产评估业务委托书是资产评估机构与委托人共同签订的，确认资产评估业务的委托与受托关系，明确委托目的、被评估资产范围及双方权利和义务等相关重要事项的合同。

根据我国资产评估行业的现行规定，资产评估业务必须由“评估机构”而不是由注册资产评估师个人与委托人签订，作为注册资产评估师个人是不可以独立以个人名义签订资产评估业务委托书的。

资产评估业务委托书应当内容全面、具体，含义清晰，遵守国家法律、法规和资产评估行业的管理规定。具体应当包括以下基本内容：①资产评估机构和委托方的名称、住所。②资产评估目的。③资产评估对象和评估范围。④资产评估基准日。⑤出具资产评估报告的时间要求。⑥资产评估报告使用范围。⑦资产评估收费。⑧双方的权利、义务及违约责任。⑨签约时间。⑩双方认为应当约定的其他重要事项。

3. 编制资产评估计划

资产评估师应当编制资产评估计划，对资产评估过程中的每个工作步骤及时间和人力进行规划和安排。

资产评估计划是资产评估师为执行资产评估业务拟订的资产评估工作思路和实施方案，对合理安排工作量、工作进度、专业人员调配以及按时完成资产评估业务具有重要意义。

资产评估计划一般应于项目执行前编制，但随着资产评估师对被评估事项认识的深入，计划可能需要作出进一步的修订。资产评估师应当根据实际情况对计划作出及时修订，并将修改前和修改后的计划同时存档。

4. 现场调查

资产评估师对不动产和其他实物资产应当进行必要的现场勘察，对企业价值、股权和无形资产等非实物性资产进行评估时，也应当根据被评估资产的具体情况进行必要的核实。这是资产评估必要的程序，在从事资产评估时资产评估师决不可以以任何借口进行省略。

为了更好地进行现场调查，资产评估师应当根据被评估资产的不同，确定现场调查的具体方式。为了保证现场调查目的的有效实现，资产评估师应当与委托方或资产占有方进行适当的沟通，但在沟通时应当注意分寸，避免资产占有方为了左右评估结果而进行不法操纵。

5. 收集资产评估资料

在上述几个环节的基础上，资产评估师应当根据资产评估项目的具体情况收集资产评估相关资料。由于资产评估的专业性和被评估资产的广泛性，不同的评估目的、不同的项目和不同的资产类型对评估资料有着不同的需求。另外，由于被评估资产及其所在行业的市场状况、信息化和公开化程度差别较大，相关资料的可获取程度也不同。因此，资产评估师应当在能力范围内尽可能全面、翔实地占有资料，并采取必要措施确保资料来源的真实性和可靠性。

6. 评定估算

资产评估师在充分占有资料的基础上，进行评定估算。评定估算的内容主要包括分析资产评估资料，恰当选择资产评估方法；运用资产评估方法形成初步资产评估结论；综合分析确定资产评估结论；资产评估机构内部复核等具体工作步骤。

评定估算的方法有成本法、市场法和收益法，这三种方法原则上可以运用于任何资产的评定估算，但在实务中，资产评估师必须结合所掌握的资料和评估的特定目的充分考虑各方法的适用性，以求得到最恰当的评估结论。

7. 编制和提交资产评估报告

资产评估师应当按照资产评估报告准则的要求编制资产评估报告。资产评估报告的主要内容包括：①委托方、产权持有方和委托方以外的其他评估报告使用者。②评估目的。③评估对象和评估范围。④价值类型及其定义。⑤评估基准日。⑥评估依据。⑦评估方法。⑧评估程序实施过程和情况。⑨评估假设。⑩评估结论。⑪特别事项说明。⑫评估报告使用限制说明。⑬评估报告日。⑭评估机构和注册资产评估师签章。

8. 资产评估工作底稿归档

资产评估师提交资产评估报告后，应当及时将资产评估工作底稿归档。资产评估工作底稿包括资产评估师在评估过程中获取的、编制的与资产评估事项有关的各项证据和资料，包括文字形式、图表形式和音像形式等。资产评估事务所应当按照国家的有关规定对资产评估工作档案进行保存、使用和销毁。

第七节　资产评估与会计和审计的关系

一、资产评估与会计的区别和联系

（一）资产评估与会计的区别

资产评估与会计计价相互利用的情况只在特定的条件下才能够发生或成立，在大多数情况下，两者是有明显区别的。其区别表现在以下几个方面：

1. 基本职能的不同

会计是一项以记账、算账和报账为基本手段，连续地、系统地反映和监督企业生产经营、财务收支及其成果的一种社会活动，反映和监督是会计的基本职能；资产评估是一种价值判断活动，评估和咨询是资产评估的基本职能。

2. 基本依据的不同

会计记账与算账中的资产确认和计价主要是以历史成本为依据的，资产评估中的资产确认和估价主要是以效用和市场价值为依据的。

3. 基本方法的不同

会计中的资产计价方法主要采用核算方法；资产评估中的资产价值评估除了可以利用核算方法外，还广泛应用预期收益现值法、市场售价类比法等多种技术方法。

4. 服务对象的不同

会计工作的基本目标是为企业管理服务，资产评估的基本目标是为资产交易服务。

5. 执业人员的不同

会计的执业人员是企业专职的会计人员或其聘用的其他会计人员，无论是专职会计人员还是兼职会计人员都需要具备会计人员上岗证。而资产评估业务的执业人员是专业的注册资产评估师，其需要通过全国注册资产评估师考试并获得相应的注册。

（二）资产评估与会计的联系

资产评估与会计的联系：①会计计价需要利用资产评估的结果。会计计价有时需要以资产评估价值为依据，这在企业会计准则中有相应的规定。如投资方以非货币性资产投资时应当进行资产评估，并以资产评估结果为依据，确定投资金额。在财务处理上资产评估结果是会计入账的重要依据。而在企业联营、兼并、重组等产权变动过程中，资产评估结果可能是产权变动后企业重新建账、调账的重要依据。②资产评估中利用和参考会计数据的情况也经常发生，特别是在企业价值评估中，广泛地利用企业财务报表、有关财务指标以及财务预测数据等。这些企业会计数据资料的准确程度在一定程度上会影响资产评估结果。

无论是在特定条件下会计计价需要利用资产评估的结果，还是企业价值评估时需要参考会计的数据资料，都说明企业资产评估与会计计价有一定的联系，而且这种联系会随着投资者对企业披露资产现值要求的不断提高而更加广泛。

2006 年 2 月 15 日，我国颁布了新的《企业会计准则》，第一次全面地引入了公允价值，在投资性房地产、长期股权投资、交易性金融资产、债务重组、非货币性资产交换、非同一控制下的企业合并、资产减值等领域允许采用公允价值计量模式。《企业会计准则》的这一变化强化了会计与资产评估之间的联系，以财务报告为目的的资产评估已经或正在被提到议事日程。随着我国经济的进一步发展，企业会计准则国际间的进一步趋同，在会计计价中更多地实施公允价值计量必是大势所趋。

二、资产评估与审计的区别和联系

资产评估与审计虽然都从事专业服务性的业务，但双方既相互区别，又相互联系。它们之间的关系主要表现为以下几点：

（一）资产评估与审计的区别

1. 基本目的不同

财务报表审计的目的是对企业财务报告的合法性和公允性表达审计意见，其实质是对企业历史财务信息的鉴证。资产评估是评估资产的交换价值，从而为未来的交易提供作价依据。因此，我们常说，审计是“就资产论资产”，资产评估则是“就资产论权益”。

2. 基本特征不同

审计的一般特征是独立性和权威性，而资产评估的特征是市场性、公正性、专业性和咨询性。因此，资产评估更强调市场，是适应资产交易、产权变动的需要而产生的，旨在为委托人与有关当事人被评估的资产作出价值判断；而审计则强调两权分离（资产所有权与经营权的分离），一般是资产所有者对经营者财务状况、经营成果和现金流量的监督。

3. 基本原则不同

审计关注的重点是企业财务处理是否符合《企业会计准则》的相关规定（合法性）和其提供的有关财务报告是否真实、公允。关于合法性的审计通常较为简单，但关于公允性的审计则较难操作。由于财务报告是由管理当局生成，而由投资者、债权人及广大的社会公众使用的，因此，审计准则规定审计人员必须审计财务报告的公允性。公允性是指财务报告是否公平、合理，这就要求审计人员不能只站在企业和管理当局的角度，更应当站在维护社会公共利益的角度进行审计。因此，审计的原则是独立、客观、公正和权威。

资产评估依据的原则：①工作原则，即独立性、客观公平性和科学性原则。②经济原则，即贡献原则、替代原则、预期收益原则、供求原则和评估时点原则。其关注的重点是企业资产的现时状况。

4. 执业人员不同

审计是由专业审计人员来完成的，其中政府审计的主体是国家审计机关及人员，内部审计的主体是内部审计机构及人员，而注册会计师审计的主体是会计师事务所和注册会计师。资产评估是由注册资产评估师来完成的，其业务范围是资产评估和与资产评估业务相关的咨询服务。

5. 执业的依据不同

审计执业的依据是审计法及审计准则，其中政府审计、内部审计和注册会计师审计的依据也各不相同；而资产评估的依据是资产评估的准则和相关的法规制度。

（二）资产评估与审计的联系

从我国的实际情况来看，资产评估与审计也有一定的联系：在业务方面，资产评估中采用的大量企业财务信息来自于审计机构提供的审计报告资料，而审计也需要关注资产评估报告提供的企业资产的公允价值意见；在服务对象方面，两者服务的对象都是社会经济活动中的经济主体；从特征来看，两者都具有独立、客观、公正的特征。

复习思考题

一、思考题

1. 什么是资产评估？试解释资产评估的各个要素。

2. 资产评估中的价值是指什么？评估价值是公允价值吗？

3. 资产评估的假设与原则是什么？为什么对资产价值进行评定估算时需要进行假设？在不同的假设前提下，同一项资产的价值是否相同？为什么？

4. 资产评估与会计和审计的区别是什么？联系是什么？

5. 简述我国资产评估行业的发展状况。

6. 资产评估中的价格与价值有什么区别和联系？

7. 在承担资产评估业务之前，资产评估师应当评估项目风险。为了评估项目的风险，资产评估师应当做哪些方面的了解？

8. 什么是资产评估业务委托书？它应当包括什么内容？

9. 什么是资产评估计划？资产评估是否应当根据对被评估事项了解的深入及时修订计划？为什么？

10. 说明评估价值与内在价值的区别与联系。

二、单项选择题

1. “价值是蕴涵在商品中的无差别的人类劳动”这句话中所指的价值是指资产的

（　　）。

A. 内在价值　　B. 交换价值　　C. 社会价值　　D. 平均价值

2. 清算价格与现行市价相类似，所不同的是清算价格适用于停业或破产。因此，清算价格往往（　　）现行市价。

A. 高于　　B. 低于　　C. 等于　　D. 不一定

3. 资产评估的一般目的是评估资产的（　　）。

A. 价格　　B. 价值　　C. 公允价值　　D. 公开市场价值

4. 资产的效用或有用程度越大，其评估值就（　　）。

A. 越大　　B. 越小　　C. 无关系　　D. 具体分析

5. 非市场价值作为评估结果价值类型中的一类，其价值特点是（　　）。

A. 不太公允　　B. 脱离市场　　C. 相对公允　　D. 不透明

6. 2003 年，国务院设立国有资产监督管理委员会（简称国资委），财政部将有关国有资产管理的部分职能划归（　　）。

A. 国资委　　B. 国有资产管理局

C. 中国注册会计师协会　　D. 下属财政部门

7. 下列各项中，（　　）是资产评估的经济原则。

A. 客观性原则　　B. 科学性原则　　C. 预期性原则　　D. 专业性原则

8. 资产评估是通过对资产某一（　　）价值的估算，从而确定其价值的经济活动。

A. 时期　　B. 时点　　C. 时区　　D. 阶段

9. 会计工作和资产评估的基本目标分别是为（　　）服务。

A. 企业管理，资产交易　　B. 公司治理，公开市场

C. 资产交易，企业管理　　D. 企业管理，公司治理

10. 商店的商品价格标签上所列示的价格信息，实质上属于商品资产的（　　）。

A. 交换价值　　B. 价格　　C. 评估价值　　D. 内在价值

11. 下列关于资产评估与审计的区别中，说法不正确的是（　　）。

A. 财务报表审计的一般目的是对财务报告的合法性和公允性表达审计意见

B. 资产评估的一般目的是为未来的交易提供作价依据

C. 资产评估与审计是完全相同的经济活动

D. 资产评估和审计的执业人员不同

12. 同一项资产，在不同的假设条件下，评估结果应（　　）。

A. 相同　　B. 趋于一致　　C. 不相同　　D. 应进行具体分析

13. 外购资产在全新状态下（于评估基准日购置），其重置成本和历史成本是（　　）的。

A. 等额　　B. 不等额　　C. 没有关系　　D. 不一定

14. 不可确指的资产是指（　　）。

A. 那些没有物质实体的某种特权　　B. 具有获利能力的资产综合体

C. 不能独立于有形资产之外而独立存在的资产　　D. 除有形资产以外的所有资产

15. 决定被评估资产评估值的最主要的因素是（　　）。

A. 资产的内在价值
B. 资产的预期效用
C. 资产的历史收益水平
D. 资产的账面价值

三、多项选择题

1. 2004 年，财政部发布了（　　）。
A.《资产评估准则——基本准则》
B.《资产评估准则——无形资产》
C.《企业价值评估指导意见（试行）》
D.《资产评估职业道德准则——基本准则》

2. 企业发生（　　）行为时应该进行评估。
A. 股份经营　B. 企业兼并　C. 企业分立　D. 固定资产足额补偿

3. 按资产能否独立存在为划分标准，下列资产中属于可确指的资产有（　　）。
A. 机器设备　B. 商誉和商标　C. 专利权　D. 人事管理权

4. 适用于资产评估的假设有（　　）。
A. 清算　B. 继续使用　C. 公开市场　D. 货币计量

5.（　　）是资产评估应遵循的工作原则。
A. 客观公正性原则　B. 替代原则　C. 独立性原则　D. 预期收益原则

6. 属于同一种分类标准的资产有（　　）。
A. 有形资产、单项资产、不可确指的资产
B. 无形资产、固定资产、整体资产
C. 可确指的资产、不可确指的资产
D. 单项资产、整体资产
E. 有形资产、无形资产

7. 资产评估与会计的区别表现在（　　）。
A. 两者的基本手段不同
B. 两者对资产的计量依据不同
C. 两者的技术方法不同
D. 两者的服务目标不同

8. 下列（　　）是资产评估应遵循的经济原则。
A. 客观公正性原则　B. 预期收益原则　C. 贡献原则　D. 替代原则

9. 属于同一种分类标准的价值类型是（　　）。
A. 市场价值、非市场价值
B. 现行市价、清算价格、重置成本、收益现值
C. 市场价值、现行市价、清算价格
D. 非市场价值、清算价格
E. 收益现值、市场价值、非市场价值

10. 公开市场假设是指符合（　　）条件。
A. 市场属于自由竞争市场
B. 资产本身具有通用性
C. 资产交易时买卖双方有足够的知识和能力
D. 交易时双方理智

11. 内在价值和交换价值的关系是（　　）。
A. 内在价值可能等于交换价值
B. 内在价值可能大于交换价值
C. 内在价值可能小于交换价值
D. 内在价值与交换价值是不同的价值，两者之间不存在联系

12. 资产评估的贡献原则通常不适用于（　　）资产的评估。
A. 整体资产中的要素资产
B. 整体资产
C. 单项资产
D. 无形资产

13. 在现行的企业会计准则中，(　　) 允许以公允价值计量。

A. 投资性房地产　　B. 长期股权投资

C. 交易性金融资产　　D. 非货币性资产交易

14. 根据资产评估法规规定，(　　) 属于资产评估的对象。

A. 企业的固定资产　　B. 企业的负债

C. 企业的流动资产　　D. 企业的房地产

15. 资产的继续使用包括（　　），在不同的假设下，其评估价值一般是不同的。

A. 在用续用　　B. 转用续用　　C. 移地续用　　D. 出售续用

四、判断题

1. 从理论上讲，在资产评估结果中，无论是市场价值还是非市场价值都是公允价值。(　　)

2. 在市场经济条件下，资产评估应逐渐成为一种行政强制性的定价行为。(　　)

3. 现实的评估价值必须反映资产的未来潜能，未来没有潜能和效益的资产，现实评估值是不存在的。(　　)

4. 有经验的买方不会支付高于能在市场上找到相同效用替代物的费用，因此，在评估时应考虑某一资产的选择性和可替代性。(　　)

5. 同一资产在不同假设前提下，其结果应当趋于一致。(　　)

复习思考题答案

一、略

二、单项选择题

1. A　2. B　3. C　4. A　5. C　6. A　7. C　8. B

9. A　10. A　11. C　12. C　13. A　14. C　15. B

三、多项选择题

1. A,D　2. A,B,C　3. A,C　4. A,B,C　5. A,C

6. C,D,E　7. A,B,C,D　8. B,C,D　9. A,B　10. A,B

11. A,B,C　12. B,C,D　13. A,B,C,D　14. A,B,C,D　15. A,B,C

四、判断题

1. ✓　2. ×　3. ✓　4. ✓　5. ×

第二章　资产评估执业规范

学习目标

掌握我国资产评估法律规范及制度体系、我国资产评估准则体系。

案例引导

20 世纪 80 年代末，我国某知名国有企业 A 由于经营不善，由政府牵头，与 H 国 B 企业进行合资。由于当时我国没有专门的资产评估机构，B 企业提议由 H 国评估机构 X 对双方资产进行评估。经评估，A 企业的资产价值为 10 万元人民币，B 企业的出资设备为国际一流设备，因而评估价值为 990 万元人民币。根据出资比例确定双方权益，A 企业在合资企业中仅占股权的 1%，而 B 公司则占有股权的 99%。

请思考：资产评估与国有资产流失之间的关系是什么？

第一节　我国资产评估法律规范及制度体系

随着我国资产评估行业的迅速发展，我国资产评估法律规范体系建设工作也在不断完善，目前已初步形成了一套以国务院颁布的《国有资产评估管理办法》（国务院令第 91 号）为主干，以财政部、原国家国有资产管理局等政府主管部门颁布的一系列关于资产评估的规章制度为主体，以全国人大及其常委会、司法机关和其他政府部门颁布的其他相关法律、司法解释和规章制度为补充的资产评估法律规范体系。这些法律、法规中既有专门关于资产评估的行政法规、规章和规范性文件，也有从不同方面对资产评估进行规范的其他法律、法规和规章制度。从法律、法规及规章制度的层次划分，既有全国人大及其常委会颁布的法律，国务院颁布的行政法规，也有政府部门颁布的部门规章和规范性文件；另外，还有中国资产评估协会发布的行业自律管理文件。从法律、法规及规章制度的内容划分，既有综合性的管理法规，也有单项的专门规定。内容涵盖资产评估综合管理、考试、培训、注册、机构审批、执业规范、项目管理、财务管理、收费管理、业务监管、违规处罚、清理整顿和体制改革等各个方面。

一、《国有资产评估管理办法》

1991 年 11 月 16 日，国务院发布《国有资产评估管理办法》（国务院令第

91 号)。该办法是我国第一个关于资产评估管理的行政法规，也是迄今为止我国法律效力最高的资产评估专门法规。

《国有资产评估管理办法》(国务院令第 91 号) 共 6 章 39 条，其主要内容如下：

(1) 规定了必须进行国有资产评估的情形。这些情形包括资产拍卖、转让，企业兼并、出售、联营、股份经营，设立中外合资、合作经营企业，企业清算以及依照国家有关规定需要进行资产评估的其他情形。

(2) 规定了国有资产评估的范围。该办法规定评估的资产范围包括固定资产、流动资产、无形资产和其他资产。

(3) 规定了国有资产评估的组织管理。组织管理的内容包括国有资产评估项目的管理和资产评估机构的管理等。

(4) 规定了评估程序。评估程序包括申请立项、资产清查、评定估算和验证确认等国有资产评估和管理程序。

(5) 规定了评估方法。评估方法包括收益现值法、重置成本法、现行市价法、清算价格法、国有资产管理部门规定的其他评估方法。

(6) 规定了违反本办法的法律责任。

《国有资产评估管理办法》(国务院令第 91 号) 不仅建立了国有资产评估管理制度，同时也推动了我国资产评估行业的产生。该办法中既包括国有资产评估项目管理的内容，如资产评估的立项和评估结果的确认，也包括了资产评估行业管理的内容，如资产评估机构的管理、评估方法的确定等。《国有资产评估管理办法》(国务院令第 91 号) 的颁布，确立了我国资产评估的基本依据，是我国资产评估法制建设的重要里程碑。

二、财政部、原国家国有资产管理局等资产评估行政主管部门制定的资产评估规章制度

近二十年来，作为资产评估行业的主管部门，财政部和原国家国有资产管理局等相关部门陆续制定了 120 多个有关资产评估管理的规章制度，其中的一部分文件是以部长令的形式发布的，属于部门规章，具有较强的约束力。这些规章制度构成了我国资产评估法律规范体系的主要内容，具体有以下几个方面：

(1) 资产评估综合管理方面，如原国家国有资产管理局颁布的《国有资产评估管理办法施行细则》(国资办发［1992］36 号文件)。

(2) 资格管理与考试方面，如原人事部与原国家国有资产管理局联合颁布的《注册资产评估师执业资格制度暂行规定》(人职发［1995］54 号文件)、原人事部与财政部联合颁布的《关于调整注册资产评估师执业资格考试有关政策的通知》(人发［1999］23 号文件)、《关于在注册资产评估师执业资格中增设珠宝评估专业有关政策的通知》(人发［2003］19 号文件) 等。

（3）机构管理方面，如财政部颁布的《资产评估机构审批管理办法》（财政部令第22号）。

（4）评估项目管理方面，如财政部颁布的《关于改进资产评估确认工作的通知》（财评字［1998］136号文件）。

（5）行业监管方面，如财政部颁布的《国有资产评估管理若干问题的规定》（财政部令第14号）、《国有资产评估违法行为处罚办法》（财政部令第15号）。

（6）后续教育方面，如财政部颁布的《注册资产评估师后续培训制度（试行）》（财评协字［1998］2号文件）。

（7）执业规范方面，如原国家国有资产管理局颁布的《资产评估操作规范意见（试行）》（国资办发［1996］23号文件）。

（8）体制改革方面，如财政部颁布的《关于资产评估机构脱钩改制的通知》（财评字［1999］119号文件）。

（9）评估收费和财务管理方面，如原国家物价局与原国家国有资产管理局联合颁布的《资产评估收费管理暂行办法》（价费字［1992］625号文件）。

三、资产评估相关法律、法规和规章制度

我国立法、司法和行政管理部门陆续制定了许多涉及资产评估的法律、法规和规章制度。这些法律、法规和规章制度虽然不是关于资产评估的专门法律、法规和规章制度，但都包括有关资产评估的规定，分别从不同的角度规范资产评估行业，也成为资产评估法律规范体系的重要组成部分。这些法律、法规和规章制度主要包括三方面的内容：

（1）全国人大或者人大常委会颁布的法律，如《中华人民共和国公司法》、《中华人民共和国证券法》、《中华人民共和国企业国有资产法》、《中华人民共和国合伙企业法》、《中华人民共和国拍卖法》、《中华人民共和国刑法》。这些法律主要在以下几个方面涉及资产评估行业：①对需要进行资产评估的情形作出规定。②对企业国有资产评估中评估机构选聘以及评估机构执业提出要求。③对评估机构、专业人员违反法律规定的罚则作出规定。其中最为重要的是《中华人民共和国公司法》，该法将资产评估作为组建有限责任公司和股份有限公司过程中的重要一环予以明确规定。

（2）司法机关颁布的司法解释，如最高人民法院颁布的《最高人民法院关于审理证券市场因虚假陈述引发的民事赔偿案件的若干规定》（法释［2003］2号文件），《最高人民法院关于冻结、拍卖上市公司国有股和社会法人股若干问题的规定》（法释［2001］28号文件），《最高人民法院关于人民法院民事执行中拍卖、变卖财产的规定》（法释［2004］16号文件），《最高人民检察院、公安部关于经济犯罪案件追诉标准的规定》（公发［2001］11号文件）等。

（3）相关政府部门颁布的规章制度。除前文提到的规章制度外，还有《金融企业国有资产评估监督管理暂行办法》（财政部令第47号）、《行政单位国有资产管理办法》（国资事发［1995］17号文件）、《行政事业单位国有资产管理办法》（财政部令第35号）、《公司注册资本登记管理规定》（国家工商行政管理总局令第22号）、《上市公司收购管理办法》（中国证券监督管理委员会令第56号）、《证券市场禁入规定》（中国证券监督管理委员会令第33号）、《上市公司信息披露管理办法》（中国证券监督管理委员会令第40号）、财政部、国家知识产权局联合发布的《财政部、国家知识产权局关于加强知识产权评估管理工作若干问题的通知》（财企［2006］109号文件）等。

四、资产评估行业自律管理制度

资产评估行业实行行政管理与行业自律管理相结合的管理体制。根据党中央、国务院一系列关于规范发展市场中介组织和行业协会的精神，经过不断努力，资产评估行业已经初步建立了较为完备的行业自律管理体系。

（1）建立了注册资产评估师注册管理制度。根据《国务院关于第三批取消和调整行政审批项目的决定》（国发［2004］16号文件），授权中国资产评估协会对注册资产评估师注册实行自律管理。中国资产评估协会发布了《注册资产评估师注册管理办法（试行）》（中评协［2005］90号文件）及与之配套的一系列注册管理办法，包括注册资产评估师年检办法、证书与印鉴管理办法等。

（2）建立了会员管理体系。中国资产评估协会发布《中国资产评估协会会员管理办法》（中评协［2006］19号文件），建立了分级分类的会员管理体系。

（3）建立了后续教育培训体系。财政部及中国资产评估协会发布一系列注册资产评估师后续教育制度，包括具体培训制度、培训大纲、培训纲要和考核办法等。

（4）发布了资产评估准则。按照财政部发布的资产评估基本准则要求，中国资产评估协会研究、制定并发布了资产评估具体准则、资产评估指南和资产评估指导意见等准则。

（5）建立了行业执业质量自律监管制度。中国资产评估协会建立了从自律检查、惩戒、谈话提醒、诚信档案、业务报备等一系列自律监管制度。

除上述制度外，中国资产评估协会还发布了相关的执业规范等制度，对规范行业自律管理，提高行业执业水平，提升行业影响力等发挥了重要作用。

第二节　我国资产评估准则体系

2004年2月，财政部正式发布了中国资产评估协会制定的《资产评估准则——基本准则》和《资产评估职业道德准则——基本准则》，标志着资产评估准则体系初步形成。2007年11月28日，财政部与中国资产评估协会举行中国资产评估准则体系发布会，正式发布中国资产评估准则体系，同时发布包括8项新准则在内的15项资产评估准则，标志着比较完整的资产评估准则体系初步建立。2008年11月28日，中国资产评估协会又发布3项新准则，将资产评估准则体系进一步完善。

一、资产评估准则体系按内容分类

资产评估准则体系按内容划分，又称为在横向关系上划分，包括业务准则和职业道德准则两个部分。

事实上，资产评估的业务准则和职业道德准则在内容上是具有交叉性的，但我国为了突出职业道德在我国资产评估行业中的重要性，将资产评估职业道德准则与资产评估业务准则分开，属于两种准则。

二、资产评估职业道德准则的划分层次

资产评估职业道德准则按层次划分，又称为资产评估职业道德准则按纵向划分，包括职业道德基本准则和具体准则两个层次。职业道德基本准则对注册资产评估师职业道德方面的基本要求、专业胜任能力、注册资产评估师与委托方和相关当事方的关系、注册资产评估师与其他注册资产评估师的关系等进行概要规范；职业道德具体准则根据评估实践中存在的与职业道德有关的问题和职业道德基本准则中的一些重要内容，如独立性、保密原则等进一步明确规范。

三、资产评估业务准则的划分层次

资产评估业务准则按层次划分，包括四个层次：

（1）资产评估基本准则。资产评估基本准则是注册资产评估师执行各种资产类型、各种评估目的资产评估业务的基本规范，是各类资产评估业务中所应当共同遵守的基本规则。由于我国资产评估行业特殊的发展背景和综合性定位，资产评估基本准则在整个评估准则体系中占有极为重要的地位。

（2）资产评估具体准则。资产评估具体准则分为程序性准则和实体性准则两个部分。

程序性准则是指关于注册资产评估师通过履行一定的专业程序完成评估业务、保证评估质量的规范，包括评估程序、评估业务约定书、评估工作底稿和评估报告等。注册资产评估师只有履行必要的资产评估程序，才能在程序上避免重大的遗漏或疏忽以及对评估结果的操纵，保证资产评估的质量。

实体性准则针对不同资产类别的特点，分别对不同类别资产评估业务中的注册资产评估师执业行为进行规范。我国的实体性准则主要包括企业价值评估准则、无形资产评估准则、不动产评估准则、机器设备评估准则和珠宝首饰艺术品评估准则等。

（3）资产评估指南。资产评估指南包括对特定评估目的、特定资产类别（细化）评估业务以及对资产评估中某些重要事项的规范。注册资产评估师在执

行不同目的的评估业务中，所应当关注的事项也各有不同。资产评估指南对我国资产评估行业中涉及主要评估目的的业务进行规范，同时也涉及一些具体的资产类别评估业务，并对资产评估工作中的一些重要特定事项进行规范。

（4）资产评估指导意见。资产评估指导意见是针对资产评估业务中的某些具体问题的指导性文件。该层次较为灵活，针对评估业务中新出现的问题及时提出指导意见，某些尚不成熟的评估指南或具体评估准则也可以先作为指导意见发布，待实践一段时间或成熟后再上升为具体准则或指南。

第三节 资产评估基本准则的主要内容

一、《资产评估准则——基本准则》的主要内容

2004 年 2 月 25 日，财政部发布《资产评估准则——基本准则》（以下简称《基本准则》），自 2004 年 5 月 1 日起施行。该准则属于业务性准则的基本准则，共 6 章 27 条，从资产评估基本要求、操作准则、报告准则、执业责任等方面对各类资产评估业务进行了规范。《基本准则》重点在以下方面作出了规定：

1. 根据国际惯例重新定义资产评估

《基本准则》指出，资产评估是“依据相关法律、法规和资产评估准则，对评估对象在评估基准日特定目的下的价值进行分析、估算并发表专业意见的行为和过程”。这一定义不同于以往我国评估行业对资产评估所下的定义，是在总结十多年来资产评估行业发展经验的基础上，对资产评估的本质属性进行的归纳和描述，并与国际评估准则和美国评估准则中的定义基本一致。该定义突出强调了资产评估结果是一种专业意见，对引导业内外人士正确认识资产评估作用具有重要的现实指导意义。

2. 对注册资产评估师执业提出了基本要求

《基本准则》要求注册资产评估师执行资产评估业务时，应当遵守相关法律、法规和资产评估准则，具有良好的职业道德，勤勉尽责，恪守独立、客观、公正的原则。《基本准则》要求注册资产评估师具备能够胜任所执行的评估业务的专业能力，并对聘请专家和指导助理人员等行为进行了规范。

3. 对评估操作进行了原则性规范

资产评估程序是指资产评估机构和从业人员在执行资产评估业务，形成资产评估结论时所履行的系统性工作步骤。基本准则第一次对评估程序作出了规定，要求注册资产评估师在执行资产评估业务时，应当根据业务具体情况履行适当的评估程序，并列出明确评估业务基本事项等八个资产评估基本程序。

《基本准则》遵循国际惯例，引进了价值类型的概念。价值类型概念和理论对资产评估十分重要，已逐步为世界各国评估界普遍接受，并成为各国评估准则

和评估实践的基础。《基本准则》改变了十多年来我国在评估实践中不采用价值类型的做法，明确价值类型有利于更好地服务于委托方，避免评估报告使用者将一些不常用的或具有特殊内涵和定义的价值类型误认为是常用的价值类型，以引导评估报告使用者正确理解、合理地使用评估结果，同时也有利于降低注册资产评估师的执业风险。

《基本准则》针对我国评估行业在评估方法运用方面存在的问题，结合评估理论研究成果和国外评估行业的通行做法，对评估方法的运用作出了规定。由于受理论研究滞后，实践经验不足以及相关条件不完备等因素的局限，在评估实践中我国评估人员长期主要采用成本法，而忽视市场法和收益法的运用。国外评估行业的实践已经证明，这三种基本评估方法本身并无优劣，不能简单地认为某种评估方法比其他方法都好，在评估目的既定的情况下，注册资产评估师首先应当根据所确定的价值类型、项目具体情况特别是数据资料的完备程度选择评估方法，并对评估方法选择的合理性进行说明；如果选择一种以上评估方法，应当对分别得出的结论进行综合分析，合理确定评估结论。

评估假设是资产评估业务的重要要素之一，假设的合理性直接关系到结论的合理性和可用性。评估假设的合理和规范在我国一直未引起足够的重视，评估实践中已经出现一些滥用假设，采用不合理假设的现象。《基本准则》明确要求注册资产评估师执行资产评估业务时，应当合理使用评估假设，并在评估报告中披露评估假设及其对评估结论的影响。

4. 对评估信息披露环节进行规范

在评估披露要求方面，《基本准则》要求注册资产评估师应当在执行必要的评估程序后，编制并由所在资产评估机构出具评估报告；应当在评估报告中提供必要信息，使评估报告使用者能够合理理解评估结论；可以根据评估业务具体情况以及委托方和其他评估报告的使用者的需求，确定评估报告的繁简程度。

5. 明确执业责任

《基本准则》第一次明确提出注册资产评估师应当对评估结论的合理性承担责任。这一正面规定体现了评估行业对社会公共利益的维护，注册资产评估师不应当以评估方法的选择、评估假设的选择等为由，逃避对评估结论合理性所应当承担的责任。

为合理区分注册资产评估师与相关当事人的责任，《基本准则》指出遵守相关法律、法规和资产评估准则，对评估对象在评估基准日特定目的下的价值进行分析、估算并发表专业意见，是注册资产评估师的责任；提供必要的资料并保证所提供资料的真实性、合法性和完整性，恰当使用评估报告是委托方和相关当事方的责任；评估结论不应当被认为是对评估对象可实现价格的保证。

针对我国评估实践中大量出现的要求注册资产评估师对评估对象法律权属承

担责任的诉讼，《基本准则》指出注册资产评估师执行资产评估业务，应当关注评估对象的法律权属，并在评估报告中对评估对象法律权属及其证明资料来源予以必要说明。注册资产评估师不得对评估对象的法律权属提供保证。

二、《资产评估职业道德准则——基本准则》的主要内容

2004 年 2 月 25 日，财政部发布《资产评估职业道德准则——基本准则》，自 2004 年 5 月 1 日起施行。该准则共 6 章 32 条，分别从基本要求、专业胜任能力、与委托方和相关当事方的关系、与其他注册资产评估师的关系等方面对注册资产评估师职业道德行为进行了规范。

1. 对注册资产评估师遵纪守法的要求

注册资产评估师在具体评估过程中应做到：①要独立地进行专业判断，不得以委托方或相关当事方预先设定的价值量作为评估结果。②不得利用工作之便为自己或他人谋取不正当利益。③应当遵守保密原则，除法律、法规和有关制度另有规定外，未经委托方书面许可，不得对外提供在执业过程中获知的各种商业秘密和相关业务资料。④不应同时在两家以上（含）评估机构执业，也不得以个人名义从事资产评估业务活动。⑤对参与评估人员的工作进行指导、督促和复核，保证评估人员执行执业标准、程序和遵守职业道德规范。⑥要维护评估行业的职业形象，不得从事与注册资产评估师身份不符或可能损害其职业形象的活动。⑦在每个具体的工作过程中形成能够支持评估结论的工作底稿，并按照有关规定管理和保存好评估工作档案。⑧要自觉接受中国资产评估协会的管理，积极履行对中国资产评估协会的义务等。

2. 对注册资产评估师恪守独立、客观、公正的要求

（1）恪守独立性原则要求。独立性原则是指注册资产评估师在执业过程中，应当在实质上和形式上独立于外部组织和所服务对象。

独立性包括实质上的独立和形式上的独立。实质上的独立是指注册资产评估师与服务对象之间没有利害关系。形式上的独立是指注册资产评估师在为委托方提供服务时所表现的在社会公众或第三者面前呈现出一种独立于委托方的形象。实质上和形式上的独立是注册资产评估师能够客观、公正地表达意见和取得社会公众信任的保证。即注册资产评估师在资产评估执业过程中，不论在承揽业务，还是在接受业务，以及在执行业务的各个不同具体环节中，都要始终保持独立的身份和独立的地位，不受包括委托方在内的任何他人的干预。

要保证注册资产评估师在执业过程中恪守独立性原则，应该注意以下几个方面：①要避免注册资产评估师与委托方或与被评估资产有关单位或个人之间存在利害关系，只有这样才能真正做到实质上的独立。所以，不论在承揽业务、接受业务，还是在执行业务的过程中，注册资产评估师都应主动回避与之存在利害关系的评估业务。②要保持在社会公众面前独立于委托方的身份，只有这样才能获

得社会公众的信任。③要在委托方配合的具体过程中把握好独立性，不能片面理解独立性。资产评估工作不是在真空中工作，它需要在委托方的积极配合下才能顺利开展和完成。因此，要防止对委托方提供的客观、真实、正确的资料、意见都不肯接受的错误行为。独立性应表现为，在广泛与委托方接触和自己深入了解和掌握情况的基础上，认真听取委托方的意见，经过全面分析和思考后，独立对评估业务作出判断。

（2）恪守客观性原则要求。客观性原则是指注册资产评估师在执业过程中应当以客观事实为依据，实事求是，尽可能地排除人为的主观因素，真实地反映、分析、判断和处理评估业务，不以个人好恶或成见影响工作结果。

在资产评估的执业过程中，注册资产评估师应当始终站在客观立场，坚持以客观事实为依据的科学态度，开展和完成资产评估工作，尽量避免用个人主观臆断来替代客观实际。

注册资产评估师要保证在执业过程中恪守客观性原则，应该注意以下几点：①在执行资产评估业务时应公平、理智，摆脱利益冲突的影响。②应当基于客观的立场，以客观事实为依据，实事求是、真实地反映资产现状，充分考虑市场条件，并通过占有尽可能多的资料数据的方式，对被评估资产作出分析、判断、预测，在此基础上出具基于客观立场，以客观事实为依据的评估报告。③在执行资产评估业务时，应当排除个人感情、成见或偏见的影响。

（3）恪守公正性原则要求。公正性原则要求注册资产评估师在资产评估的执业过程中，应始终不偏不倚、公平地对待资产评估业务中的利益相关方。

要保证注册资产评估师执业过程恪守公正性原则，应该注意以下几点：①要恪守独立性、客观性原则。离开独立性和客观性原则，要做到公正性是不可能的。如果没有独立性，注册资产评估师的分析、判断能力和行为就容易受到外来的干扰，从而影响其公正性；同样，如果没有客观性，注册资产评估师在技术标准上就会缺乏依据和保证，在评估执业过程中只能凭主观臆断，其结果也不可能公正。②要求注册资产评估师正确处理好服务与报酬的关系。在为委托方提供业务服务时，不提倡“义务劳动”，也不得利用在执业过程中掌握的资料和确定评估价值量大小的专业技术权利为自己和所在机构谋取正当收费以外的私利，造成影响客观、公正的后果。③要在委托合同签订、资产清查、产权认定、评估价值的确定和收取服务报酬等过程中建立和健全必要的监督和约束制度，并尽量消除评定价值与服务收费之间的因果关系，不得因为多收费而使评估价值升高，也不得因为少收费而使评估价值降低。要防止各种影响公正的不良行为的发生。

3. 注册资产评估师在承接业务、评定价值、评估结论披露等具体执业过程中的职业道德要求

（1）注册资产评估师不得以个人的名义进行评估业务的承揽工作。

一方面，资产评估业务是涉及经济、财会、工程技术、法律等多学科的各个领域，光靠一个人的知识水平是远远不够的，因此，资产评估必须由多个专业人士共同进行。另一方面，目前资产评估的管理也是根据不同的能力水平实行不同的从业资格管理。

（2）在承揽和接受业务时，当资产评估机构或注册资产评估师与委托方或相关当事方存在利害关系时，应主动回避。

（3）在接受资产评估业务时，资产评估机构应实事求是地与委托方签订规范的委托合同，以明确双方的权利和义务，不得采用欺诈、利诱、强迫等不正当手段招揽业务。

（4）注册资产评估师在进行价值评定时，应当严格执行资产评估执业标准和执业程序，不得随意降低执业标准，不得随意删减、简化执业程序。

资产评估执业标准是资产评估行业根据资产评估活动的特征和实践制定的，用来规范资产评估行为的行业执行标准。它通常包括资产评估业务技术标准和注册资产评估师的行为标准。资产评估执业程序是指资产评估过程的全部工作规程和工作顺序。在资产评估评定过程中，严格执行资产评估执业标准和执业程序是保证资产评估工作质量，使资产评估结论能够客观、公正的重要措施。在这一过程中，随意降低资产评估执业标准和随意缩减执业程序都会降低评估工作质量，将直接影响评估结论的客观性和公正性，从而违背了注册资产评估师的基本职业道德规范。

（5）注册资产评估师在进行价值评估时，应当独立进行专业判断，不得以委托方或相关当事方预先设定的价值量作为评估结果。这是注册资产评估师职业道德规范中，恪守独立性和公正性原则在价值评定过程中的具体要求。

（6）注册资产评估师在进行价值评定时，应当使用合理的假设。假设对任何学科都是重要的，相应的理论观点和方法都是建立在一定假设的基础之上的。当然，任何学科的假设都必须建立在科学合理的基础之上，资产评估学科也不例外。在价值评定的过程中，假设对资产的价值量影响很大。对同一资产作出不同假设，得出的评估价值量也会出现明显的差异，而且有些假设可能导致错误的结论。所以，注册资产评估师在进行价值评定时，不得采用不合理的假设。

（7）注册资产评估师在进行价值评定时，应当获取足够的相关资料和数据，并应当对获取的资料、数据和评估有关事宜进行充分分析。要对资产的价值作出评定，就必须有评定的依据，评定依据必须建立在获取足够的相关资料和数据的基础上，并对其和评估有关事宜进行充分分析和判断后才能形成。因此，在价值评定过程中，要求注册资产评估师应当对被评估资产进行勘察，收集足够的相关资料和数据，并对所获取的资料、数据和影响评估价值的有关因素进行充分的分析和判断，以足够的资料和数据来支持资产评估结论。

（8）注册资产评估师在进行价值评定时，应当对参与评估人员的工作进行指导、督促和复核，保证评估人员执行执业标准、程序和遵守职业道德规范。

资产评估是一个涉及面广、多专业综合的学科，因此，一项资产评估业务在客观上需要多人参与，共同完成。这就要求在价值评定过程中，注册资产评估师不光本身要严格执行评估执业标准、程序和职业道德规范，还要担负保证参与评估的其他人员执行执业标准、程序和遵守职业道德规范的责任。

（9）注册资产评估师在进行价值评定时，有时还需要利用有关专家协助工作。资产评估涉及的被评估资产多种多样，不同的被评估资产有不同的特性，注册资产评估师的专业知识面再宽也不可能熟悉全部的被评估资产；为了保证不熟悉的被评估资产的评估质量，客观上就需要聘请相关专家，利用专家的专业特长来协助评估工作。注册资产评估师应当采取必要的措施来保证该专家的专业水平和与该项资产价值有关的专家工作意见的合理性和可信度，并对协助其评估工作的专家工作结果负起相应的责任。

（10）注册资产评估师在执行资产评估业务过程中，应当在每个具体的工作过程中形成评估工作底稿。评估工作底稿是用来反映评估过程中有关资料、数据内容的文字记录。它是为最终完成评估任务、归档和随时准备提供验证作好准备的主要资料依据和来源。同时，资产评估工作底稿也是用来证明注册资产评估师是否执行资产评估执业程序，是否遵守有关职业道德条款的重要依据。因此，注册资产评估师在执行资产评估业务时，应当自觉形成工作底稿，并妥善管理。

（11）在进行评估结论披露时，应当根据相关法律、法规和资产评估准则出具资产评估报告。资产评估报告既是资产评估机构和评估人员完成对资产作价的意见，提交给委托方的公正性的报告，也是资产评估机构和评估人员履行评估合同情况的总结，还是资产评估机构为资产评估项目承担相应法律责任的重要证明文件。因此，如果注册资产评估师不根据相关法律、法规和资产评估准则出具资产评估报告，不仅会影响报告的合法性，也会影响委托方的权益，还会给资产评估机构和注册资产评估师带来相应的责任。这就要求注册资产评估师应当遵纪守法，恪守独立、客观、公正的原则，以真实的内容来出具资产评估报告，不得出具含有虚假、不实、有偏见的或具有误导性的分析或结论的资产评估报告。

（12）在进行评估结论披露时，应当在资产评估报告中充分披露评估所依据的假设、限制条件和评估相关的必要信息。这是因为：①资产的价值量与其经济用途，所处的自然条件，相关的经济、人文社会环境和未来的前景等都有着十分密切的关系，同一资产在不同经济用途，不同自然、人文社会，经济环境和不同未来前景的条件下，其价值体现也都不同，在有些条件限制下，资产的价值量甚至无法实现。因此，注册资产评估师应当在资产评估报告中充分披露评估所依据的假设和限制条件，以及与评估有关的各种信息。②资产评估报告是资产评估机构和注册资产评估师以独立的中介人的身份向委托方和有关方面报告对资产作价的专业意见。为了充分体现其独立、客观、公正的立场和专业知识水平，注册资产评估师应该把与资产价值有关的信息充分地披露出来，以便报告使用者和有关方面能够合理地理解评估结果。

（13）在进行评估结论披露时，应当引导报告使用者恰当地使用资产评估报告。由于资产的价值受评估目的、依据的假设和时间等因素限制，所以，每项资产评估价值量只有在一定的假设前提、评估目的、时效等具体的限制条件下才能实现，离开这些限制条件，情况就会发生变化。出于职业责任和专业知识水平能力的考虑，注册资产评估师应当在出具的资产评估报告中，正确引导报告使用者恰当使用资产评估报告，避免误导而造成资产评估报告不当使用的情况发生。

（14）在进行评估结论披露时，不应在自己未参与或不了解项目的资产评估报告上签署名字，也不得允许他人以本人名义签署资产评估报告。注册资产评估师在资产评估报告上签署名字，这既是注册资产评估师在评估披露过程中的一项权利，也是一项义务。它表明注册资产评估师对该项资产评估发表了专业意见，同时也包含了该注册资产评估师对该项评估结果应承担相应的责任。注册资产评估师在自己未参与项目的资产评估报告上签署名字，在严重违背独立、客观、公正的职业道德规范的同时，也给自己带来巨大的责任风险。所以，要求注册资产评估师在评估披露时，既不得签署本人未参与项目的资产评估报告，也不得允许他人以本人名义签署资产评估报告。

此外，在完成评估任务的整个过程中，不得向委托方或相关当事方索取约定服务费之外的不正当利益。资产评估是一种有偿的社会中介服务，注册资产评估师在完成评估业务后，向委托方出具资产评估报告并收取合理的评估服务费是正当的行为。但是，在这一过程中，如果注册资产评估师向委托方或相关当事方索取服务费之外的不正当利益，就会违背注册资产评估师独立、客观、公正的职业道德规范，并会在不同的程度上损害注册资产评估师的职业荣誉和形象。

4. 对注册资产评估师专业胜任能力的要求

注册资产评估师职业道德规范中的专业胜任能力要求包括两个方面的内容：①从事资产评估业务的人应当先经过专门教育和培训，获取评估方面的专业知识、专业训练，并取得评估的实践经验，具备从事资产评估业务的分析、判断和表达能力，才能进入这一行业从事评估活动。②已进入资产评估行业从事资产评估业务的注册资产评估师在承揽、接受和进行资产评估业务时，一般只能在其专业技能和时空安排等方面能够胜任的范围内进行，对超越其专业技能和时空安排等胜任能力的业务应当放弃、拒绝或采取恰当的措施加以解决。

要保证注册资产评估师的专业胜任能力，应该注意以下几个方面：①注册资产评估师应当受过专门教育和培训，具备相应的专业知识和经验。即注册资产评估师在接受资产评估业务之前，应该接受与评估资产相关的专业知识的教育、专业训练和实践，通过相应的执业资格的考试、考核，具备相应实践经验。②注册资产评估师应当接受后续教育，继续学习相关专业理论知识，保持和提高专业胜任能力。注册资产评估师除了要自觉接受规定的后续教育外，还应该通过各种途径不断地学习相关的专业理论知识，及时了解和掌握相关的政策法规。③注册资产评估师在承揽、接受和进行资产评估业务时，一般只能在其专业技能和时空安排等方面能够胜任的范围内，对超越其专业技能和时空安排等胜任能力的业务应当放弃、拒绝或采取恰当的措施加以解决。

5. 对注册资产评估师与委托方和相关当事方关系的要求

（1）对资产评估业务质量的责任要求。对资产评估业务质量的责任要求主要是指注册资产评估师在从事资产评估业务的过程中应严格遵守资产评估技术规范的责任，认真执行资产评估有关准则、评估程序和评估质量控制标准，做好资产评估业务的各项具体工作。

（2）对委托方责任要求。对委托方责任要求主要是指注册资产评估师在从事资产评估业务的过程中，应当坦诚地对待委托方，在不违背其他当事人和公众利益的前提下，尽最大努力，竭诚为委托方提供与评估有关的专业服务，维护委托方的合法权益并与委托方保持相互信任的关系。它具体包括应当做到按时、按质完成委托的资产评估业务；坚持保密原则，做好为委托方保密的工作；竭诚为委托方服务。

（3）在完成评估任务的整个过程中，不得向委托方或相关当事方索取约定服务费用之外的不正当利益。这里所说的服务费用以外的不正当利益，主要是指不正当的经济利益，包括约定服务费用以外的其他酬金，如佣金、回扣、好处费和介绍费等。

（4）提示委托方恰当使用评估报告，并声明不承担相关当事人决策失误的责任。在进行评估结论披露时，注册资产评估师应当提示报告使用者恰当使用资产评估报告。由于资产的价值受评估目的、依据的假设和时间等因素限制，所以，每项资产评估价值量只有在一定的假设前提、评估目的、时效等具体的限制条件下才能实现，离开这些限制条件，情况就会发生变化。出于职业责任和专业知识水平能力的考虑，注册资产评估师应当在出具的资产评估报告中，正确引导报告使用者恰当地使用资产评估报告，避免因误导而造成对资产评估报告使用不当的情况发生。

注册资产评估师在向委托方提交资产评估报告时，应向委托方提示资产评估报告是为资产业务提供的专业估价意见，该专业估价意见并不直接为被评估资产的使用、处置等活动提供决策，而只是为委托方提供由当事人作为决策所需的价值的参考，其最终的成交价还取决于当事人的决策动机、谈判协作关系和谈判技巧等综合因素。所以，注册资产评估师只对专业估价意见本身合乎职业规范要求负责，而不对资产业务定价决策负责。因此，在提交资产评估报告时，注册资产评估师要向委托方声明其不承担相关决策的责任。

（5）对社会责任的要求。对社会责任的要求主要是指注册资产评估师在从事资产评估业务时，不得损害社会公众利益。这里的社会公众利益是相对于委托方利益而言的其他利益。它包括国家利益、公众利益、其他组织和非委托方公民的合法权益。社会责任要求注册资产评估师在执业过程中，不得迁就委托方，满足其不合理要求；不得为了委托方利益损害国家利益、公众利益和其他组织、公民的合法权益。

6. 对注册资产评估师与其他注册资产评估师关系的要求

注册资产评估师在从事资产评估业务过程中，应当做好与同行之间的沟通与协作，以诚相待，保持良好的工作关系，共同维护和增进本行业的职业信誉和形象。其具体要求包括对同业的其他注册资产评估师要以诚相待，保持良好的工作关系，做好与同行之间的沟通与协作；不得贬损或诋毁其他注册资产评估师，要共同维护和增进本行业的职业信誉和形象；不得以恶意降低收费等不正当竞争手段与其他注册资产评估师争揽评估业务。

第四节　其他资产评估准则简介

一、程序性具体准则

中国资产评估协会已经发布的程序性准则包括《资产评估准则——评估报告》、《资产评估准则——评估程序》、《资产评估准则——业务约定书》、《资产评估准则——工作底稿》。

1.《资产评估准则——评估报告》

2007 年 11 月 28 日，中国资产评估协会发布了《资产评估准则——评估报告》（以下简称《评估报告准则》）。《评估报告准则》分为“总则”、“基本要求”、“评估报告的内容”和“附则”，共 4 章 30 条，从 2008 年 7 月 1 日起施行。评估报告是反映评估工作，传递评估结论，帮助委托方实现经济行为的载体。评估报告准则对资产评估报告的内容提出具体要求，使其能够反映评估方法的运用过程，并且在内容和形式上符合委托方的要求。与以前的相关规定相比，评估报告准则是一个普遍适用的准则，对不同类型评估业务中资产评估报告的共同要求作出了规定。

2.《资产评估准则——评估程序》

2007 年 11 月 28 日，中国资产评估协会发布了《资产评估准则——程序准则》（以下简称《程序准则》）。《程序准则》分为“总则”、“基本要求”、“评估程序要求”和“附则”，共 4 章 33 条，从 2008 年 7 月 1 日起施行。程序准则按照基本准则的精神，根据资产评估的专业特点，从整个资产评估项目的组织与操作入手，涵盖评估业务组织与操作的整个系统性过程，并作出原则性的规定，满足评估实践的需求，对评估执业予以规范和引导。

3.《资产评估准则——业务约定书》

2007年11月28日，中国资产评估协会发布了《资产评估准则——业务约定书》(以下简称《业务约定书准则》)。《业务约定书准则》分为“总则”、“业务约定书的签订”、“业务约定书的内容”、“业务约定书的变更”、“违约责任和争议解决”和“附则”，共6章23条，从2008年7月1日起施行。《业务约定书准则》重点结合评估行业的特点，在合同法的基础上，对评估行业需要重点关注的相关事项进行规范，对规范业务约定书的签订、履行等行为，对明确签约各方的权利和义务，对维护社会公共利益和资产评估各方当事人的合法权益具有重要意义。

4.《资产评估准则——工作底稿》

2007年11月28日，中国资产评估协会发布了《资产评估准则——工作底稿》(以下简称《工作底稿准则》)。《工作底稿准则》由“总则”、“基本要求”、“工作底稿的内容”、“工作底稿的编制和管理”和“附则”组成，共5章21条，从2008年7月1日起施行。工作底稿既是评估过程的轨迹记录，也是支持评估结论的重要分析、计算过程和评估资料的汇集，可以反映注册资产评估师遵守准则，履行评估程序的情况。通过建立和完善工作底稿编制和管理的规范，有利于指导和规范评估机构执业的操作流程，强化评估程序的控制和实施，明确参与评估业务有关人员的专业责任，树立责任意识，培养专业精神，提高执业质量，提升行业的公信力。

二、实体性具体准则

中国资产评估协会已经发布的实体性准则包括《资产评估准则——无形资产》、《资产评估准则——机器设备》、《资产评估准则——不动产》和《资产评估准则——珠宝首饰》。

1.《资产评估准则——无形资产》

2008年12月28日，中国资产评估协会发布《资产评估准则——无形资产》，对2001年财政部发布的《资产评估准则——无形资产》进行了修订，自2009年7月1日起施行。该准则包括“总则”、“基本要求”、“评估对象”、“操作要求”、“评估方法”、“披露要求”和“附则”，共7章34条。

2.《资产评估准则——机器设备》

2007年11月28日，中国资产评估协会发布《资产评估准则——机器设备》。该准则分“总则”、“基本要求”、“操作要求”、“评估方法”、“披露要求”和“附则”，共6章28条，从2008年7月1日起施行。

3.《资产评估准则——不动产》

2007年11月28日，中国资产评估协会发布《资产评估准则——不动产》。

该准则包括“总则”、“基本要求”、“操作要求”、“评估方法”、“企业价值评估中的不动产评估”、“披露要求”和“附则”共7章45条，从2008年7月1日起施行。该准则突出资产评估业务特点，除对一般的不动产评估作出要求外，对企业价值评估中的不动产评估也作出专门规定。

4.《资产评估准则——珠宝首饰》

2009年12月18日，中国资产评估协会发布了《资产评估准则——珠宝首饰》，对2001年发布的《珠宝首饰评估指导意见》进行全面修订，并于2010年7月1日起施行。该准则规定，从事珠宝首饰评估业务的资产评估机构，应当具有财政部门颁发的资产评估资格证书，签署珠宝首饰评估报告的人员应当具有中国注册资产评估师（珠宝）证书。

三、资产评估指南

中国资产评估协会已经发布的资产评估指南包括《以财务报告为目的的评估指南（试行）》和《企业国有资产评估报告指南》。

1.《以财务报告为目的的评估指南（试行）》

随着会计领域越来越多地运用公允价值计量，2006年，我国新发布的企业会计准则也引入了公允价值的概念和计量模式。为了服务于为会计计量中的公允价值提供专业意见的评估业务（以财务报告为目的的评估业务），2007年11月9日，中国资产评估协会发布了《以财务报告为目的的评估指南（试行）》（以下简称《指南》）。《指南》分为“总则”、“基本要求”、“评估对象”、“价值类型”、“评估方法”、“披露要求”和“附则”，共7章45条，从2007年12月31日起施行。《指南》明确提出了注册资产评估师服务于以财务报告为目的的业务领域，既包括注册资产评估师对财务报告中各类资产和负债的公允价值或特定价值进行分析、估算，也包括注册资产评估师参照《指南》开展与价值估算相关的议定程序等相关业务。《指南》规定，在以财务报告为目的的评估业务中，根据项目具体情况、企业会计准则和委托方的要求，评估对象可以是各类单项资产、负债，也可以是资产组或资产组组合，并重点明确了在企业合并、资产减值、投资性房地产和金融工具领域的评估对象以及需要在评估过程中重点关注的事项。

2.《企业国有资产评估报告指南》

《企业国有资产评估报告指南》是在具有普适性的评估报告准则框架下制定的，反映企业国有资产评估项目监管和执业的个性化要求。该指南包括“总则”、“标题、文号、声明和摘要”、“正文”、“附件”、“评估明细表”、“评估说明”、“出具与装订”和“附则”，共8章45条，从2009年7月1日起正式施行。该指南实施后，《资产评估报告基本内容与格式的暂行规定》（财评字［1999］91号文件）同时废止。《企业国有资产评估报告指南》适用于非金融企业国有资产评估报告。

四、资产评估指导意见

中国资产评估协会已发布的资产评估指导意见包括《企业价值评估指导意见（试行）》、《专利资产评估指导意见》、《金融不良资产评估指导意见（试行）》、《珠宝首饰评估指导意见》、《注册资产评估师关注评估对象法律权属指导意见》、《资产评估价值类型指导意见》。

1.《企业价值评估指导意见（试行）》

2004年12月30日，中国资产评估协会发布《企业价值评估指导意见（试行）》，共6章49条，分别从基本要求、评估要求、评估方法、评估披露等方面对企业价值评估业务进行了规范，自2005年4月1日起施行。《企业价值评估指导意见（试行）》明确了企业价值评估的定义，即注册资产评估师对评估基准日特定目的下的企业整体价值、股东全部权益价值或股东部分权益价值进行分析、估算并发表专业意见的行为和过程。该指导意见进一步要求注册资产评估师根据评估对象的不同，谨慎区分企业整体价值、股东全部权益价值和股东部分权益价值，并在资产评估报告中明确说明。

2.《专利资产评估指导意见》

2008年12月28日，中国资产评估协会发布《专利资产评估指导意见》，该指导意见包括"总则"、"基本要求"、"评估对象"、"操作要求"、"披露要求"和"附则"，共6章38条，自2009年7月1日起施行。该指导意见是一部没有国际先例的，专门指导专利资产评估的规范。

3.《金融不良资产评估指导意见（试行）》

2005年3月21日，中国资产评估协会发布《金融不良资产评估指导意见（试行）》，自2005年7月1日起施行。《金融不良资产评估指导意见（试行）》重点对以金融不良资产处置为目的的资产评估业务进行了规范。该指导意见从评估行业角度对金融不良资产进行了定义，其外延包括银行持有的次级、可疑及损失类贷款、金融资产管理公司收购或接管的金融不良债权以及其他非银行金融机构持有的不良债权；将金融不良资产评估业务的评估对象分为两大类，一类是债权资产，另一类是用以实现债权清偿权利的实物类资产、股权类资产和其他资产；将金融不良资产评估业务分为"以金融不良资产处置为目的的价值评估业务"和"以金融不良资产处置为目的的价值分析业务"。

4.《注册资产评估师关注评估对象法律权属指导意见》

2003年1月28日，中国注册会计师协会发布《注册资产评估师关注评估对象法律权属指导意见》，共13条，自2003年3月1日起实施。该指导意见明确规定了注册资产评估师和委托方、相关当事人在评估对象的法律权属方面的责任：①委托方和相关当事人应当提供评估对象的法律权属等基础资料，并对其真实性、合法性和完整性承担责任。②注册资产评估师执行资产评估业务是对资产价值进行估算并发表专业意见，对评估对象的法律权属发表意见超越了注册资产评估师的执业范围。③注册资产评估师不得对评估对象的法律权属提供保证。

该指导意见对注册资产评估师在承接业务、执业和披露等不同环节关注评估对象的法律权属作出了相应的规定。在承接业务环节中，规定注册资产评估师有明确告知委托方及相关当事方提供真实、合法、完整的评估对象的法律权属等资料的义务；在执行业务过程中，注册资产评估师应当对委托方和相关当事方提供的评估对象的法律权属资料和资料来源进行必要的查验，但不得超越执业范围明示或暗示承担验证评估对象的法律权属资料真实性、合法性和完整性的责任；在评估披露环节中，注册资产评估师应当在资产评估报告中描述评估对象的法律权属及其资料来源、查验情况，并说明评估对象的法律权属对评估结论的影响。

5. 《资产评估价值类型指导意见》

2007 年 11 月 28 日，中国资产评估协会发布了《资产评估价值类型指导意见》。该指导意见分为“引言”、“价值类型及其定义”、“价值类型的选择和使用”和“附则”，共 4 章 27 条，从 2008 年 7 月 1 日起施行。该指导意见有利于指导注册资产评估师在资产评估中根据评估目的等相关条件恰当选择价值类型，充分体现评估结论的经济内涵，合理反映资产的价值。

6. 《投资性房地产评估指导意见》

2009 年 12 月 18 日，中国资产评估协会发布了《投资性房地产评估指导意见》，于 2010 年 7 月 1 日起施行。该指导意见是对《企业会计准则第 3 号——投资性房地产》及其应用指南中所称房地产价值评估的指导意见。

复习思考题

一、思考题

1. 简述《国有资产评估管理办法》的相关内容。
2. 我国资产评估法律规范体系的主要内容有哪些？
3. 简述我国资产评估准则体系。
4. 简述注册资产评估师应当遵守的职业道德。
5. 注册资产评估师应当如何保持和提高专业胜任能力？
6. 注册资产评估师在从业过程中如何保持其独立性、客观性和公正性？

二、单项选择题

1. 二十年来，作为资产评估行业的主管部门，财政部和原国家国有资产管理局等相关部门陆续制定了（　　）多个有关资产评估管理的规章制度。

A. 130　　B. 120　　C. 40　　D. 数不清

2. （　　），财政部与中国资产评估协会举行中国资产评估准则体系发布会，正式发布中国资产评估准则体系，同时发布包括 8 项新准则在内的 15 项资产评估准则，标志着比较完整的资产评估准则体系初步建立。

A. 2007 年 11 月 28 日　B. 2008 年 11 月 28 日
C. 2004 年 2 月　D. 2004 年 11 月

3.《专利资产评估指导意见》自（　　）起实施。

A. 2005 年 7 月　B. 2003 年 3 月　C. 2009 年 7 月　D. 2005 年 4 月

4.（　　）是我国资产评估准则体系的一大特点，目前在各国评估准则及国际评估准则中并没有类似的部分。

A. 资产评估基本准则　B. 资产评估具体准则
C. 资产评估指南　D. 资产评估指导意见

5.《资产评估职业道德准则——基本准则》于（　　）起实施。

A. 2004 年 5 月 1 日　B. 2004 年 2 月 25 日　C. 2007 年 11 月 28 日　D. 2009 年 7 月 1 日

6. 根据国务院的精神文件，（　　），财政部决定中国资产评估协会单独设立。

A. 1993 年 5 月　B. 1995 年 2 月　C. 2004 年 2 月　D. 1993 年 12 月

7. 在执业规则方面，原国有资产管理局颁布的资产评估规章制度为（　　）。

A. 注册资产评估师后续培训制度　B. 资产评估操作规范意见
C. 关于资产评估机构脱钩改制的通知　D. 国有资产评估若干问题的规定

8. 根据《国务院关于第三批取消和调整行政审批项目的决定》，（　　）对注册资产评估师实施行业自律管理。

A. 中国注册会计师协会　B. 中国资产评估协会
C. 国资委　D. 行业主管部门

9. 独立性原则要求注册资产评估师在执业过程中，应当在（　　）方面独立于外部组织和所服务的对象。

A. 组织上　B. 实质上和形式上　C. 内容上　D. 实质上或形式上

10.（　　）是用以反映评估过程有关资料、数据内容的文字记录，是确定资产评估师是否遵守职业准则的重要依据。

A. 资产评估报告　B. 评估工作底稿　C. 评估业务约定书　D. 评估申报资料

三、多项选择题

1. 1991 年 11 月 16 日，国务院发布的我国第一个关于资产评估管理的行政规范，也是迄今为止我国法律效力最高的资产评估专门法规，被称做（　　）。

A. 国务院第 91 号令　B. 国有资产评估管理办法
C. 中国资产评估准则　D. 企业会计准则

2. 全国人大或者人大常委会颁布的法律中，涉及资产评估的有（　　）。

A. 公司法　B. 企业国有资产法　C. 合伙企业法　D. 拍卖法
E. 刑法

3. 资产评估行业实行（　　）相结合的管理体制。

A. 行政管理　B. 行业自律　C. 部门管理　D. 财政部直属管理

4. 资产评估准则体系从横向关系上划分，包括（　　）。

A. 业务准则　B. 职业道德准则
C. 职业道德基本准则　D. 资产评估准则

5. 从纵向上划分，资产评估职业道德准则包括（　　）。

A. 职业道德基本准则　　B. 职业道德具体准则

C. 职业道德准则指南　　D. 职业道德指导意见

6. 资产评估业务准则从纵向上划分，包括（　　）。

A. 资产评估基本准则　　B. 资产评估具体准则

C. 资产评估指南　　D. 资产评估指导意见

7. 我国资产评估法律规范的内容涵盖了（　　）等方面。

A. 考试　B. 注册　C. 劳资关系　D. 清理整顿　E. 培训

8.（　　）是对资产评估职业道德的核心要求。

A. 客观　B. 权威　C. 独立　D. 公正

9. 注册资产评估师专业胜任能力要求（　　）。

A. 从事资产评估的人员必须通过注册资产评估师考试全科合格

B. 注册资产评估师必须具备执业经验

C. 注册资产评估师在承接业务时，必须充分考虑业务的时空范围

D. 注册资产评估师在承接业务时，必须充分考虑其胜任能力和专业特长

10. 以下属于注册资产评估师道德准则的内容的有（　　）。

A. 注册资产评估师应当对执业过程中所知悉的被评估单位的商业秘密保密

B. 注册资产评估师应当维护职业形象，不得从事与注册资产评估师身份不符或可能损害其形象的活动

C. 注册资产评估师应当正确处理服务与报酬的关系，可以提供"义务劳动"，但不允许或有收费

D. 注册资产评估师不应当允许他人以本人名义签署评估报告

四、判断题

1.《资产评估准则——无形资产》属于实体性具体准则。（　　）

2.《专利资产评估指导意见》于2009年7月1日起实施。（　　）

3.《资产评估价值类型指导意见》于2008年11月28日起实施。（　　）

4. 1995年，中国资产评估协会代表我国资产评估行业加入国际评估准则委员会。（　　）

5. 目前，我国资产评估准则体系包括15项资产评估准则。（　　）

复习思考题答案

一、略

二、单项选择题

1. B　2. A　3. C　4. A　5. A　6. C　7. B　8. B　9. B　10. B

三、多项选择题

1. A，B　2. A，B，C，D，E　3. A，B　4. A，B　5. A，B

6. A，B，C，D　7. A，B，D，E　8. A，C，D　9. A，B，C，D　10. A，B，D

四、判断题

1. ✓　2. ✓　3. ×　4. ✓　5. ×

第三章　资产评估的基本方法

学习目标

掌握资产评估中市场法评估的基本思路与具体方法、收益法评估的基本思路与具体方法以及成本法评估的基本思路与具体方法。

案例引导

2008年6月，66岁的张老陆邀请其邻居65岁的李瑞宁来家中同看电视。因李瑞宁反复开关电视，随之电视损坏。张老陆要求李瑞宁赔偿，李瑞宁只同意赔偿1 000元人民币。但是张老陆却说，自己的电视是在14年前以4 000元人民币买入的，由于物价的变动，当时的4 000元至少已相当人民币现值几万元，故要求赔偿至少3 000元。两人争执不下，在朋友的建议下，到资产评估事务所进行了价格咨询。资产评估事务所应如何对这台电视的现值进行评估？

第一节　市　场　法

一、市场法的基本含义

1. 市场法的含义

市场法是指通过比较被评估资产与近期市场上出售类似资产的异同，并将类似资产的市场价格进行调整，从而确定被评估资产价值的一种评估方法。

市场法的基本思路是：通过市场调查，选择一个或几个与被评估资产相同的或类似的资产作为参照物，分析参照物的构造、功能、性能、新旧程度、地区差别、交易条件及成交价格等，并与被评估资产一一对照比较，找出两者的差别及差别所反映在价格上的差额，经过调整，计算出被评估资产的价格。

市场法的理论基础是替代原则。因为任何一个正常的投资者在购置某项资产时，其所愿意支付的价格不会高于市场上具有相同用途的替代品的现行市价。运用已被市场检验了的结果来评估被评估资产，显然最容易被资产业务的各当事人接受。因此，市场法是资产评估中最为直接、最具说服力的评估方法之一。

2. 基本公式

$$\begin{aligned}\text{被评估资产评估值} = {} & \text{参照物价格} \pm \text{功能差异值} \pm \text{时间差异值} \pm \cdots \\ & \pm \text{交易情况差异值}\end{aligned} \tag{3-1}$$

或：被评估资产评估值 = 参照物价格 × 功能差异修正系数 × …
× 时间差异修正系数 (3-2)

二、市场法的基本前提

应用市场法进行资产评估时，必须具备以下前提条件：

（1）需要有一个充分发育、活跃的公开市场。在市场经济条件下，市场上交易的商品种类很多，资产作为商品，是市场发育的重要方面。在资产市场上，资产交易越频繁，与被评估资产相类似资产的价格越容易获得。

（2）公开市场上要有可比的资产及其交易活动。参照物及其与被评估资产可比较的指标、技术参数等资料是可收集到的。运用市场法时，重要的是能够找到与被评估资产相同或相类似的参照物。与被评估资产完全相同的资产是很难找到的，这就要求对类似资产参照物进行调整。有关调整的指标、技术参数能否获取，是决定市场法成功运用与否的关键。

三、运用市场法评估的步骤

1. 选择参照物

在选择参照物时，应注意以下几个方面的问题：

（1）参照物与被评估资产必须可比。选择参照物的关键是可比性问题，其中最主要的是功能方面，这里的功能强调的是资产的使用价值，要求选择的参照物的功能应与被评估资产相同或至少相近。如在评估飞机时，不能选择轮船作为参照物；在评估冰箱时，不能选择电视作为参照物。因为两者的使用价值有根本上的不同。

在选择参照物时，除了考虑功能方面，还应当考虑市场条件、成交时间等其他因素。资产评估师应注意选择与被评估资产各方面因素尽可能相同的参照物，以减少调整量，从而减少评估误差的发生。

（2）应注意参照物的数量。由于市场法是通过参照物的价格调整得到被评估资产的公允价值的，而每个参照物在成交时，其价格中都可能包含了个别因素。为了排除个别因素的干扰，在评估时应选择多个参照物，通常在三个以上。又由于若参照物选择过多后往往会造成评估成本的提高，因而在能够保证评估效果的前提下，参照物的选择也并非越多越好。

2. 对参照物与被评估资产进行类比调整

（1）选择比较因素。在评估时应根据不同种类资产价值形成的特点，选择对资产价值形成影响较大的因素作为比较指标，在参照物与被评估资产之间进行比较。

（2）量化差异。在参照物及被评估资产之间进行比较，并且将两者的差异进行量化，这是运用市场法的一个重要环节。

（3）类比调整。在参照物评估价格的基础上，将参照物与被评估资产进行类比调整，得到被评估资产的评估价值。

3. 分析确定评估结果

因为运用市场法时通常应选择三个以上参照物，所以运用市场法评估的初步结果也在三个以上。根据资产评估的一般惯例的要求，正式的资产评估结果只能有一个，这就需要资产评估师对若干评估初步结果进行综合分析，以确定最终的评估值。

四、市场法中的具体评估方法

市场法实际上是指一种评估思路下的若干种具体评估方法的集合。只要是利用参照物交易价格得到被评估资产价值的方法就都属于市场法的范畴。我们按照参照物与被评估资产的差异，将评估方法分为两类：一类为直接比较法，另一类为类比调整法。这种划分是为了便于掌握的，并不具有绝对意义，因为直接和间接的划分其实也是相对的。

在本书中，我们将直接比较法定义为参照物与被评估资产之间只有一个差异或不具有差异。如果两者之间有多个差异，我们将其定义为类比调整法。直接比较法和类比调整法的实质是一样的。

（一）直接比较法

直接比较法是指利用参照物的交易价格及参照物的某一基本特征直接与被评估资产的同一基本特征进行比较而判断被评估资产价值的方法。直接比较法主要包括但不限于以下评估方法：

1. 现行市价法

现行市价法适用于参照物与被评估资产完全相同的情况。

现行市价法是指当被评估资产本身具有现行市场价格或与被评估资产基本相同的参照物具有现行市场价格的时候，可以直接利用被评估资产和参照物在评估基准日的现行市场价格作为被评估资产的评估价值。其公式如下：

$$\text{被评估资产的价值} = \text{参照物的成交价格} \tag{3-3}$$

2. 市价折扣法

市价折扣法适用于参照物与被评估资产只存在交易条件方面差异的情况。

市价折扣法是指以参照物成交价格为基础，考虑到被评估资产在销售条件、销售时限等方面的不利因素，凭资产评估师的经验和有关部门的规定，设定一个价格折扣率来估算被评估资产价值的方法。其基本公式如下：

$$\text{被评估资产的价值} = \text{参照物成交价格} \times (1 - \text{价格折扣率}) \tag{3-4}$$

【例 3-1】 某人将移民国外，拟在一个月内快速变现其房产。已知在评估时点与该房产完全相同的正常变现价格为 100 万元，经资产评估师调查分析，认为该地房地产快速变现的折扣率为 20%。试评估该房产的价值。

根据式（3-4），该房产的评估价值 = 100 ×（1 − 20%）= 80（万元）。

3. 功能价值法

功能价值法适用于被评估资产与参照物之间只存在功能方面差异的情况。若功能之间的差异可以量化为价值之间的差异，就可以进行功能和价值的类比。

功能价值法是指以参照物的成交价格为基础，将参照物与被评估资产之间的功能差异进行调整来估算被评估资产价值的方法。根据资产的功能与其价值之间的线性关系和指数关系的区别，其计算公式如下：

（1）在资产价值与其功能呈线性关系的情况下，通常被称做生产能力比例法。

$$被评估资产的价值=参照物成交价格\times(被评估资产的某功能\div参照物的某功能) \tag{3-5a}$$

事实上，功能价值法常用于机器设备的评估，往往不适用于房地产的评估。对机器设备而言，其主要的功能是生产能力，因此，此公式可以演变如下：

$$被评估资产的价值=参照物成交价格\times(被评估资产的生产能力\div参照物的生产能力) \tag{3-5b}$$

【例 3-2】 某品牌冰淇淋机按正常使用强度年产冰淇淋 50t，参照物冰淇淋机的年生产能力为 80t，评估时点参照物资产的市场价格为 9 万元。假定冰淇淋机的价值与其生产能力呈线性关系，试评估 50t 冰淇淋机的价值。

根据式（3-5），50t 冰淇淋机的公允价值 $=9\times 50/80=5.63$（万元）

（2）在资产价值与其功能呈指数关系的情况下，通常被称做规模经济效益指数法。

$$被评估资产的价值=参照物成交价格\times(被评估资产的某功能\div参照物的某功能)^{x} \tag{3-6}$$

【例 3-3】 承上例，假定冰淇淋机的价值与其生产能力呈指数关系。经过市场调查，资产评估师确定相应的功能价值指数为 0.70，试评估 50t 冰淇淋机的价值。

$$被评估资产的价值=9\times(50/80)^{0.70}=6.48（万元）$$

请思考，如果功能价值指数小于 1，说明市场容易接受高价产品，还是容易接受低价产品？在这种市场条件下，企业在进行投资决策时应购买功能更强大的产品，还是购买功能稍差的产品？

4. 价格指数法

价格指数法适用于被评估资产与参照物之间只有交易时间不同的情况。一般地，随着时间的变化，资产的交易价格也会发生变化。由于交易时间与评估日时间相差过长，会有许多其他不可确定的因素影响交易价格，因此，这种方法要求时间差异不能过长。

价格指数法是指以参照物成交价格为基础，考虑参照物的成交时间与被评估资产的评估基准日之间的时间间隔对资产价值的影响，利用价格指数调整估算被评估资产价值的方法。其计算公式如下：

$$被评估资产的价值=参照物成交价格\times(1+物价变动指数) \tag{3-7}$$

或

$$被评估资产的价值=参照物成交价格\times价格指数 \tag{3-8}$$

在现实的统计资料中，资产评估师经常查阅到定基物价指数或环比物价指数。如何利用这两种物价指数是价格指数法应用的关键所在。

定基物价指数是指某种商品在成交日的价格与固定基年价格相比较产生的物价指数。此时，调整公式如下：

$$被评估资产的价值=参照物的交易价格\times\frac{评估基准日资产定基物价指数}{参照物交易日资产定基物价指数} \tag{3-9}$$

如果获取的是价格变动指数，则定基物价指数=1+价格变动指数。

环比物价指数是指相邻期数后期与前期价格的对比产生的相对数。此时，调整公式如下：

$$被评估资产的价值=参照物的交易价格\times参照物各交易期日至评估基准日各期环比价格指数的连乘积 \tag{3-10}$$

【例 3-4】 被评估机器设备于2007年5月31日进行评估。该类设备2007年上半年各月月末的价格与2006年12月31日相比，分别上涨了1.60%、1.90%、2.40%、1.80%、2%。其中参照物是于2007年3月31日成交的，成交价格为27万元。请用物价指数法评估该设备在2007年5月31日的价值。

从题中分析来看，资产评估师获取的是该机器设备的定基物价指数。因此，宜用式（3-9）进行计算。

根据式（3-9），$被评估资产的价值=27\times\frac{1+2\%}{1+2.40\%}\approx26.89$（万元）

【例 3-5】 承上例，若资产评估师获取的环比物价变动指数为1.60%、1.90%、2.40%、1.80%、2%。其他条件不变，请重新计算该机器设备于2007年5月31日的评估值。

根据式（3-10），$被评估资产的价值=27\times(1+1.80\%)\times(1+2\%)=28.04$（万元）

在使用环比物价指数时，请注意期数与环比价格指数的数量之间的关系。

5. 成新率价格法

成新率价格法是指以参照物的成交价格为基础，考虑参照物与被评估资产新旧程度上的差异，通过成新率调整估算出被评估资产的价值。其计算公式如下：

$$被评估资产的价值=参照物成交价格\times(被评估资产的成新率\div参照物的成新率) \tag{3-11}$$

其中：

$$资产的成新率 = 资产的尚可使用年限 \div (资产的已使用年限 + 资产的尚可使用年限)$$

此方法一般只运用于被评估资产与参照物之间仅有成新程度差异的情况。当然此方法略加改造，也可以作为被评估资产与参照物成新度差异调整率和差异调整值的方法。

由于直接比较法对参照物与被评估资产的可比性要求较高，在具体评估过程中寻找参照物可能受到局限。因而，直接比较法的使用也相对受到一定制约。

（二）类比调整法

类比调整法是市场法中最基本的评估方法。该方法并不要求参照物与被评估资产必须一样或只要求参照物与被评估资产在大的方面基本相同或相似。该方法通过对比分析调整参照物与被评估资产之间的差异，在参照物成交价格的基础上调整估算被评估资产的价值。

在具体操作过程中，上述两类评估方法具体表现为以下技术方法：

1. 市场售价类比法

市场售价类比法是指以参照物的成交价格为基础，考虑参照物与被评估资产在功能、市场条件和销售时间等方面的差异，通过对比分析和量化差异，调整估算出被评估资产价值的方法。

其计算公式如下：

$$被评估资产的价值 = 参照物售价 + 功能差异值 + 时间差异值 + \cdots + 交易情况差异值 \tag{3-12}$$

或：

$$被评估资产的价值 = 参照物售价 \times 功能差异修正系数 \times \cdots \times 时间差异修正系数 \tag{3-13}$$

【例 3-6】 估价对象概况：待估地块为某城区的一块空地，用途为住宅区，面积为 10 000m^2，地形为长方形。

评估要求：评估该地块在 2009 年 12 月的公允价值。

评估过程：

（1）选择评估方法。该种类型的土地有较多的交易实例，故采用市场法进行评估。

（2）搜集有关的评估资料。

1）搜集待估地块资料。待估地块的实际情况可以用文字进行描述，并可以用相应的图形表达，应注意将影响土地价值的因素表达清楚，也便于与参照物进行对比。资产评估师在搜集资料时，应当尽可能地搜集确实、可靠的资料。如果能够进行自主调查，则不利用网站和电视宣传的数据，因为自主调查得到的数据更可靠。

2）搜集交易实例资料。在评估实务中，资产评估师应当注意选择与待估地块可比性强的参照物。在本例中，资产评估师为了减少调整工作量以及尽可能减少计算调整所产生的误差，选择了与待估地块各方面情况相同的在一年内成交的四个实例作为参照物。具体情况如表3-1所示。

表3-1 交易实例情况表

		交易实例A	交易实例B	交易实例C	交易实例D	待估地块
1	单价/（元/m^2）	3 900	4 000	3 850	4 080	
2	交易日期	2009年4月	2009年3月	2008年12月	2009年2月	2009年12月
3	所处地区	一般市区	一般市区	一般市区	一般市区	一般市区
4	用地性质	住宅	住宅	住宅	住宅	住宅
5	土地类型	空地	空地	空地	空地	空地
6	土地面积/m^2	30 000	8 000	9 200	9 500	10 000
7	土地形状	长方形	长方形	长方形	长方形	长方形
8	地形	平坦	平坦	平坦	平坦	平坦
9	地质	普通	普通	普通	普通	普通
10	基础设施	完备	完备	完备	完备	完备
11	公共交通	较差	较好	较好	较好	很好
12	道路通达程度	较通达	通达	通达	通达	通达
13	容积率	3	3	3	3	3
14	剩余使用年限	50年	50年	50年	50年	50年

（3）将待估地块与参照物土地进行类比调整。在本例中，列举了对土地价值影响较大的十几个因素，包括所处地区、用地性质、土地类型、交易日期、土地面积、土地形状、地形、地质、基础设施、公共交通、道路通达程度、容积率和剩余使用年限等。为了减少调整工作量，假定待估地块和参照物资产都处于一般市区，用地性质均为住宅用地，土地类型均为空地，土地的形状都为长方形，地质情况都为一般地质，道路均通达，容积率均为3倍，剩余年限均为50年，所不同的只有区域因素、交易日期、土地面积和交易情况等。

一般地，在资产评估中，通常将需调整的因素界定为交易情况、交易日期、区域因素和个别因素等。在本例中，按照该四个方面进行类比调整。

1）进行交易情况修正。由于要求评估得到待估地块的公允价值，因此，资产评估师调查这四个实例在交易时是否公允。经分析，交易实例A、B为正常买卖，无须进行交易情况修正；交易实例C较正常买卖价格偏低3%，交易实例D较正常买卖价格偏高2%。

2）进行交易日期修正。根据调查，该地区自 2008 年 12 月～2009 年 12 月以来土地价格平均每月上涨 1%。因此，资产评估师需要根据该土地的价格涨落情况对土地进行价格调整。

3）进行区域因素修正。对土地价格影响最大的是土地的区域因素。在一般情况下，影响土地价格的区域因素包括土地的自然和社会环境、基础设备情况、离市中心距离、大气污染情况以及公共事业配套因素等（影响土地价值的因素在房地产评估一章中会有详细的讲述），如果在资产评估时对这些因素进行一一调整，计算工作量较大，往往会产生较大的误差，因此，在通常情况下，资产评估师会聘请专家对影响土地的各种区域因素进行综合打分。

综合打分法是进行资产评估时的常用方法。通常是将被评估资产的区域分值假定为 100 分，参照物与被评估各区域条件进行类比，资产评估师确定参照物资产的各项打分。

在本例中，假定专家对参照物进行综合打分后，认为参照物 A、B、C、D 的区域得分分别为 105 分、108 分、110 分和 109 分，如表 3-2 所示。

表 3-2　参照物 A、B、C、D 区域因素综合打分情况

A	B	C	D
105	108	110	109

4）进行其他因素修正。经比较分析，该地区中 10 000m^2 左右的土地较受欢迎，而参照物 A 属于较大地块，因此，其交易单价比正常交易单价偏低 2%。

（4）进行评定估算。按照交易情况、交易日期、区域因素和其他因素的思路对待估地块进行评定估算，结果如下：

交易实例 A 修正后的单价：

$$3\,900 \times \frac{100}{100} \times (1+8\%) \times \frac{100}{105} \times \frac{100}{98} = 4\,093(\text{元}/\text{m}^2)$$

交易实例 B 修正后的单价：

$$4\,000 \times \frac{100}{100} \times (1+9\%) \times \frac{100}{108} \times \frac{100}{100} = 4\,037(\text{元}/\text{m}^2)$$

交易实例 C 修正后的单价：

$$3\,850 \times \frac{100}{97} \times (1+12\%) \times \frac{100}{110} \times \frac{100}{100} = 4\,041(\text{元}/\text{m}^2)$$

交易实例 D 修正后的单价：

$$4\,080 \times \frac{100}{102} \times (1+10\%) \times \frac{100}{109} \times \frac{100}{100} = 4\,037(\text{元}/\text{m}^2)$$

（5）分析确定评估结果。这四个调整结果比较接近，没有太大的偏离。经分析，资产评估师认为可以通过加权平均进一步排除偶然因素的干扰。

$$土地的评估单价=(4\ 093+4\ 037+4\ 041+4\ 037)/4=4\ 052(元/m^2)$$

$$土地评估总价=10\ 000\times4\ 052=40\ 520\ 000(元)$$

2. 成本市价法

成本市价法是指以被评估资产的现行合理成本为基础，利用参照物的成本市价比率来估算被评估资产的价值的方法。其计算公式如下：

$$被评估资产的价值=被评估资产现行合理成本\times(参照物成交价格\div参照物现行合理成本) \quad (3\text{-}14)$$

【例 3-7】 在评估时点某市商品住宅的成本市价率为 150%，已知被估全新住宅的现行合理成本为 60 万元，则其价值为多少?

$$被评估资产的价值=60\times150\%=90\ (万元)$$

3. 市盈率乘数法

市盈率乘数法是指以参照物的市盈率作为乘数（倍数），以此乘数与被评估资产的收益额相乘估算被评估资产价值的方法。其计算公式如下：

$$被评估资产的价值=被评估资产收益额\times参照物市盈率 \quad (3\text{-}15)$$

【例 3-8】 某被估企业的年度净利润为 2 000 万元，在评估时点的资产市场上同类企业平均市盈率为 20 倍，则

$$该企业的评估价值=2\ 000\times20=40\ 000\ (万元)$$

在上述各种具体评估方法中，许多方法既适用于直接评估单项资产的价值，也适用于在市场法中估测被评估资产与参照物之间某一种差异的调整系数和调整值。市盈率乘数法则主要适用于整体企业价值的评估。在现代市场经济条件下，单项资产和整体资产都可以作为交易对象进入市场流通，不论单项资产还是整体资产的交易实例，都可以为运用市场法进行资产评估提供可以参照的评估依据和资料。

第二节 收 益 法

一、收益法的基本含义

收益法是指通过估测被评估资产未来预期收益的现值来判断资产价值的各种评估方法的总称。它服从资产评估中将利求本的思路，即采用资本化和折现的途径及其方法来判断和估算资产价值。该思路认为，任何一个理智的投资者在购置或投资于某一资产时，所愿意支付和投资的货币数额不会高于所购置和投资的资产在未来能给其带来的回报，即收益额。从理论上讲，收益法是资产评估中较为科学、合理的评估方法之一。当然，运用收益法评估尚需要满足一些基本条件。

二、收益法的基本前提

收益法是依据资产未来预期收益经折现和本金化处理来估测资产价值的。它涉及三个基本要素：①被评估资产的预期收益。②折现率或资本化率。③被评估资产取得预期收益的持续时间。因此，能否清晰地把握上述三要素就成为能否运用收益法的基本前提。从这个意义上讲，应用收益法时必须具备的前提条件如下：

（1）被评估资产的未来预期收益可以预测并可以用货币衡量。

（2）资产拥有者获得的预期收益所承担的风险可以估测并量化。

（3）被评估资产的预期获利年限可以预测。

上述前提条件表明：①被评估资产的预期收益必须能得以较为合理的估测。这就要求被评估资产与其经营收益之间存在较为稳定的比例关系，同时，影响资产预期收益的主要因素，包括主观因素和客观因素也应是比较明确的。资产评估师可以据此分析和测算出被评估资产的预期收益。②被评估资产所具有的行业风险、地区风险及企业风险是可以比较和测算的，这是测算折现率或资本化率的基本参数之一。被评估资产所处的行业不同、地区不同和企业差别都会不同程度地体现在资产拥有者的获利风险上。对于投资者来说，风险大的投资，要求的回报率就高；风险小的投资，其回报率也可以相应降低。③被评估资产获利期限的长短，即被评估资产的寿命，也是影响其价值和评估值的重要因素之一。

三、运用收益法评估的步骤和基本参数

（一）步骤

（1）分析测算被评估资产的未来预期收益。

（2）确定折现率或资本化率。

（3）用折现率或资本化率将被评估资产未来预期收益折算成现值。

（4）分析确定评估结果。

（二）基本参数

运用收益法进行评估时涉及许多经济技术参数，其中最主要的参数有三个，即收益额、折现率和获利期限。

1. 收益额

资产评估中的收益额有两个比较明显的特点：①该收益额是指被评估资产未来的预期收益额，而不是被评估资产的历史收益额或现实收益额。②用于资产评估的收益额是被评估资产的客观收益，而不是被评估资产的实际收益。

所谓的客观收益，是指符合社会平均劳动生产率的收益。只有确定了客观收益，才能尽可能地避免个别和偶然因素的干扰，更好地评估资产的公允价值。

实践中，因资产种类较多，不同种类资产的收益额的表现形式也不完全相同，如企业的收益额通常表现为净利润、净现金流量、总利润、息税前利润等指

标。在使用时，应当注意收益额与折现率等指标的配比关系。

2. 折现率

从本质上讲，折现率是一种期望投资报酬率，是指投资者在投资风险一定的情况下，对投资所期望的回报率。如果投资者要求的投资报酬率高，则其收益的折现值就会低。

折现率就其构成而言，它是由无风险报酬率和风险报酬率组成的。无风险报酬率一般是指同期国库券利率。如果没有国库券利率，还可以选择同期银行利率。风险报酬率是指超过无风险报酬率以上部分的投资回报率，通常包括行业投资风险报酬率和通货膨胀率。显然，不同行业的投资风险是不相同的，因而在同样的经济环境下，不同资产的无风险报酬率是相同的，但其风险报酬率往往不同。在评估时，由于无形资产取得收益的不确定性更高，因而，用收益法对无形资产价值进行评估时，所确定的折现率往往高于有形资产。

资本化率与折现率在本质上是相同的，只是在习惯上人们把未来有限期收益折算成现值的比率称为折现率，而把未来无限期收益折算成现值的比率称为资本化率。

3. 收益期限

收益期限是指资产具有获利能力持续的时间，通常以年为时间单位。它由资产评估师根据被评估资产自身效能及相关条件以及有关法律、法规、契约、合同等加以测定。资产评估非常重视现实性原则，因而被评估资产的有效获利年限往往不等于其自然寿命，资产评估师在评估时应当注意根据实际情况确定资产的预期获利年限。

如某项专利权，法律规定的有效使用期限为 15 年。但是在该项专利权使用 5 年后，预计会被新技术取代，该项专利权将不再具有持续的获利能力，因此，该项专利权的收益期限是 5 年，而不是 15 年。

四、收益法中的主要技术方法

收益法实际上是在预期收益还原思路下若干具体方法的集合。从大的方面来看，收益法中的具体方法可以分为若干类：①针对被评估资产未来预期收益有无限期的情况划分，分为有限期和无限期的评估方法。②针对被评估资产预期收益额的情况划分，又可分为等额收益方法和非等额收益方法，等等。为了便于学习收益法中的具体方法，先对这些具体方法中所用的字符含义作统一的定义。

应用收益法求取资产评估价值时，由于是对未来若干年纯收益的贴现，而纯收益和收益年期又都在发生变化，这就引出许多计算公式。在介绍公式内容之前，先对一些本节所用的以下字符含义进行定义：

P——评估值；

i——年序号；

P_i——未来第 i 年的评估值；
R_i——未来第 i 年的预期收益；
A——年金值；
r——资本化率或折现率；
n——收益年期；
t——收益年期。

（一）纯收益不变

（1）在收益永续，各因素不变的条件下，有以下计算公式：

$$P = A/r \tag{3-16}$$

其成立条件：①纯收益每年不变。②资本化率固定且大于零。③收益年期无限。

有形资产的使用年限都是有限的。能够具有无限使用年限的资产往往是企业或某些无形资产。

【例 3-9】 假设某企业持续经营，现拟转让，因而进行评估。资产评估师经过测算后认为该企业已进入稳定经营阶段，其未来的税后利润稳定在 1 000 万元，假设其资本化率为 8%。试用收益法评估该企业的价值。

利用公式 3-16，该企业的评估值 $=A/r=1\ 000/8\% =12\ 500$（万元）

（2）在收益年期有限，资本化率大于零的条件下，有以下计算公式：

$$P = \frac{A}{r}\left[1 - \frac{1}{(1+r)^n}\right] \tag{3-17}$$

这是一个在估价实务中经常运用的计算公式，其成立条件：①纯收益每年不变。②资本化率固定且大于零。③收益年期有限为 n。

【例 3-10】 在［例 3-9］中假设某企业只能持续经营 3 年，其他条件不变，试评估该企业未来 3 年的价值。

利用式(3-17)，该企业的评估值 $=\frac{A}{r}\left[1-\frac{1}{(1+r)^n}\right]=\frac{1\ 000}{8\%}\left[1-\frac{1}{(1+8\%)^3}\right]=$
$1\ 000\times(P/A,8\%,3)=1\ 000\times2.5771=2577.10$(万元)

（3）在收益年期有限，资本化率等于零的条件下，有以下计算公式：

$$P = A \times n \tag{3-18}$$

其成立条件：①纯收益每年不变。②收益年期有限为 n。③资本化率为零。事实上，货币是具有时间价值的，因而这个公式在现实中很少使用。

（二）纯收益在若干年后保持不变

（1）无限年期收益。其基本公式如下：

$$P = \sum_{i=1}^{t}\frac{Ri}{(1+r)^i} + \frac{A}{r(1+r)^t} \tag{3-19}$$

其成立条件：①纯收益在 t 年（含第 t 年）以前有变化。②纯收益在 t 年（不含 t 年）以后保持不变。③收益年期无限。④r 大于零。

【例 3-11】 在［例 3-9］中假设某企业持续经营，但未来 3 年收益处于不稳定状态。经专家预测，未来第 1 年收益为 800 万元，未来第 2 年收益为 900 万元，未来第 3 年收益为 1 000 万元，从第 4 年起，收益稳定在 1 100 万元。其他条件不变，试评估该企业的价值。

可分成两段计算，并根据式(3-19)，该企业的评估值

$$= \sum_{i=1}^{t} \frac{Ri}{(1+r)^i} + \frac{A}{r(1+r)^t}$$

$$= \frac{800}{1+8\%} + \frac{900}{(1+8\%)^2} + \frac{1\ 000}{(1+8\%)^3} + \frac{1\ 100}{8\% \times (1+8\%)^3}$$

$$= 800 \times 0.9259 + 900 \times 0.8573 + 1\ 000 \times 0.7938 + 1\ 100 \times 12.50 \times 0.7938$$

$$= 13\ 220.84(\text{万元})$$

（2）有限年期收益。其计算公式如下：

$$P = \sum_{i=1}^{t} \frac{Ri}{(1+r)^i} + \frac{A}{r(1+r)^t}\left[1 - \frac{1}{(1+r)^{n-t}}\right] \quad (3\text{-}20)$$

其成立条件：①纯收益在 t 年（含第 t 年）以前有变化。②纯收益在 t 年（不含 t 年）以后保持不变。③收益年期有限为 n。④r 大于零。

这里要注意的是，纯收益 A 的收益年期是（$n-t$）而不是 n。

【例 3-12】 在［例 3-9］中假设某企业持续经营 50 年，但未来 3 年收益处于不稳定状态，经专家预测，未来第 1 年收益为 800 万元，未来第 2 年收益为 900 万元，未来第 3 年收益为 1 000 万元，从第 4 年起，收益稳定在 1 100 万元，其他条件不变，试评估该企业的价值。

可分成两段计算，并根据式（3-20），

$$\text{该企业价值} = \sum_{i=1}^{t} \frac{Ri}{(1+r)^i} + \frac{A}{r(1+r)^t}\left[1 - \frac{1}{(1+r)^{n-t}}\right]$$

$$= \frac{800}{1+8\%} + \frac{900}{(1+8\%)^2} + \frac{1\ 000}{(1+8\%)^3} + \frac{1\ 100}{8\% \times (1+8\%)^3} \times \left[1 - \frac{1}{(1+8\%)^{(50-3)}}\right]$$

$$= 800 \times 0.9259 + 900 \times 0.8573 + 1\ 000 \times 0.7938 + 1\ 100 \times 0.7938 \times (P/A, 8\%, 47)$$

$$= 740.72 + 771.57 + 793.8 + 873.18 \times 12.1084$$

$$= 12\ 878.90(\text{万元})$$

（三）纯收益按等差级数变化

（1）在纯收益按等差级数递增，收益年期无限的条件下，有以下计算公式：

$$P=\frac{A}{r}+\frac{B}{r^2} \tag{3-21}$$

其成立条件：①纯收益按等差级数递增。②纯收益逐年递增额为 B。③收益年期无限。④r 大于零。

【例 3-13】 在［例 3-9］中假设某企业持续经营，评估年度收益为 1 000 万元，以后每年递增 100 万元，其他条件不变。试评估该企业的价值。

根据公式 3-21，该企业的评估值 $=\frac{A}{r}+\frac{B}{r^2}=\frac{1\ 000}{8\%}+\frac{100}{8\%^2}$

$=12\ 500+15\ 625=28\ 125$（万元）

（2）在纯收益按等差级数递增，收益年期有限的条件下，有以下计算公式：

$$P=\left(\frac{A}{r}+\frac{B}{r^2}\right)\left[1-\frac{1}{(1+r)^n}\right]-\frac{B}{r}\times\frac{n}{(1+r)^n} \tag{3-22}$$

其成立条件：①纯收益按等差级数递增。②纯收益逐年递增额为 B。③收益年期有限为 n。④r 大于零。

【例 3-14】 在［例 3-9］中假设某企业持续经营 50 年，评估年度收益为 1 000 万元，以后每年递增 100 万元，其他条件不变，试评估该企业的价值。

根据式（3-22），该企业的评估值 $=\left(\frac{A}{r}+\frac{B}{r^2}\right)\left[1-\frac{1}{(1+r)^n}\right]-\frac{B}{r}\times\frac{n}{(1+r)^n}=$ $28\ 125\times(P/A,8\%,50)\times8\%-\frac{100}{8\%}\times\frac{50}{(1+8\%)^{50}}=28\ 125\times12.2335\times8\%-1\ 331.25=26\ 194.13$（万元）

（3）在纯收益按等差级数递减，收益年期无限的条件下，有以下计算公式：

$$P=\frac{A}{r}-\frac{B}{r^2} \tag{3-23}$$

其成立条件：①纯收益按等差级数递减。②纯收益逐年递减额为 B。③收益年期无限。④r 大于零。

应当注意，在正常情况下，当资产收益递减至 0 时，通常资产不会被继续使用，因此，当收益出现递减趋势时，通常应当先计算收益期限，再按照式（3-23）计算收益折现值。因此，这个公式在现实中是得不到运用的，这不过是一种理论上的抽象。

（4）在纯收益按等差级数递减，收益年期有限的条件下，有以下计算公式：

$$P=\left(\frac{A}{r}-\frac{B}{r^2}\right)\left[1-\frac{1}{(1+r)^n}\right]+\frac{B}{r}\times\frac{n}{(1+r)^n} \tag{3-24}$$

其成立条件：①纯收益按等差级数递减。②纯收益逐年递减额为 B。③收益年期有限为 n。④r 大于零。

（四）纯收益按等比级数变化

（1）在纯收益按等比级数递增，收益年期无限的条件下，有以下计算公式：

$$P=\frac{A}{r-s} \tag{3-25}$$

其成立条件：①纯收益按等比级数递增。②纯收益逐年递增比率为 s。③收益年期无限。④r 大于零。⑤$r>s>0$。

【例 3-15】 在[例 3-9]中假设某企业持续经营，评估年度收益为1 000 万元，纯收益按等比 2% 的速度递增。其他条件不变，试评估该企业的价值。

根据式（3-25），该企业的评估值 $=\dfrac{1\ 000}{8\%-2\%}=16\ 666.67$（万元）

（2）在纯收益按等比级数递增，收益年期有限的条件下，有以下计算公式：

$$P=\frac{A}{r-s}\left[1-\left(\frac{1+s}{1+r}\right)^{n}\right] \tag{3-26}$$

其成立条件：①纯收益按等比级数递增。②纯收益逐年递增比率为 s。③收益年期有限为 n。④r 大于零。⑤$r>s>0$。

【例 3-16】 在［例 3-9］中假设某企业持续经营 50 年，评估年度收益为 1 000 万元，纯收益按等比 2% 的速度递增。其他条件不变，试评估该企业的价值。

根据式（3-26），该企业的评估值 $=\dfrac{1\ 000}{8\%-2\%}\times\left[1-\left(\dfrac{1+2\%}{1+8\%}\right)^{50}\right]$

$=15\ 710.20$（万元）

（3）在纯收益按等比级数递减，收益年期无限的条件下，有以下计算公式：

$$P=\frac{A}{r+s} \tag{3-27}$$

其成立条件：①纯收益按等比级数递减。②纯收益逐年递减比率为 s。③收益年期无限。④r 大于零。⑤$r>s>0$。

【例 3-17】 在［例 3-9］中假设某企业持续经营，评估年度收益为 1 000 万元，纯收益按等比 2% 的速度递减。其他条件不变，试评估该企业的价值。

根据式（3-27），该企业的评估值 $=\dfrac{1\ 000}{8\%+2\%}=10\ 000$（万元）

（4）在纯收益按等比级数递减，收益年期有限的条件下，有以下计算公式：

$$P=\frac{A}{r+s}\left[1-\left(\frac{1-s}{1+r}\right)^{n}\right] \tag{3-28}$$

其成立条件：①纯收益按等比级数递减。②纯收益逐年递减比率为 s。③收益年期为 n。④r 大于零。⑤$0<s\leqslant 1$。

【例 3-18】 在［例 3-9］中假设某企业持续经营 50 年，评估年度收益为 1 000 万元，纯收益按等比 2% 的速度递减。其他条件不变，试评估该企业的价值。

$$根据式（3\text{-}28），该企业的评估值=\frac{1\,000}{8\%+2\%}\times\left[1-\left(\frac{1-2\%}{1+8\%}\right)^{50}\right]$$
$$=9\,791.05（万元）$$

（5）在已知未来若干年后资产价格的条件下，有以下计算公式：

$$P=\frac{A}{r}\left[1-\frac{1}{(1+r)^{t}}\right]+\frac{P_t}{(1+r)^{t}} \tag{3-29}$$

其成立条件：①纯收益在第 t 年（含 t 年）前保持不变。②预知第 t 年的价格为 P。③r 大于零。

【例 3-19】 在［例 3-9］中假设某企业持续经营 3 年后终止，评估年度收益为 1 000 万元，终止时预计残值为 500 万元。其他条件不变，试评估该企业的价值。

$$根据式(3\text{-}29)，该企业的评估值=\frac{1\,000}{8\%}\times\left[1-\frac{1}{(1+8\%)^{3}}\right]+\frac{500}{(1+8\%)^{3}}$$
$$=2\,974(万元)$$

第三节 成 本 法

一、成本法的基本含义

成本法也是资产评估的基本方法之一。成本法是指首先估测被评估资产的重置成本，然后估测被评估资产业已存在的各种贬损因素，并将其从重置成本中予以扣除而得到被评估资产价值的各种评估方法的总称。

成本法的基本思路是重建和重置被评估资产。在条件允许的情况下，任何潜在的投资者在决定投资某项资产时，所愿意支付的价格都不会超过购建某项资产的现行购建成本。如果被投资资产并非全新，投资者所愿支付的价格会在被投资资产全新的购建成本的基础上扣除各种贬损因素。上述评估思路可概括如下：

$$资产评估价值=资产的重置成本-资产实体性贬值-资产功能性贬值-资产经济性贬值 \tag{3-30}$$

二、成本法的基本前提

成本法从再取得资产的角度反映资产价值，即通过资产的重置成本扣减各种贬值来反映资产价值。只有当被评估资产处于继续使用状态下，再取得被评估资产的全部费用才能构成其价值的内容。只有当资产能够继续使用并且在持续使用中为潜在所有者或控制者带来经济利益时，资产的重置成本才能为潜在投资者和市场所承认和接受。

从这个意义上讲，成本法主要适用于继续使用前提下的资产评估。对于非继续使用前提下的资产，如果运用成本法进行评估时，需对成本法的基本要素作必要的调整。

运用成本法评估资产的前提条件如下：

（1）被评估资产处于继续使用状态或被假定处于继续使用状态。

（2）应当具备可利用的历史资料。成本法的应用是建立在历史资料基础上的，许多信息资料、指标需要通过历史资料获得。同时，现实资产与历史资产具有相同性或可比性。

（3）形成资产价值的耗费是必需的。耗费是形成资产价值的基础，但耗费包括有效耗费和无效耗费。采用成本法评估资产时，首先要确定这些耗费是必需的，而且应体现社会或行业平均水平。

三、成本法中的基本要素

一般来讲，成本法的运用涉及四个基本要素，即资产的重置成本、资产的实体性贬值、资产的功能性贬值和资产的经济性贬值。

（一）资产的重置成本

简单地说，资产的重置成本就是资产的现行再取得成本。具体来说，重置成本又分为复原重置成本和更新重置成本两种。

1. 复原重置成本

复原重置成本是指采用与被评估资产相同的材料、建筑或制造标准、设计、规格及技术等，以现实价格水平重新购建与被评估资产相同的全新资产所发生的费用。

2. 更新重置成本

更新重置成本是指采用新型材料，现代建筑或制造标准，新型设计、规格和技术等，以现行价格水平购建与被评估资产具有同等功能的全新资产所需的费用。

（二）资产的实体性贬值

资产的实体性贬值亦称有形损耗，是指资产由于使用及自然力的作用导致的资产的物理性能的损耗或下降而引起的资产的价值损失。资产的实体性贬值通常采用相对数计量，即实体性贬值率，用公式表示如下：

$$实体性贬值率 = 资产实体性贬值额/资产重置成本 \tag{3-31}$$

（三）资产的功能性贬值

资产的功能性贬值是指由于技术进步引起的资产功能相对落后而造成的资产价值损失。它包括由于新工艺、新材料和新技术的采用，而使原有资产的建造成本超过现行建造成本的超支额（超额投资成本），以及原有资产超过体现技术进步的同类资产的运营成本的超支额（超额运营成本）。

（四）资产的经济性贬值

资产的经济性贬值是指由于外部条件的变化引起资产闲置、收益下降等而造成的资产价值损失。

四、成本法中的具体评估方法

通过成本法评估资产的价值不可避免地要涉及被评估资产的重置成本、实体性贬值、功能性贬值和经济性贬值四大要素。成本法中的各种具体方法实际上都是在成本法总的评估思路基础上，围绕着上述因素采用不同的方式、方法测算形成的。

（一）重置成本的估算方法

资产的重置成本可以通过若干种方法进行估算，这里对在评估实务中应用较为广泛的几种方法介绍如下：

1. 重置核算法

重置核算法亦称细节分析法、核算法。它是利用成本核算的原理，根据重新取得资产所需的费用项目，逐项计算然后累加得到资产的重置成本。在实际测算过程中，又具体划分为两种类型：购买型和自建型。

购买型是指以购买资产的方式作为资产的重置过程。资产的重置成本具体是由资产的现行购买价格、运杂费、安装调试费以及其他合理、必要的费用构成的，将上述取得资产的必需费用累加起来，便可计算出资产的重置成本。自建型是指把自建资产作为资产重置方式，它根据重新建造资产所需的料、工、费及必要的资金成本和开发者的合理收益等分析和计算出资产的重置成本。

资产的重置成本应包括开发者的合理收益：①重置成本是按在现行市场条件下重新购建一项全新资产所支付的全部货币总额，应该包括资产开发和制造商的合理收益。②资产评估旨在了解被评估资产模拟条件下的交易价格，一般情况下，价格中应该含有开发者或制造者的合理收益部分。资产重置成本中收益部分的确定，应以该行业或社会平均资产收益水平为依据。

【例 3-20】 某台设备的账面历史成本的现值为 50 000 元，账面运杂费现值为 1 000 元，账面直接安装成本现值为 800 元。但由于劳动生产率的变化，目前该设备的现行购置价为 80 000 元（包括合理安装费和相应的税金），而相应的合理运杂费为 2 000 元。试运用重置核算法评估该设备的价值。

首先，资产评估师应选择符合现行社会平均劳动生产率的费用标准。在本例中，由于历史成本反映的是资产购置时的劳动生产率，现行价格反映的是评估时点的劳动生产率，因此，资产评估师在进行重置核算时应选择的费用标准是反映评估时劳动生产率的标准。

另外，本例中的费用项目未包括购置时安装和运输的间接费用，而根据相关规定，重置成本应包括合理的间接费用。因此，资产评估师进行了统计分析，认为当地间接成本为直接费用的0.60倍，假定安装费和运杂费等费用总计为5 000元。

则该设备的更新重置成本：80 000＋2 000＋5 000×0.60＝85 000（元）

2. 价格指数法

价格指数法是指利用与资产有关的价格变动指数，将被评估资产的历史成本（账面价值）调整为重置成本的一种方法。其计算公式如下：

重置成本＝资产的账面价值×价格变动指数　　(3-32)

或：　重置成本＝资产的账面价值×(1＋价格变动指数)　　(3-33)

式中，价格指数可以是定基价格变动指数和环比价格指数。定基价格变动指数是评估时点的价格指数与资产购建时点的价格指数之比，即

定基价格变动指数＝(评估时点价格指数÷资产购建时的价格指数)×100%

环比价格指数可考虑按下式求得：

$$X=(1+a_1)\times(1+a_2)\times(1+a_3)\times\cdots\times(1+a_n)\times100\%$$

式中　X——环比价格指数；

a_n——第 n 年的环比价格变动指数，$n=1, 2, 3, \cdots, n$。

【例3-21】 某被评估资产购建于2000年，账面价值为40 000元，当时该类资产的价格指数为120%，评估时该类资产的定基价格指数为150%，则

被评估资产重置成本＝40 000×(150%/120%)×100%
＝50 000(元)

又如，被评估资产账面价值为500 000元，于1995年建成，2000年进行评估。经调查已知同类资产环比价格指数：1996年为11.70%，1997年为17%，1998年为30.50%，1999年为6.90%，2000年为4.80%，则

被评估资产重置成本＝500 000×(1＋11.70%)×(1＋17%)×(1＋30.50%)×(1＋6.90%)×(1＋4.80%)×100%
＝500 000×191%
＝955 000(元)

价格指数法与重置核算法是重置成本估算时较常用的方法，但两者具有明显的区别：

（1）价格指数法估算的重置成本，仅考虑了价格变动因素，因而确定的是复原重置成本；而重置核算法既考虑了价格因素，也考虑了生产技术进步和劳动生产率的变化因素，因而可以估算复原重置成本和更新重置成本。

（2）价格指数法建立在不同时期的某一种或某类甚至全部资产的物价变动水平上，而重置核算法建立在现代价格水平与购建成本费用核算的基础上。

明确价格指数法和重置核算法的区别，有助于重置成本估算时对方法的判断和选择。一项科学技术进步较快的资产，采用价格指数法时估算的重置成本往往偏高。当然，价格指数法和重置核算法也有其相同点，即都建立在利用历史资料的基础上。因此，注意分析、判断资产评估时重置成本口径与委托方提供历史资料（如财务资料）的口径差异，是上述两种方法在应用时需注意的共同问题。

3. 功能价值类比法

功能价值类比法是指利用某些资产的功能（生产能力）的变化与其价格和重置成本的变化呈某种指数关系和线性关系，通过参照物的价格或重置成本，以及功能价值关系估测被评估资产价格和重置成本的技术方法（该方法亦被称为类比估价法或指数估价法）。当资产的功能变化与其价格或重置成本的变化呈线性关系时，人们习惯把线性下的功能价值类比法称为生产能力比例。

（1）功能价值法。功能价值法又称生产能力比例法。这种方法是指寻找一个与被评估资产相同或相似的资产为参照物，计算每一单位生产能力价格或参照物与被评估资产生产能力的比例，据以估算被评估资产的重置成本。其计算公式如下：

$$\text{被评估资产重置成本} = (\text{被评估资产年产量}/\text{参照物年产量}) \times \text{参照物重置成本} \tag{3-34}$$

【例3-22】 某重置全新的一台机器设备价格50 000元，年产量为5 000件。现知被评估资产年产量为4 000件，由此可以确定其重置成本：

$$\text{被评估资产重置成本} = (4\ 000/5\ 000) \times 50\ 000 = 40\ 000(\text{元})$$

这种方法运用的前提条件和假设是资产的成本与其生产能力呈线性关系。生产能力越大，成本越高，而且是成正比的变化。应用这种方法估算重置成本时，首先应该分析资产成本与生产能力之间是否存在这种线性关系；如果不存在这种关系，就不可以采用这种方法。

（2）规模经济效益指数法。通过对不同资产的生产能力与其成本之间关系的分析可以发现，许多资产的成本与其生产能力之间不存在线性关系。当资产A的生产能力比资产B的生产能力大一倍时，其成本却不一定大一倍，也就是说，资产的生产能力和成本之间只成同方向变化，而不是等比例变化，这是由于规模经济效益规律作用的结果。两项资产的重置成本和生产能力相比较，其关系可用以下公式表示：

$$\frac{\text{被评估资产的重置成本}}{\text{参照物资产的重置成本}} = \left(\frac{\text{被评估资产的产量}}{\text{参照物资产的产量}}\right)^x \tag{3-35}$$

公式中的x是一个经验数据，又被称为规模经济效益指数。在美国，这个经验数据一般在 0.40 ~ 1.20 之间，如加工工业一般为 0.70，房地产行业一般为 0.90。目前为止我国尚未有统一的经验数据，在评估过程中要谨慎使用这种方法。公式中的参照物一般可选择同类资产中的标准资产。

4. 统计分析法

运用这种方法确定某类资产重置成本时，其步骤如下：

（1）在核实资产数量的基础上，把全部资产按适当标准划分为若干类别。如房屋建筑物按结构分成钢结构、钢筋混凝土结构等；机器设备按有关规定划分为专用设备、通用设备、运输设备、仪器、仪表等。

（2）在各类资产中抽样选择适量具有代表性的资产，用功能价值法、物价指数法、重置核算法和规模经济效益指数法等方法估算其重置成本。

（3）依据分类抽样估算资产的重置成本和与账面历史成本，计算出分类资产的调整系数，其计算公式如下：

$$K = R/R_1 \tag{3-36}$$

式中 K——资产重置成本与历史成本的调整系数；

R_1——某类抽样资产的重置成本；

R——某类抽样资产的历史成本。

根据调整系数 K 估算被评估资产的重置成本，其计算公式如下：

$$\text{被评估资产的重置成本} = \text{某类资产账面历史成本} \times K \tag{3-37}$$

【例 3-23】 评估某企业某类通用设备时，经抽样选择具有代表性的通用设备 3 台，估算其重置成本之和为 60 万元。而该 3 台具有代表性的通用设备历史成本之和为 40 万元，该类通用设备账面历史成本之和为 500 万元。则

$$K = 60/40 = 1.50$$

该类通用设备的重置成本 = 500 × 1.50 = 750（万元）

（二）实体性贬值的测算方法

资产的实际性贬值在估算时一般可以选择以下几种方法：

1. 观察法

观察法也称成新率法。它是指由具有专业知识和丰富经验的工程技术人员对被评估资产的实体各主要部位进行技术鉴定，并综合分析被评估资产的设计、制造、使用、磨损、维护、修理、大修理、改造情况和物理寿命等因素，将被评估资产与其全新状态相比较，考虑由于使用磨损和自然损耗对被评估资产的功能、使用效率带来的影响，判断被评估资产的成新率，从而估算实体性贬值。其计算公式如下：

$$\text{资产实体性贬值额} = \text{重置成本} \times (1 - \text{实体性成新率}) \tag{3-38}$$

公式中：

$$\text{实体性成新率} = 1 - \text{实体性贬值率}$$

2. 使用年限法

使用年限法是指利用被评估资产的实际已使用年限与其总使用年限的比值来判断其实体贬值率（程度），进而估算被评估资产的实体性贬值。

使用年限法的数学表达式如下：

$$资产的实体性贬值率=资产的实际已使用年限/总使用年限\times 100\% \quad (3\text{-}39)$$

$$总使用年限=实际已使用年限+尚可使用年限 \quad (3\text{-}40)$$

$$实际已使用年限=名义已使用年限\times 资产利用率 \quad (3\text{-}41)$$

$$资产利用率=(截至评估日资产累计实际利用时间/截至评估日资产累计法定利用时间)\times 100\% \quad (3\text{-}42)$$

公式中：

（1）预计残值是指被评估资产在清理报废时收回的残值。在资产评估中，通常只考虑数额较大的残值，如残值数额较小时可以忽略不计。

（2）总使用年限是指实际已使用年限与尚可使用年限之和。由于资产在使用中负荷程度的影响，必须将资产的名义已使用年限调整为实际已使用年限。

名义已使用年限是指资产从购进使用到评估时的年限。名义已使用年限可以通过会计记录、资产登记簿、登记卡片查询确定。

实际已使用年限是指资产在使用中实际损耗的年限。实际已使用年限与名义已使用年限的差异，可以通过资产利用率来调整。

（3）资产利用率是资产累计实际利用时间与资产累计法定利用时间之比。资产利用率是调整实际已使用年限与名义已使用年限的差异。

当资产利用率 >1 时，表示资产超负荷运转，资产实际已使用年限大于名义已使用年限；当资产利用率 =1 时，表示资产满负荷运转，资产实际已使用年限等于名义已使用年限；当资产利用率 <1 时，表示开工不足，资产实际已使用年限小于名义已使用年限。

【例 3-24】 某辆轿车于 2004 年 12 月购进。2010 年 12 月评估时，名义已使用年限是 6 年。根据该辆轿车技术指标，正常使用情况下，每年应行驶 2 万 km，但该辆轿车实际每年行驶 4 万 km。请计算该辆轿车的使用强度及该辆轿车的实际使用寿命。

使用强度用资产利用率反映：

$$资产利用率=(40\ 000/20\ 000)\times 100\%=200\%$$

$$实际已使用年限=名义已使用年限\times 资产利用率=6\times 200\%=12(年)$$

这说明该辆轿车的使用强度已远远大于其正常使用强度，其后果是轿车的过度磨损，可能造成其尚可使用年限的大大缩短。

（4）尚可使用年限是指根据资产的有形损耗因素，预计资产的继续使用年限。

【例 3-25】 承上例，假定资产评估师请专家对该辆轿车的各项性能指标进行了检测，确定如果按正常强度使用，该辆轿车尚可行驶 6 万 km，理论行驶时间为 3 年。试评估该辆轿车目前的成新率。

根据公式 3-39，该辆轿车的实体性贬值率 =12/(12 +3) ×100% =80%。

因此，该辆轿车的实体性成新率为 20%（1 -80%）。

3. 修复费用法

修复费用法主要适用于特殊类别的资产，通常这类资产存在可修复部分。这里的修复又可称为替换。所谓可修复部分，是指某部分进行替换时，通常在经济上划算，在技术上可行。如果资产可以通过修复恢复到其全新状态，可以认为资产的实体性损耗等于其修复费用。对于不可修复部分的实体性贬值，通常可以采用使用年限法进行计算。所谓修复费用包括资产主要零部件的更换或者修复、改善、停工损失等费用支出。

【例 3-26】 某自来水水塔分为塔身部分和塔尖部分，其中塔身部分价值占整体水塔价值的 80%。目前该水塔的塔尖部分已出现渗漏，必须进行修复。该水塔已使用 10 年，预计尚可使用 6 年，请评估在两种情况下该水塔的实体性贬值率：①修复前出售。②修复后出售。

（1）若该水塔于修复前出售，可修复部分的实体性贬值率为 100%，价值权重为 20%；不可修复部分的实体性贬值率可通过使用年限法计算。由于该水塔的使用强度均匀，因此，可假定其资产使用率为 100%，从而，其实际使用年限 = 名义已使用年限 =10 年。

所以塔身的实体性贬值率 =10/（10 +6） =62.50%，该部分的价值权重为 80%。

如果于修复前出售，该水塔的综合实体性贬值率 = Σ各部分的价值权重 × 各部分的实体性贬值率 =100% ×20% +62.50% ×80% =70%。

（2）若于修复后出售，则可修复部分的功能可视为完全恢复，不存在实体性贬值率。该水塔的综合实体性贬值率 = Σ各部分的价值权重 × 各部分的实体性贬值率 =0 ×20% +62.50% ×80% =50%。

请注意，如果被评估资产各部分存在不同的实体性贬值率，则在计算综合性实体贬值率时，应当进行综合加权。具体公式如下：

资产的综合实体性贬值率 = Σ各部分的价值权重 × 各部分的实体性贬值率 （3-43）

个人计算机等日用品也可能存在可修复部分。有兴趣可以计算一下如果你的个人计算机主板损坏，是在修复前出售划算，还是在修复后出售划算。

（三）资产的功能性贬值测算方法

功能性贬值是指由于技术相对落后造成的贬值。在估算功能性贬值时，主要是根据资产的效用、生产加工能力、工耗、物耗、能耗水平等功能方面的差异造成的成本增加和效益降低，相应确定功能性贬值额。同时，还要重视技术进步因素，注意替代设备、替代技术、替代产品的影响，以及行业技术装备水平现状和资产的更新换代速度。

功能性贬值主要是由超额投资成本和超额运营成本两方面形成的，所以功能性贬值的测算方法有两种：

1. 超额投资成本形成的功能性贬值的测算

超额投资成本是指被评估资产与当前新资产相比，因结构、材料和设计上的差别而导致的贬值。它是由于科学技术进步引起先投资的资产价格高于后投资的资产的价格。这个超额投资部分不会被社会所承认，从而形成贬值。

超额投资成本是由于被评估资产的超额投资引起的。超额投资是复原重置成本比更新重置成本多支出的部分。其计算公式如下：

$$超额投资成本 = 复原重置成本 - 更新重置成本 \tag{3-44}$$

【例 3-27】 某手机在评估时已被新型手机所取代，所以厂家已停止生产。假设该手机的复原重置成本为 5 000 元，若选择更新重置成本，具有相同功能的手机价值为 2 000 元。

$$该手机的超额投资成本 = 5\ 000 - 2\ 000 = 3\ 000\ （元）$$

在评估实务中，被评估资产可能已经停止生产，评估时只能参照其替代资产。而这些替代资产的特性和功能通常要比被评估资产更先进，其价格通常也会高于被评估资产的复原重置成本。这样一来，就可能出现设备更新重置成本大于设备复原重置成本的情形，上式得出的结果就会是负值。但在一般情况下，更新重置成本大于复原重置成本的部分将在营运成本节约上得到补偿。当然，出现这种情况时，资产评估师要予以充分重视。

2. 超额运营成本形成的功能性贬值的测算

从理论上讲，超额运营性功能性贬值就是资产在未来使用过程中超额运营成本的现值。通常可以按下面步骤测算：

（1）将被评估资产的年运营成本与功能相同但性能更好的新资产的年运营成本进行比较。

（2）计算两者的差异，确定净超额运营成本。由于企业支付的运营成本是在税前扣除的，企业支付的超额运营成本会导致税前利润下降，所得税税额降低，使得企业负担的运营成本低于实际支出额。因此，净超额运营成本是超额运营成本扣除其抵减的所得税以后的余额。

（3）估计被评估资产的剩余寿命。

（4）以适当的折现率将被评估资产在剩余寿命期内每年的超额运营成本折现，这些折现值之和就是被评估资产的功能性损耗（贬值）。其计算公式如下：

被评估资产评估功能性贬值 = Σ(被评估资产年净超额运营成本 × 折现系数) (3-45)

【例 3-28】 某品牌越野车为某个人拥有，技术先进，比原有同功能的车型节油。假定旧越野车每百千米耗油 16L，新车每百千米耗油 8L，油费为 6 元/L，旧车还可继续行驶 10 万 km。该车的正常行驶强度假定为每年 2 万 km，若折现率为 10%，试评估其由于技术落后而产生的超额运营成本。

（1）计算每公里的超额运营成本：

每公里的超额运营成本 = (16 − 8) × 6/100 = 0.48(元)

（2）计算每年的超额运营成本：

每年的超额运营成本 = 0.48 × 20 000 = 9 600（元）

（3）计算未来 5 年的超额运营成本折现值之和。

由于 10%，5 年的年金现值系数为 3.7908，所以：

该车的超额运营成本折现值 = 年超额运营成本 ×（P/A，10%，5）
= 9 600 × 3.7908
= 36 391.68（元）

【例 3-29】 假定该越野车为企业拥有，若企业的所得税税率为 25%，请计算其超额运营成本。

由于企业产生的油费往往属于管理费用等内容，因此，通常会于企业缴纳企业所得税前扣除，因此如果旧车的运营成本提高，同时会引起企业所得税税基的降低，引起企业所得税税额的降低，因此，企业实际每年的运营成本降低额为税后部分。

企业年净超额运营成本 = 年超额运营成本 × (1 − 企业所得税税率)
= 9 600 × (1 − 25%)
= 7 200（元）

该车的超额运营成本折现值 = 企业年净超额运营成本 ×（P/A，10%，5）
= 7 200 × 3.7908
= 27 293.76（元）

在实际评估工作中也有功能性溢价的情况，即当被评估资产功能明显优于参照资产功能时，被评估资产就可能存在功能性溢价。

（四）资产经济性贬值的测算方法

从表现形式来讲，资产的经济性贬值主要表现为运营中的资产利用率下降，甚至闲置，并由此引起资产的运营收益减少。当有确凿证据表明资产已经存在经济性贬值时，可参考下面方法估测其经济性贬值率和经济性贬值额。

经济性贬值率 = 1 − (资产预计可被利用的生产能力/资产原设计生产能力)^x × 100% (3-46)

式中　x——功能价值指数，实践中多采用经验数据，数值一般在0.60～0.70之间。

$$经济性贬值额 = 资产年收益损失额 \times (1 - 所得税税率) \times (P/A, r, n) \quad (3\text{-}47)$$

式中　(P/A，r，n)——年金现值系数。

【例3-30】　某被估生产线设计生产能力为年产40 000台产品。因市场需求结构变化，在未来5年内，每年产量估计要减少12 000台左右，规模效益指数取值0.60。根据上述条件，该生产线的经济性贬值率计算如下：

$$\begin{aligned}经济性贬值率 &= 1 - (28\ 000/40\ 000)^{0.60} \times 100\% \\ &= (1 - 0.81) \times 100\% \\ &= 19\%\end{aligned}$$

【例3-31】　承上例，假定每年减少12 000台产品，产品售价为200元/台，该生产线尚可继续使用5年，企业所在行业的投资回报率为10%，假设所得税税率为25%。该资产的经济性贬值额计算如下：

$$\begin{aligned}经济性贬值额 &= (12\ 000 \times 200) \times (1 - 25\%) \times (P/A, 10\%, 5) \\ &= 1\ 800\ 000 \times 3.7908 \\ &= 6\ 823\ 440(元)\end{aligned}$$

第四节　资产评估方法的选择

一、资产评估方法之间的联系

资产评估方法是实现评估目的的手段。对于特定经济行为，在相同的市场条件下，对处在相同状态下的同一资产进行评估时，其评估值应该趋于一致，因为评估值应当是客观的，而方法只不过是获取这个客观值的手段。

但需要指出的是，运用不同的评估方法评估同一资产时，必须保证评估目的、评估前提、被评估资产状态的一致，以及运用不同评估方法所选择的经济技术参数合理。

如果采用多种方法得出的结论出现较大差异，可能是资产评估师的专业判断、调查过程及计算分析等方面出现了问题。建议资产评估师为不同评估方法建立逻辑分析框图，通过对比，有利于问题的发现。资产评估师在发现问题的基础上，除了对评估方法作出取舍外，还应该分析问题产生的原因，并据此研究解决问题的对策，以便最后确定评估价值。

二、资产评估方法之间的区别

各种评估方法独立存在本身就说明各种评估方法之间存在差异。市场法强调的是公开市场假设，是通过价格调整得到的评估价值，运用的理论基础是替代原理。收益法是对资产的未来预期收益、收益期限及获取收益的风险等作出预测并通过一定的折现率折算收益的现时价值，通过将利求本的思维来评估资产的投资价值。而成本法是通过重置资产所花费的成本来评估资产的投资价值，可见，这三种评估方法对价值反映的角度是不同的。正因为如此，每一种评估方法都有其自成一体的运用过程的，都要求具备相应的信息基础。

三、资产评估方法的选择

1. 应根据评估目的选择评估方法

在承接评估业务时，首先应与委托方进行充分沟通，充分了解对方委托的目的，根据其委托的目的，确定评估所需要的价值类型，并据此确定评估的思路和方法。如果了解到对方委托评估的目的是取得银行贷款，则应当充分了解银行关于贷款方面的有关规定，并确定其评估的价值类型并非是完全公开的市场公允价值，而是在充分考虑银行各种法规政策前提下的相对公允价值，因此，评估方法主要应主要考虑市场法和成本法。

2. 评估方法的选择应充分考虑所需资料收集的现实可行性

每种评估方法的运用都需要有充分的数据资料作依据。因此，如果多种评估方法都可以达到相同的效果，资产评估师应当根据取得数据资料和经济技术参数的现实可能性选择可操作性的评估方法。如在评估某一资产的出售价值时，由于该项资产在该地区还没有形成公开市场，在一个相对较短期限，收集某种评估方法所需的数据资料可能很困难，在这种情况下，资产评估师应考虑采用成本法或收益法对其进行评估。

3. 评估方法的选择受被评估资产的类型和理化状态等因素制约

对于既无市场参照物，又无经营记录的资产，只能选择成本法进行评估；对于工艺比较特别且处在经营中的企业，可以优先考虑选择收益法。

4. 在选择评估方法时可以考虑适当成本效益原则

以上三个方面主要从方法的效果上论证评估方法的选择。事实上，作为中介机构，资产评估机构也存在成本核算问题，资产评估准则要求资产评估师首先应当保证评估效果，在能够保证评估效果的前提下，允许适当考虑成本效益原则。通常市场法、收益法和成本法的评估成本是依次增大的，因此，市场法往往成为资产评估师最常利用的评估方法。

另外，评估过程的简化，往往可以减少评估过程中的误差，因此，在降低方法使用难度的同时，也保证了评估的效果。

复习思考题

一、思考题

1. 什么是复原重置成本？什么是更新重置成本？两者的关系是怎样的？

2. 市场法、收益法、成本法适用的前提条件是什么？请举例说明适用这三种方法评估的资产。

3. 市场法评估的具体方法有哪些？收益法评估的具体方法有哪些？成本法的具体评估方法有哪些？如何运用这些方法？

4. 对于同一资产来讲，不同的评估方法是否会产生同样的结果？为什么？

5. 如何选择资产评估的方法？

二、单项选择题

1. 市场法运用的理论基础是（　　）。

A. 预期收益原则　　B. 替代原则　　C. 供求原则　　D. 贡献原则

2. 关于按收益法评估资产的以下说法中，不正确的是（　　）。

A. 投资风险越高，收益现值越高　　B. 资本化率越高，收益现值越低

C. 预期收益期限越长，收益现值越低　　D. 预计的通货膨胀率越高，收益现值越低

3. 运用市场法时选择三个及三个以上参照物的目的是（　　）。

A. 使参照物具有可比性　　B. 便于计算

C. 排除参照物个别交易的偶然性　　D. 避免张冠李戴

4. 市盈率乘数法主要适用于（　　）的评估。

A. 不动产　　B. 无形资产　　C. 机器设备　　D. 企业价值

5. 资产评估的三大方法是指（　　）。

A. 一种具体方法　　B. 多种评估方法的集合

C. 一条评估思路　　D. 一条评估思路与实现该思路的各种评估方法的总称

6. 运用市场法时，要求参照物与被评估资产尽可能可比。可比性要求评估居住用房地产的价值时，应当选择（　　）作为参照物。

A. 居住用房地产　　B. 商业用房地产　　C. 工业用房地产　　D. 通用性房地产

7. 拟评估某政府办公楼的价值，通常应当选择（　　）。

A. 市场法　　B. 成本法　　C. 收益法　　D. 各种方法都可使用

8. 已知在评估基准日某企业同类股票的市盈率为 30 倍左右，假定该企业每股净收益为 0.30 元，则评估基准日该股票的合理价格为（　　）元/股。

A. 9　　B. 8　　C. 6　　D. 1

9. 某收益性资产创造的效益一直良好。经专业评估人员测定，第 1 年预期收益为 100 万元，以后每年递增 10 万元，假定资本化率为 10%，该资产的评估价值最接近于（　　）万元。

A. 1 000　　B. 1 100　　C. 1 500　　D. 2 000

10. 被评估资产年生产能力为 75t，参照物资产的年生产能力为 120t，评估时点参照物资产的交易价格为 10 万元。假定该类资产的价值与其生产能力之间呈线性关系，则该资产的价值为（　　）万元。

A. 16　　B. 6.25　　C. 18　　D. 9

11. 某专利权的法律保护期为 20 年。经专业评估人员鉴定，评估基准日后第一年的收益为 100 万元，但是由于技术进步等原因，该资产的收益将受到影响，每年递减 10 万元，假设

折现率为10%，该专利权的评估价值最接近于（　　）万元。

A. 1 700　　B. 2 000　　C. 2 100　　D. 386

12. 某收益性资产，评估基准日后的第1年的预期收益为10万元，且经专业评估人员测定认为，其后各年该资产的收益将以2%的比例递增，设定的折现率为10%，该资产的评估值最接近于（　　）万元。

A. 100　　B. 155　　C. 125　　D. 250

13. 构成资产重置成本的耗费应当是资产的（　　）。

A. 实际成本　　B. 社会平均成本　　C. 个别成本　　D. 加权平均成本

14. 折现率的实质是（　　）。

A. 收益率　　B. 银行存款利率　　C. 期望投资收益率　　D. 个别投资收益率

15. 某市商品房的成本市价率为150%。某开发商取得土地后第1期的开发成本为3 000元/m^2，此后，由于建筑材料和建筑人工价格上涨，预计第2期的开发成本会提高600元/m^2，则该商品房第2期的预期售价为（　　）元/m^2。

A. 5 400　　B. 3 600　　C. 4 100　　D. 3 800

16. 某资产的市场交易价格为5万元，经评估师分析，认为其比正常市场价格偏低4%，则正常市场价格应为（　　）万元。

A. 5.30　　B. 5.21　　C. 4.80　　D. 5.20

三、多项选择题

1. 应用市场法进行资产评估时必须具备的前提条件是（　　）。

A. 需要有一个充分发育活跃的资产市场

B. 市场上要有可比的资产及其交易活动

C. 资产的预期收益是可以估测的

D. 市场上必须有与被评估资产相同或相类似的全新资产

E. 参照物与被评估资产的功能相同

2. 收益法涉及的基本要素包括（　　）。

A. 被评估资产的实际收益　　B. 被评估资产的预期收益

C. 折现率或资本化率　　D. 被评估资产的总使用年限

E. 被评估资产的预期获利年限

3. 运用收益法评估资产价值时，要求资产的收益额应该是资产的（　　）。

A. 历史收益额　　B. 未来预期收益额　　C. 现实收益额

D. 实际收益额　　E. 客观收益额

4. 成本法涉及的基本要素包括（　　）。

A. 资产的重置成本　　B. 资产的有形损耗　　C. 资产的功能性贬值

D. 资产的经济性贬值　　E. 资产的获利年限

5. 成新率的估测方法通常有（　　）。

A. 使用年限法　　B. 修复金额法　　C. 观测法

D. 统计分析法　　E. 价格指数法

6. 重置成本的估测方法有（　　）。

A. 重置核算法　　B. 价格指数法　　C. 市价比较法
D. 收益折现法　　E. 功能价值法

7. 构成折现率的因素通常包括（　　）。
A. 超额收益率　　B. 无风险报酬率
C. 风险报酬率　　D. 平均收益率

8. 在成本法中，资产的贬值包括（　　）。
A. 实体性贬值　　B. 功能性贬值
C. 经济性贬值　　D. 无形贬值

9. 以下原因（　　）可能形成经济性贬值。
A. 政策限制使资产的使用期限缩短
B. 市场萎缩使资产的销售价格下降
C. 政府对该资产所使用的燃料实施加价收费
D. 资产出现实体性磨损

10. 形成实体性贬值的原因可能有（　　）。
A. 自然力的作用　　B. 过度使用
C. 资产设计不合理造成磨损过度　　D. 资产材料质量差

四、判断题

1. 评估对象的特点是选择资产评估方法的唯一依据。（　　）
2. 收益途径运用过程中，折现率的口径应当与收益额的口径保持一致。（　　）
3. 不论采用什么方法评估资产的重置成本，其评估结果都应当是一致的。（　　）
4. 资产在全新状态下，其重置成本和历史成本是相等的。（　　）
5. 运用重置核算法评估的重置成本一定是资产的更新重置成本。（　　）

五、评估题

1. 某资产名义已使用10年，其更新重置成本为500万元，截至评估基准日其法定利用时间为30 000h，实际累计利用时间为24 000h。经专家估算，该资产还能使用5年。在未来5年内，该资产由于技术落后，与同类标准资产相比，每年多支出营运成本6万元（该企业所得税税率为25%，假定折现率为10%），假若不考虑经济性贬值。

要求：根据上述资料，采用成本法对该资产进行评估。

2. 根据某企业过去经营情况和未来市场形势，预测该企业未来5年的收益额分别为110万元、120万元、110万元、120万元和150万元。假定其有限年期的折现率为10%，无限年期的资本化率为11%，试用收益法评估该企业的价值。

3. 评估对象为某企业2008年购进的一条生产线，账面原值为1 000万元，2011年进行评估。经调查分析确定，该生产线的价格每年比上一年增长8%，专业人员勘察估算认为，该资产还能使用5年。又知目前市场上已出现功能更先进的资产，并被普遍运用，新设备与评估对象相比，可节省人员3人，每人的月工资水平为2 000元，此外，由于市场竞争的加剧，使该生产线开工不足，由此造成收益损失额每年为50万元（当年企业的所得税税率为25%，假定折现率为10%）。假定该资产不存在超额投资成本，且过去3年按额定功率使用。要求根据上述资料，采用成本法评估该资产的价值。

复习思考题答案

一、略

二、单项选择题

1. B　2. A　3. C　4. D　5. D　6. A　7. B　8. A
9. D　10. B　11. D　12. C　13. B　14. C　15. A　16. B

三、多项选择题

1. A，B　2. B，C，E　3. B，E　4. A，B，C，D　5. A，B，C
6. A，B，E　7. B，C　8. A，B，C　9. A，B，C　10. A，B，C，D

四、判断题

1. ×　2. √　3. ×　4. ×　5. ×

五、略

第二编
资产评估实务

第四章　机器设备评估

学习目标

学习和掌握资产评估的三大方法在机器设备评估中的应用，其中成本法是重点内容。

案例引导

张明和李鹏是刚毕业一年的大学生，两人合租了一套住房，并决定购置一台冰箱。关于买新冰箱还是买二手冰箱，两人发生了分歧。张明认为，新冰箱太贵，两人经济上还不宽裕，主张买二手冰箱；李鹏认为，旧冰箱费电，虽然初始购置费用较低，但后续的电费支出比较大，主张买新冰箱。两人应如何对此进行决策？

第一节　机器设备评估的概述

一、机器设备的定义

自然科学领域所指的机器设备，是指将机械能或非机械能转换成便于人们利用的机械能，以及将机械能转换为某种非机械能，或利用机械能来做一定工作的装备或器具。

《资产评估准则——机器设备》规定，机器设备是指人类利用机械原理及其他科学原理制造的、特定主体拥有或控制的有形资产，包括机器、仪器、器械、装置，以及附属的特殊建筑物等资产。

资产评估中所指机器设备除自然科学领域所界定的机器设备外，还包括人们根据声、光、电技术制造的电器设备、电子设备、仪器仪表以及特殊的构筑物等。如果按照自然科学领域关于机器设备的定义，计算机不属于机器设备，但按照资产评估中对机器设备的定义，它则属于机器设备；又如装配车间也属于资产评估中界定的机器设备。

二、机器设备的分类

1. 固定资产管理中使用的国家分类标准

为了对固定资产进行管理，同时出于清产核资的需要，国家技术监督局于1994 年 1 月 24 日发布了《固定资产分类与代码》。该标准按资产的属性分类，并兼顾了行业管理的需要，包括了10个门类，其中7类为设备，另外还有土地、房屋及建造物，图书、文物及陈列品，家具用具及其他等。具体分类如表4-1所示。目前我国大多数企业的固定资产管理采用此种分类方法，由于被评估企业建账和资产管理的需要，评估机构的评估清单也应当按此方法列示。

表4-1 固定资产分类与代码（GB/T 14885—1994）

编号	门　类	代码(第一层)	固定资产分类名称
1	土地、房屋及构筑物	01	土地
		02	房屋
		03	构筑物
2	通用设备	06	锅炉及原动机
		07	金属加工设备
		08	起重设备
		09	输送设备
		10	给料设备
		11	装卸设备
		12	泵
		13	风机
		14	气体压缩机
		15	气体分离及液化设备
		16	制冷空调设备
		17	真空获得及其应用设备
		18	分离及干燥设备
		19	减速机及传动设备
		20	金属表面处理设备
		21	包装及气动工具等设备
3	专用设备	25	探矿、采矿、选矿和造团设备
		26	炼焦和金属冶炼轧制设备
		27	炼油、化工、橡胶及塑料设备
		28	电力工业专用设备
		29	非金属矿物制品工业专用设备
		30	核工业专用设备
		31	航空航天工业专用设备
		32	兵器工业专用设备
		33	工程机械

（续）

编号	门　　类	代码（第一层）	固定资产分类名称
3	专用设备	34	农业和林业机械
		35	畜牧和渔业机械
		36	木材采集和加工设备
		37	食品工业专用设备
		38	饮料加工设备
		39	烟草加工设备
		40	粮油作物和饲料加工设备
		41	纺织设备
		42	缝纫、服饰、制革和毛皮加工设备
		43	造纸和印刷机械
		44	化学药品和中成药制炼设备
		45	医疗器械
		46	其他行业专用设备
		47	武器设备
4	交通运输设备	52	铁路运输设备
		53	汽车、电车（含地铁车辆）、摩托车及非机动车辆
		54	水上交通运输设备
		55	飞机及其运输设备
		56	工矿车辆
5	电气设备	60	电机
		61	变压器、整流器、电抗器和电容器
		62	生产辅助用电器
		63	生活用电器和照明设备
		64	电器机械设备
		65	电工、电子专用生产设备
6	电子产品及通信设备	68	雷达和无线电导航设备
		69	通信设备
		70	广播电视设备
		71	电子计算机及其外围设备
7	仪器仪表、计量标准器具及量具、衡器	74	仪器仪表
		75	电子和通信测量仪器
		76	专用仪器仪表
		77	计量标准器具及量具、衡器

（续）

编号	门　类	代码(第一层)	固定资产分类名称
8	文艺体育设备	80	文艺设备
		81	体育设备
		82	娱乐设备
9	图书、文物及陈列品	85	图书资料
		86	文物
		87	陈列品
10	家具用具及其他	90	家具用具
		91	被服装具
		92	实验用优良品种及观赏动植物

2. 会计核算中使用的分类

按照我国现行的会计制度，机器设备分类如下：

（1）生产用机器设备。生产用机器设备是指直接为生产经营服务的机器设备，包括生产工艺设备、辅助生产设备和动力能源设备等。

（2）非生产用机器设备。非生产用机器设备是指企业所属的福利部门、教育部门等非生产部门使用的设备。

（3）租出机器设备。租出机器设备是指企业出租给其他单位使用的机器设备，通常指经营性租赁。

（4）未使用机器设备。未使用机器设备是指企业未投入使用的新设备、库存的正常周转用设备、正在修理改造未投入使用的机器设备等。

（5）不需用机器设备。不需用机器设备是指已不适合本单位使用，待处理的机器设备。

（6）融资租入机器设备。融资租入机器设备是指企业以融资租赁方式租入的机器设备。

由于这种分类方法是按照资产对企业的功能进行分类的，而资产评估中对资产价值的评估也是按照资产的效用进行的，因此，这种分类方法对于资产评估师非常重要。

3. 按机器设备的来源划分

机器设备有不同的来源。按照来源的不同，机器设备分为外购设备和自制设备，外购设备又分为进口设备和国产设备。

事实上，在采用成本法评估机器设备时，当机器设备的来源不同时，重置成本的构成内容也可能不同，因此，了解设备的来源有助于更好地进行资产评估。

4. 按机器设备的组合程度划分

按照机器设备的组合程度，机器设备分为单台设备和成套设备。成套设备分为机组和生产线。

在进行资产评估时，单台设备和成套设备发挥作用的形式可能不同，因此在评估时，对于整体资产可能更多强调其整体的获利能力，而单台设备则更注重设备自身的获利能力。因此，按照设备的组合程度对设备进行分类，有助于更好地进行资产评估。

正确理解和运用机器设备的分类，对搞好机器设备的评估工作非常重要，资产评估师应根据评估工作的需要和被评估企业的实际情况，对机器设备进行灵活、有效的分类。

第二节 机器设备评估的成本法

按照重置的思路评估机器设备是指首先确定资产的重置成本，然后扣除资产的各种贬值因素后估算资产价值的评估方法。其计算公式如下：

资产评估值 = 资产重置成本 − 实体性贬值 − 功能性贬值 − 经济性贬值　(4-1)

式（4-1）中的“资产重置成本”、“实体性贬值”、“功能性贬值”及“经济性贬值”被称做成本法运用中的四要素，下面将依次介绍如何对机器设备的各个要素进行评估。

一、机器设备重置成本及其测算

机器设备的重置成本包括购置或购建设备所发生的必要的、合理的直接成本费用、间接成本费用和因资金占用发生的资金成本。设备的直接费用一般包括设备净价、运杂费、安装费、基础费及其他合理成本。设备的间接费用一般包括管理费、设计费、工程监理费、资金使用成本和保险费等。

设备的直接费用是指与每一台设备直接对应的费用。设备的间接费用是指不能对应到每一台设备的费用，在计算每一台设备的重置成本时一般需要按比例摊入。如图 4-1 所示。

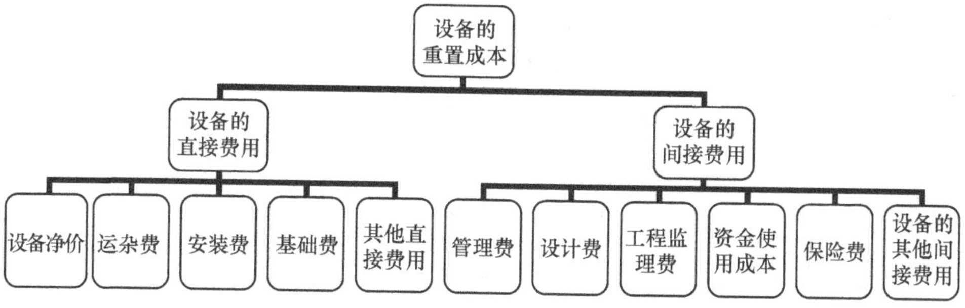

图 4-1　机器设备重置成本的构成要素

（一）设备净价

设备净价又称为设备本体的重置成本。对于通用设备通常是指设备的买价，按现行市场销售价格确定；对于自制设备通常是指设备的建造成本，包括直接材料费、燃料动力费、直接人工费、制造费用、期间费用分摊额、合理利润和税金以及非标准设备的设计费等。设备净价不包括设备的安装费、基础费和运杂费，在成本法中，这些费用通常需要另行计算。

1. 通用设备净价的确定方法

（1）市场询价。有公开市场价格的机器设备，大多数可以通过市场询价来确定设备的现行价格，即资产评估师直接从市场上了解相同产品的现行市场销售价格。资产评估师在询价时，一般应注意以下两个问题：

1）应充分考虑替代原则。同样的机器设备，制造商与销售商，或者不同销售商之间的售价可能是不同的。一些专用设备和特殊设备，由于只有少数厂家生产，市场交易也很少，一般没有公开的市场价格。确定这些设备的现行市场价格时，需要向生产厂商直接询价。

2）应充分考虑获取价格的可靠性。由于市场透明度较差，生产厂家的报价和实际成交价往往存在较大差异。资产评估师应谨慎使用报价，一般应该向近期购买该厂同类产品的其他客户了解实际成交价。

（2）使用价格资料。价格资料是获得机器设备市场价格的重要途径，它包括生产厂家提供的产品目录或价格表，经销商提供的价格目录，媒体上的广告，出版的机电产品价格目录，机电产品价格数据库。在使用上述价格资料时，数据的有效性和可靠性是至关重要的。

（3）类比调整法。如果被评估资产的规格型号与查阅或调查到的数据并不完全相同，而存在功能方面的差异，则可以采用类比调整法。类比调整法又称功能价值类比法或类比估价法，在本书的第三章中已作过详细的介绍，本章不再赘述。但需要说明的是，关于 x 这个规模经济效益指数，在我国还缺乏相应的经验数据，国外的经验数据在我国的适用性还有待于验证。在评估实务中，资产评估师需要利用价格资料分析测算相应的 x。

【例 4-1】 具备各种生产能力的某设备其市场售价如表 4-2 所示。

表 4-2　设备的市场售价表

序号	生产能力 A/（万 t/月）	（市场售价）RC/万元	序号	生产能力 A/（万 t/月）	（市场售价）RC/万元
1	40	125	5	80	253
2	50	156	6	90	286
3	60	189	7	100	319
4	70	222	8	110	352

要求计算该类设备的规模经济效益指数 x。

由于
$$\frac{RC_i}{RC_j}=\left(\frac{A_i}{A_j}\right)^x$$

所以
$$x=\ln(RC_i/RC_j)/\ln(A_i/A_j) \tag{4-2}$$

用相邻的两组数相比，可以计算出 7 个 x。如表 4-3 所示。

表 4-3 规模效益指数的计算过程

序号	生产能力 A/(万 t/月)	市场售价 RC /万元	$\ln(A_i/A_j)$	$\ln(RC_i/RC_j)$	$x[\ln(RC_i/RC_j)/\ln(A_i/A_j)]$
1	40	125			
2	50	156	0.2231	0.2215	0.9928
3	60	189	0.1823	0.1919	1.0527
4	70	222	0.1542	0.1609	1.0435
5	80	253	0.1335	0.1307	0.9790
6	90	286	0.1178	0.1226	1.0407
7	100	319	0.1054	0.1092	1.0361
8	110	352	0.0953	0.0984	1.0325

资产评估师可以在坐标轴上用散布点法等画出曲线，以确定 x 的最终值。

2. 自制设备净价的确定方法

（1）重置核算法。重置核算法是指根据设备的成本项目确定设备重置成本净价的方法。机器设备的重置成本由生产成本、销售费用、利润、税金组成。在常见的估价方法中，根据设备的性质特点，有依据设备材料费来确定重置成本的方法，也有依据设备人工费用来确定设备重置成本的方法。

（2）综合估价法。综合估价法一般是指利用设计图样，根据设备的主材费用和主要外购件费用与设备成本费用有一定的比例关系，通过确定设备的主材费用和主要外购件费用，计算出设备的完全制造成本，并考虑企业利润、设计费用，确定设备的重置成本的一种方法。通常有如下的计算公式：

设备本体的重置成本 =（设备不含税的主材费用/成本主材费率 +
主要外购件不含税的费用）×（1 + 成本利润率）×
（1 + 单台设备设计费率） （4-3）

【例 4-2】 某电热风对流烘干式台车室为非标准自制设备，构建日期为 2005 年 2 月，评估基准日为 2009 年 2 月。

根据设计图纸，该设备主材为钢材，主材的净消耗量为 27t，评估基准日不含税的市场价格为 3 600 元/t。另外，所需的主要外购件（如风机、电加热器、废气处理装置）不含税费用为 93 680 元，设计产量为 1 台。请用综合估价法估测该对流烘干式台车室的重置成本。

查表4-4后可知，该类设备的主材利用率为90%，成本主材费率取47%，成本利润率取15%，设计费率为1%。

根据式（4-3），设备本体的重置成本 =（27 ÷ 90% × 3 600 ÷ 47% + 93 680）×（1 + 15%）×（1 + 11%/1）= 412 906（元）

表4-4 通用非标准设备估价参数表

估价编号	设备名称	单位	主要材料利用率					主要外购件	成本主材费率（%）	成本利润率（%）	设计费率（%）
			钢材	铸铁	耐火材料	…	PVC				
06	炉子设备										
0601	加热炉	座	85	90	砖95 纤维97			喷嘴、风机、减速机、轴承、电缆等	37~39	9~10	8~11
0602	热处理炉	座	85		砖95 纤维97			喷嘴、风机、减速机、轴承、电缆等	36~39	9~10	8~11
08	槽罐设备										
0801	碳钢水罐	座	90						64~68	10	10~13
0802	塑料冷水桶	座					90		68~71	10	10~13
0803	电解去油槽（蛇形管加热）	座	板90 管96					阳极杆、阴极杆、导电极座、尼龙极座	68~70	10	10~13
0804	电解槽（钢衬软塑）	座	90					阳极杆、阴极杆、导电极座、尼龙极座、钛加热管、阴极摆动装置	75~79	10	10~13
0805	钢衬玻璃钢槽（时效油槽）	座	90			玻璃钢90			72	10	10~13
09	斗子、支架、平台										
0901	斗子	t	90						60~64	11~12	8~10
0902	支架	t	95						62~67	9~11	8~10

（续）

估价编号	设备名称	单位	主要材料利用率					主要外购件	成本主材费率（%）	成本利润率（%）	设计费率（%）
			钢材	铸铁	耐火材料	…	PVC				
0903	平台	t	95						64～66	8～12	8～10
10	料箱、料桶										
1001	料箱、料桶	只	90						43～47	6～11	10～13
12	动力站房设备										
1201	常压容器	台	板85 管90						45～47	12～16	6～8
1202	换热器	台	板85 管90					阀、温度计、压力表等	39～43	12～15	10～13
1203	压力容器	台	板85 管90					阀、温度计、压力表等	41～44	15～18	10～13
13	油漆干燥设备										
1301	悬链式多级水帘喷漆室	台	90					泵、风机、阀	53～56	15	13～16
1302	水旋式喷漆室悬链通过室	台	90					泵、风机、空调机	51～53	13～14	13～16
1303	水旋式喷漆室板链通过室	台	90					泵、风机、空调机、灯具和阀	57～59	15～16	13～16
1304	蒸汽对流烘干式悬链通过室	台	90					风机、蒸汽加热器	56～58	22～23	11
1305	远红外辐射烘干式悬链通过室	台	90					风机、电加热器等	54～56	15～17	11

（续）

估价编号	设备名称	单位	主要材料利用率					主要外购件	成本主材费率（%）	成本利润率（%）	设计费率（%）
			钢材	铸铁	耐火材料	…	PVC				
1306	电热风对流烘干式台车室	台	90					风机、电加热器、废气处理装置	46～48	13～15	11
1307	蒸汽及电加热烘干式悬链通过室	台	90					风机、电及蒸汽加热器、废气处理装置、百叶风口	47～51	15～17	11
14	清洗、磷化设备										
1401	单室三功能自动清洗机	台	90					泵、阀、卷帘门	47～49	9～11	13～16
1402	三室清洗机	台	90					泵、阀、风机	46～48	15～18	13～16

（3）重量估价法。该方法用设备的重量乘以综合费率，并考虑利润和税金，确定设备的重置成本，并根据设备的复杂系数进行适当调整。综合费率根据相似设备的统计资料确定。计算公式如下：

$$\text{设备本体的重置成本} = \text{设备净重} \times \text{综合费率} \times \text{调整系数} + \text{合理利润} + \text{正常税金} \tag{4-4}$$

此方法简单，适合于技术含量低的设备，如大型冲压模具。在此不详述。

（4）物价指数法。在机器设备评估中，对于一些难以获得市场价格的机器设备，经常采用物价指数法。由于需要根据账面价值调整得到复原重置成本，因此，应注意审查历史成本的真实性。

另外，在使用物价指数时，应注意物价指数越具体，评估结果就会越准确。具体来说，资产评估师应注意以下问题：

1）选取的物价指数应与被评估资产相匹配，一般采用某一类产品的分类物价指数，不可采用综合物价指数。

2）机器设备的历史成本一般还包括运杂费、安装调试费、基础费以及其他费用。上述费用的物价变动指数与设备净价变化指数可能不一致，应分别计算。

3）对于进口设备，应使用设备出口国的分类物价指数。

（二）运杂费

1. 国产设备运杂费

国产设备的运杂费是从生产厂家到安装使用地点所发生的装卸、采购、保管及其他有关费用。设备运杂费的计算方法之一是根据设备的生产地点、使用地点以及重量、体积、运输方式，根据铁路、船运、航空等部门的运输计费标准计算。另一种计算方法是按设备原价的一定比例作为设备的运杂费率，以此来计算设备的运杂费。其计算公式如下：

国产设备运杂费 = 国产设备原价 × 国产设备运杂费率 （4-5）

机械行业国产设备运杂费率如表 4-5 所示。

表 4-5 机械行业国产设备运杂费率表

地区类别	建设单位所在地	运杂费率(%)	备 注
1 类	北京、天津、河北、山西、山东、江苏、上海、浙江、安徽、辽宁	5	指标中包括建设单位仓库离车站或码头 50km 以内的短途运输费。当超过 50km 时按每超过 50km 增加 0.50% 费率计算，不足 50km 者，可按 50km 计算
2 类	湖南、湖北、福建、江西、广东、河南、陕西、四川、甘肃、吉林、黑龙江、海南	7	
3 类	广西、贵州、青海、宁夏、内蒙古	8	
4 类	云南、新疆、西藏	10	

2. 进口设备的国内运杂费

进口设备的国内运杂费是指进口设备从出口国运抵我国后，从所到达的港口、车站、机场等地，将设备运至使用目的地现场所发生的港口费用、装卸费用、运输费用、保管费用、国内运输保险费用、运输途中的合理损耗等各项合理运杂费。运输时发生的特殊措施费用、定额外的损失等不应当包括在内。

其中运杂费率标准分为海运方式和陆运方式两种。资产评估师可以通过查阅海运方式或陆运方式国内运杂费率表（见表 4-6 和表 4-7）进行计算。进口设备国内运杂费的计算公式如下：

进口设备的国内运杂费 = 进口设备的到岸价格 × 进口设备的国内运杂费率 （4-6）

表 4-6 机械行业进口设备海运方式国内运杂费率表

地区类别	建设单位所在地	运杂费率(%)	备 注
1 类	北京、天津、河北、山东、江苏、上海、浙江、广东、安徽、辽宁、福建、广西、海南	1 ~ 1.50	指标上下限的选取应以建设单位仓库离港口距离进行划分；20km 以内为靠近港口，取下限；20 ~ 50km 之间，取中间值；50km 以上，取上限
2 类	山西、河南、陕西、湖南、湖北、江西、吉林、黑龙江	1.50 ~ 2.50	
3 类	甘肃、内蒙古、宁夏、云南、贵州、四川、青海、新疆、西藏	2.50 ~ 3.50	

表 4-7 机械行业进口设备陆运方式国内运杂费率表

地区类别	建设单位所在地	运杂费率(%)	备注
1类	内蒙古、新疆、黑龙江	1～2	指标上下限的选取应以建设单位仓库离陆站距离进行划分:100km 以内为靠近陆站,取下限;100～300km 之间,取中间值;300km 以上,取上限
2类	青海、甘肃、宁夏、陕西、四川、山西、河北、河南、湖北、吉林、辽宁、天津、北京、山东	2～3	
3类	云南、贵州、西藏、湖南、江西、江苏、上海、浙江、广东、安徽、福建、广西	3～4	

（三）安装费

安装费是指为使工程达到使用状态所必需的安装工程费用。它一般包括以下内容：①所有机器设备、电子设备、电器设备的必要的装配、安装工程。②锅炉及其他各种工业锅窑的必要的砌筑工程。③设备必要的附属设施的必要的安装工程，如与设备相连的工作台、梯子的安装工程。④设备必要的附属管线的敷设，如设备的工作所需的电力线路、供水、供气管线等。⑤设备及附属设施、管线的必要的绝缘、防腐、油漆、保温等工程。⑥为测定安装工作质量进行的单机试运转和系统联动无负荷试运转发生的相关合理费用。

（1）国产设备安装费。国产设备的安装费计算公式如下：

$$\text{国产设备安装费} = \text{设备原价} \times \text{设备安装费率} \tag{4-7}$$

式（4-7）中，设备安装费率按所在行业概算指标中规定的费率计算，如表 4-8 所示。

表 4-8 国产设备安装费率表

序号	车间或项目名称	设备安装费率（%）	备注
1	机械加工车间	1～2	
2	装配车间	2～4	
3	焊接、冷作车间(金属结构车间)	1.30～1.80	
4	铸铁车间	4～6	
5	铸钢车间	3～5	
6	精密铸造车间	2.50～5	
7	有色铸造车间	1.50～4	
8	锻造车间		
8.1	大件模锻	7～9	最大压力机 125MN
8.2	小件模锻	4～6	最大压力机 25MN
8.3	锻锤≤1t	2.5～3.50	
8.4	锻锤≥1t	1.50～2.50	

（续）

序号	车间或项目名称	设备安装费率（%）	备　注
9	热处理车间	1.50～2.50	
10	冲压车间	2.20～3.20	
11	电镀车间	7～9	
12	油漆车间	8～10	
13	TNT 生产车间		
13.1	硝化工房	34～36	设备安装包括工艺管道
13.2	硝烟吸收工房	52～54	设备安装包括工艺管道
13.3	安全放料池、酸性废水池、地下槽棚	64～67	设备安装包括工艺管道
13.4	精制工房及红水池沉淀槽	50～52	设备安装包括工艺管道
13.5	制片包装工房	32～34	设备安装包括工艺管道
13.6	酸综合工房及废酸贮槽	24～26	设备安装包括工艺管道
13.7	甲苯转手库、甲苯泵房	43～45	设备安装包括工艺管道
14	硝铵炸药生产车间		
14.1	硝铵粉碎干燥工房	25～27	气流干燥工艺
14.2	TNT 粉碎工房	8～9	
14.3	混药工房	13～14	
14.4	装药包装工房	13～14	
14.5	油相配制工房	11～13	
14.6	卷纸管工房	16～18	
14.7	卷纸管输送带	17～19	
15	工具车间	2	
16	机修车间	2	
17	材料库	2～2.50	不包括立体仓库
18	汽车库	4～5	
19	木工车间	1.50～3	
20	中央实验室、计量室	0.50～1	
21	变配电所	30～35	
22	锅炉房		
22.1	75T/H 燃油锅炉房	70～80	计算基数为锅炉用辅机、热控设备原价
		75～85	计算基数为锅炉及辅助设备原价
	其中：		
	锅炉本体及辅助设备	45～50	计算基数为锅炉及辅助设备原价，其中炉砌筑占设备原价的 15%
	动力管道	25～30	计算基数为锅炉及辅助设备原价
	热工控制	80～90	计算基数为热控设备原价

（续）

序号	车间或项目名称	设备安装费率（%）	备　注
22.2	35T/H 热水锅炉房	60～65	计算基数为锅炉房全部设备原价
	其中：		
	锅炉本体及辅助设备	90～100	计算基数为锅炉及辅助设备原价
	动力管道	50～55	计算基数为锅炉及辅助设备原价，其中炉砌筑占设备原价的18%
		15～20	计算基数为锅炉及辅助设备原价
	输煤	18～20	计算基数为输煤设备原价
	除灰	80～90	计算基数为除灰处理设备原价
	水处理	65～70	计算基数为水处理设备原价
	热工控制	74～80	计算基数为热工控制设备原价
22.3	20T/H 热水锅炉房	48～58	计算基数为锅炉房全部设备原价
		65～70	计算基数为锅炉及辅助设备原价
	其中：		
	锅炉本体及辅助设备	44～48	计算基数为锅炉及辅助设备原价，其中炉砌筑占设备原价18%
	动力管道	13～18	计算基数为锅炉及辅助设备原价
	输煤	25～30	计算基数为输煤设备原价
	热工控制	72～78	计算基数为热工控制设备原价
22.4	6.5T/H 蒸汽锅炉房	45～55	计算基数为锅炉房全部设备原价
		60～64	计算基数为锅炉房及辅助设备原价
	其中：		
	锅炉本体及辅助设备	40～45	计算基数为锅炉及辅助设备原价，其中炉砌筑占设备原价19%
	动力管道	12～14	计算基数为锅炉及辅助设备原价
	输煤	35～40	计算基数为输煤设备原价
	水处理	50～56	计算基数为水处理设备原价
	热工控制	70～75	计算基数为热工控制设备原价
22.5	4T/H 快装锅炉房	30～32	计算基数为锅炉房全部设备原价
22.6	2T/H 快装锅炉房	32～34	计算基数为锅炉房全部设备原价
22.7	1T/H 快装锅炉房	28～30	计算基数为锅炉房全部设备原价
23	空压站	12～15	
24	乙炔站	26～30	
25	热煤气站	31～35	
26	氧气站		
	氧气站	7～8	设备原价不包括氧气瓶价
	氧气汇流排间	25～27	设备原价不包括氧气瓶价

（2）进口设备安装费。进口设备的安装费通常按照相似国产设备原价或进口设备到岸价的一定比例计算，具体计算公式如下：

$$进口设备安装费 = 相似国产设备原价 \times 国产设备安装费率 \qquad (4\text{-}8)$$

或

$$进口设备安装费 = 进口设备到岸价 \times 进口设备安装费率 \qquad (4\text{-}9)$$

由于进口设备原价较高，进口设备的安装费率一般低于国产设备的安装费率。机械行业建筑项目概算指标中规定，进口设备的安装费率可按相同类型国产设备的30%～70%选取，进口设备的机械化、自动化程度越高，取值越低；反之越高。特殊情况下，如设备的价值很高，而安装很简单，应低于该指标；设备的价格很低，而安装较复杂时，应高于该指标。

（四）基础费

设备的基础是指为安装设备而建造的特殊构筑物。基础费是指建造设备基础所发生的人工费、材料费、机械费及全部必要的取费。有些特殊设备的基础列入构筑物范围，不按设备基础计算。国产设备基础费计算公式如下：

1. 国产设备基础费

$$国产设备基础费 = 国产设备原价 \times 国产设备基础费率 \qquad (4\text{-}10)$$

国产设备基础费率见表4-9。

表4-9　国内设备基础费率表

序号	车间或项目名称	设备基础费率(%)	备　注
1	机械加工车间	1.40～3.40	重、大型设备较多的取上限
2	装配车间		
	(1) 固定式装配	0.80～1.40	
	(2) 流水线装配 地坑(沟)<1m(包括无地沟装配线) 地坑(沟)>1m	 3～5 5～7	
3	焊接、冷作车间(金属结构车间)	1.50～2.80	重、大型设备较多的取上限
4	冲压车间 小型设备为主 大型设备为主	 0.80～1.30 1.30～3	 带形基础的取上限
5	油漆车间 大型车间 小型车间	 8～12 2～4	产品等级高，有喷抛丸设备的车间取上限
6	热处理车间	0.70～1.10	产品等级高、车间规模大的车间取上限

（续）

序号	车间或项目名称	设备基础费率(%)	备　注
7	电镀车间	0.80～1.20	
8	锻造车间 以热模锻为主	4～6	大批量、流水线的取下限
	以锻锤为主	12～17	空气锤为主的取上限
9	铸钢车间	2.80～4.30	机械化程度低的取上限
10	铸铁车间	2～3.50	机械化程度低的取上限
11	精密铸造车间	2.50～3.50	车间规模大的、有一定机械化程度的取上限
12	有色铸造车间	1.50～2.50	压铸车间取下限
13	机修车间	1.50～2	
14	工模具车间	0.80～1.40	模具车间取上限
15	中央实验室	0.40～0.60	
16	中央计量室	0.10～0.30	

2. 进口设备基础费

$$\text{进口设备基础费}=\text{相似设备原价}\times\text{国产设备基础费率} \tag{4-11}$$

或

$$\text{进口设备基础费}=\text{进口设备到岸价}\times\text{进口设备基础费率} \tag{4-12}$$

由于进口设备到岸价较高，因此，进口设备基础费率一般低于国产设备的基础费率。机械行业建设项目概算指标中规定，进口设备的基础费率可按国产设备基础费率的30%～70%选取，进口设备机械化、自动化程度越高，取值越低；反之越高。

【例4-3】 北京市A机械企业的流水线装配车间设备本体的国内购置价格为100万元人民币。已知该企业距离最近的车站70km，货物购进采取陆运方式。该设备为达到使用状态须建1.2m的地沟，设备从购进到达到使用状态总计需要1年的时间。假定资金使用成本率为年利率8%，资金投入方式：50万元为初始一次性投入，另外部分为均匀投入。试评估该装配车间的重置成本。

重置成本的构成内容包括设备本体的重置成本、设备的运杂费、设备的安装费和设备的基础费。通过查表4-7，确定北京地区离最近的陆站70km的车间其运杂费的取费标准为2%～3%；查表4-8，设备的安装费率为2%～4%；查表4-9，设备的基础费率为5%～7%。假定资产评估师经过实际分析，确定其运杂费率、安装费率和基础费率分别为2.50%、3%和6%，则计算如下：

设备的重置成本 = 设备本体的重置成本 + 设备的运杂费 + 设备的安装费 + 设备的基础费 + 合理的资金成本

投入资金总计数 = 设备本体的重置成本 ×（1 + 设备的运杂费率 + 设备的安装费率 + 设备的基础费率）

= 100 ×（1 + 2.50% + 3% + 6%）

= 111.50（万元）

资金使用成本 = 50 × 8% +（111.50 − 50）× 8% × 0.50

= 6.46（万元）

资产的重置成本 = 投入资金总计数 + 资金使用成本

= 111.50 + 6.46

= 117.96（万元）

（五）进口设备从属费用

进口设备的从属费用包括国外运杂费、国外运输保险费、进口关税、进口消费税、进口增值税、银行手续费、外贸代理费，对车辆还包括车辆购置附加费。

1. 国外运杂费

国外运杂费可按设备的重量、体积及海运公司的收费标准计算，也可按一定比例计取，取费基数为设备离岸价。其计算公式如下：

海运费 = 设备离岸价 × 海运费率　　(4-13)

海运费率标准：远洋一般取 5% ~ 8%，近洋一般取 3% ~ 4%。

2. 国外运输保险费

国外运输保险费的取费基数为设备离岸价 + 海运费。其计算公式如下：

国外运输保险费 =（设备离岸价 + 海运费）× 保险费率　　(4-14)

保险费率可根据保险公司费率表确定，一般在 0.40% 左右。

3. 进口关税

根据我国税法规定，进口关税的取费基数为设备到岸价。其计算公式如下：

进口关税 = 设备到岸价 × 关税税率　　(4-15)

4. 进口消费税

一般情况下，机器设备属于生产资料，不属于消费税的纳税范围；但进口轿车等机器设备属于消费品，应当依法缴纳消费税。进口消费税的计税基数为关税完税价格 + 关税。其计算公式如下：

进口消费税 =（关税完税价格 + 关税）× 进口消费税税率/（1 − 进口消费税税率）　　(4-16)

进口消费税的税率按国家发布的消费税税率表计算。

5. 进口增值税

进口增值税的取费基数为关税完税价格 + 关税 + 消费税。其计算公式如下：

进口增值税 =（关税完税价格 + 关税 + 消费税）× 进口增值税税率 （4-17）

注：减免关税的同时减免增值税。

6. 银行手续费

银行手续费的取费基数为货价人民币数。其计算公式如下：

$$银行手续费 = 设备离岸价 \times 银行手续费率 \quad (4\text{-}18)$$

我国现行银行手续费率一般为4‰～5‰。

7. 外贸代理费

外贸代理费也称公司手续费，取费基数为到岸价人民币数。其计算公式如下：

$$外贸代理费 = 设备到岸价 \times 外贸代理费率 \quad (4\text{-}19)$$

目前，我国进出口公司的外贸代理费率一般为1%～1.50%。

8. 车辆购置附加费

车辆购置附加费的取费基数为到岸价人民币数 + 进口关税 + 进口消费税。计算公式如下：

$$车辆购置附加费 = （到岸价人民币数 + 进口关税 + 进口消费税）\times 费率 \quad (4\text{-}20)$$

【例4-4】 假定【例4-3】中的装配流水线为进口设备，离岸价格为100万美元。海外运杂费率为离岸价格的5%，海外运输保险费率为离岸价格与国外运杂费之和的0.40%，关税税率为16%，增值税税率为17%，银行手续费率为0.40%，外贸代理费率为1%，评估基准日美元与人民币的兑换比率为1美元 = 6.80元人民币。设备的到岸价、关税、增值税、银行手续费、外贸代理费等为一次性投入，投入时间为1年，国内运杂费、设备安装费和设备基础费为均匀投入，资金使用成本为年利率8%。试评估该设备的重置成本。

（1）计算设备的到岸价格

$$\begin{aligned}设备的到岸外汇价格 &= 设备离岸价格 + 海外运杂费 + 海外运输保险费\\ &= 100 + 100 \times 5\% + (100 + 100 \times 5\%) \times 0.40\%\\ &= 105.42（万美元）\end{aligned}$$

$$\begin{aligned}设备的到岸人民币价格 &= 设备的到岸外汇价格 \times 评估基准日汇率\\ &= 105.42 \times 6.80\\ &= 716.86（万元）\end{aligned}$$

（2）计算设备的投入资金总额

由于该设备不符合消费税的纳税范围，因此，设备的投资总额计算公式如下：

$$\begin{aligned}设备的投资总额 = &到岸价人民币价格 + 进口关税 + 进口增值税 +\\ &银行手续费 + 外贸代理费 + 国内运杂费 +\\ &设备安装费 + 设备基础费\end{aligned}$$

进口关税 = 设备到岸价 × 关税税率

= 716.86 × 16%

= 114.70（万元）

进口增值税 =（设备到岸价 + 进口关税）× 增值税税率

=（716.86 + 114.70）× 17%

= 141.37（万元）

银行手续费 = 设备离岸价 × 银行手续费率

= 100 × 6.80 × 0.40%

= 2.72（万元）

外贸代理费 = 设备到岸价 × 公司代理费率

= 716.86 × 1%

= 7.17（万元）

由于进口设备的取费基数较大，因此，资产评估师决定采用国内运杂费、安装费和基础费标准的50%作为进口设备相关的费用标准，则：

国内运杂费 = 设备到岸价 × 国内运杂费率 × 50%

= 716.86 × 2.50% × 50%

= 8.96（万元）

设备安装费 = 设备到岸价 × 设备国内安装费率 × 50%

= 716.86 × 3% × 50%

= 10.75（万元）

设备基础费 = 设备到岸价 × 设备国内基础费率 × 50%

= 716.86 × 6% × 50%

= 21.51（万元）

所以占用资金总计额 = 716.86 + 114.70 + 141.37 + 2.72 + 7.17 + 8.96 + 10.75 + 21.51 = 1 024.04（万元）

（3）计算投入资金的使用成本

其中：

初始一次性投入资金总额 = 设备到岸价人民币数 + 进口关税 + 进口增值税 + 银行手续费 + 外贸代理费

= 716.86 + 114.70 + 141.37 + 2.72 + 7.17

= 982.82（万元）

初始一次性投入资金的使用成本 = 初始一次性投入资金总额 × 年资金成本率 × 资金使用年限

= 982.82 × 8% × 1

= 78.63（万元）

均匀投入资金总额 = 国内运杂费 + 设备安装费 + 设备基础费

$= 8.96 + 10.75 + 21.51$

$= 41.22$（万元）

均匀投入资金的使用成本 = 均匀投入资金总额 × 年资金成本率 × 投资年期 × 0.50

$= 41.22 \times 8\% \times 1 \times 0.50$

$= 1.65$（万元）

投入资金的使用成本 $= 41.22 + 1.65$

$= 42.87$（万元）

（4）计算设备的重置成本

设备的重置成本 = 占用资金总计额 + 投入资金的使用成本

$= 1\,024.04 + 42.87$

$= 1\,066.91$（万元）

二、实体性贬值

（一）观察法

机器设备在使用过程中，由于受到摩擦力、冲击力、振动力或交变荷载的作用而产生磨损、疲劳等破坏，其结果是资产的物理性能下降，物理寿命缩短。这种由于使用而引起的磨损称为第 1 种有形损耗。

设备在闲置过程中，由于受到自然界中有害环境的侵蚀，也会出现腐蚀、老化、生锈、变质等现象，从而引起其物理性能的下降，物理寿命的缩短。由于自然力的作用而引起的损耗称为第 2 种有形损耗。

使用或自然力作用的后果都能引起资产物理性能的下降，此种下降只能由资产的卖者承担，从而在评估时被作为贬值确认。

观察法是指资产评估师通过观察，凭借视觉、听觉、触觉，或借助于少量的检测工具，对设备进行检查，根据经验对被评估资产的损耗程度作出判断。在不具备测试条件的情况下，这是最常使用的方法。对大型设备，为了避免个人主观判断的误差，可采用德尔菲法或模糊综合判断法。

（二）使用年限法

使用年限法的应用思路在第三章中已有详细的讲述，通常机器设备评估比房地产评估更多地运用使用年限法估测资产的实体性贬值率。

使用年限法是指从使用寿命的角度来估算贬值，也称为寿命比率法。这种方法假设机器设备有一定的使用寿命，在使用过程中，设备的价值随着设备使用寿命的消耗而同比例损耗。因此，设备的实体性贬值率也可以用已使用寿命与总使用寿命之比来表示。

1. 设备的总使用年限

资产评估中通常用使用年限来表达资产的使用寿命。机器设备的使用寿命，通常又可以分为物理寿命、技术寿命和经济寿命。

（1）机器设备的物理寿命。机器设备的物理寿命是指机器设备从开始使用到报废为止经历的时间。机器设备物理寿命的长短主要取决于机器设备的自身质量，运行过程中的使用、保养和正常维修情况。

（2）机器设备的技术寿命。机器设备的技术寿命是指机器设备从开始使用到技术过时经历的时间。机器设备的技术寿命在很大程度上取决于社会技术进步和技术更新的速度和周期。

（3）机器设备的经济寿命。机器设备的经济寿命是指机器设备从开始使用到因经济上不合算而停止使用所经历的时间。所谓经济上不合算是指维持机器设备的继续使用所需要的维持费用大于机器设备继续使用所带来的收益。

（4）资产评估对机器设备总使用年限的确定

1）机器设备总使用年限首选机器设备的经济寿命。在运用机器设备总使用年限估测机器设备的成新率或实体性贬值率时，通常首选机器设备的经济寿命作为其总使用年限，这是国际上资产评估行业普遍采用的做法。但是，到目前为止，国内尚无可供机器设备评估使用的经济年限的规定。一般情况下，经济年限的确定需要评估机构自行解决。

机器设备的经济寿命作为确定机器设备总使用年限的首选指标，并不排除把机器设备的物理寿命或技术寿命作为机器设备总使用年限的可能性。在保证确定机器设备评估各项经济指标前后一致的前提下，使用机器设备的物理寿命和技术寿命作为机器设备的总使用寿命也是可行的。

2）机器设备总使用年限一般不等于其法定使用年限。资产评估高度重视现实性原则，这说明，在通常情况下，资产的法定使用年限不等于其经济寿命。其计算公式如下：

$$资产的总使用年限 = 资产的实际已使用年限 + 资产的尚可使用年限 \quad (4\text{-}21)$$

2. 机器设备的已使用年限

机器设备的已使用年限是一个比较容易确定的指标。它是指机器设备从开始使用到评估基准日所经历的时间。其具体内容在第三章中已有详细的讲述，本节不再赘述。

3. 机器设备的尚可使用年限

关于机器设备尚可使用年限的确定在第三章中已有详细的讲述，本章只强调实务中的几个问题。

（1）根据评估基本理论，机器设备的尚可使用年限应该通过技术检测和专业技术鉴定来确定，但事实上，在机器设备评估中难以实现对机器设备逐台（件）进行技术检测和专业技术鉴定。替代的方法是用设备的总使用年限减去设备的实际已使用年限来求取设备的尚可使用年限。尤其对于较新的设备，这种方法更具有简便易行、前后易于统一的优点。

（2）对于已使用较长时间的老设备，使用总使用年限减已使用年限的方法有一定的局限性，因为有些老设备的已使用年限已经达到甚至超过了预计的设备总使用年限。此时必须直接估算其尚可使用年限，估测的依据就是设备的实际状态和资产评估师的专业经验。当然也不排除运用较为简捷的方法。如利用设备的一个大修期作为设备尚可使用年限的上限，减去设备上一次大修至评估基准日的时间，余下的时间便是设备的尚可使用年限。

（3）对于国家明文规定限期淘汰，禁止超期使用的设备，其尚可使用年限不能超过国家规定禁止使用的期限，而不论设备的现实技术状态如何。

（4）对于经过大修，特别是经过技术改造的设备，应适当增加其尚可使用年限，或减少其实际已使用年限。这主要需要专业技术人员进行专业技术判断，另外，还可以参考下列公式进行近似计算。

实体性成新率 = 尚可使用年限 ÷（综合投资年限 + 尚可使用年限）× 100%　（4-22）

其中：　综合投资年限 = Σ（每次投资的价值权重 × 投资年限）　（4-23）

每次投资的价值权重 = 每次投资的现时价值/各次投资的现时价值之和　（4-24）

【例 4-5】 被评估设备购建于 2001 年，原始价值为 80 万元。2005 年和 2008 年分别进行过两次更新改造，主要添置一些自动化控制装置，投资额分别为 4 万元和 5 万元。2010 年对该资产进行评估，假设从 2001 ~ 2010 年每年的价格上升率为 5%，该设备的尚可使用年限经检测和鉴定为 5 年，求取该设备的实体性成新率。

该设备实际加权投资年限的计算见表 4-10。

表 4-10　该设备实际加权投资年限计算表

投资日期	①原始投资额/万元	②投资年限	③价格变动系数	④投资的现时成本/万元 ④ = ① × ③	⑤每次投资的价值权重	⑥综合投资年限 ⑥ = Σ（② × ⑤）
2001 年	80	9	$(1+5\%)^9$	124.11	92.12%	8.56
2005 年	4	5	$(1+5\%)^5$	5.11	3.79%	
2008 年	5	2	$(1+5\%)^2$	5.51	4.09%	
合　计	89	—	—	135	—	

若该设备在过去年限内按额定功率使用，则该设备的综合投资年限 = 实际已使用年限。

所以，根据式（4-22），该设备的实体性成新率 $=5\div(8.60+5)\times100\%=36.80\%$。

（三）修复费用法

修复费用法适用于那些特定结构部件经常被磨损，但能够以经济上可行的办法修复的情形。如需定期更换易损件的纺织机械，需更换部分系统的机组、成套设备、生产线等的评估。

机器设备的实体性贬值可分为可修复和不可修复两种，在使用这种方法时，资产评估师要尽量把实体性贬值中的可修复部分和不可修复部分区别开来。可修复的实体性损耗可以通过技术修复恢复其功能，且在经济上是划算的（即带来的经济利益大于修复支出）；而不可修复的实体性贬值或者是通过技术修复并不能恢复其功能的，或者是经济上不划算的。因此，在操作中通过区分这两种损耗，把机器设备分成两部分来分析，对可修复的实体性损耗以修复费用直接作为实体性贬值，对不可修复的实体性损耗采用前述观察法和使用年限法确定实体性贬值，这两部分之和就是被评估设备的全部实体性贬值。计算公式如下：

$$\text{综合实体性贬值额}=\text{可修复部分的实体性贬值额}+\text{不可修复部分的实体性贬值额} \tag{4-25}$$

$$\text{综合实体性贬值率}=\frac{\text{可修复部分实体性贬值额}+\text{不可修复部分实体性贬值额}}{\text{设备重置成本}}\times100\% \tag{4-26}$$

注意，在使用式（4-26）时，应注意分子与分母之间的配比。若分子部分为更新性质的实体性贬值额，则分母的设备重置成本应为更新重新成本；若分子部分为复原性质的实体性贬值额，则分母也应当为复原重置成本。

【例 4-6】 被评估设备为一个储水罐。这个储水罐已经建成并使用 9 年，预计还能再使用 18 年。评估时，储水罐底部因发生渗漏，进行了更换，更换后尚未使用。整个维修大约花费了 24 万元，其中包括储水罐停止使用后造成的经济损失，清理、布置安全工作环境，拆卸并更换被腐蚀底部的全部费用。资产评估师经调查确定该储水罐的更新重置成本为 150 万元。假定该储水罐在过去 9 年内按额定功率使用，试评估目前该储水罐的综合实体性贬值率和实体性贬值额。

目前该储水罐已修复，且修复后未经使用，因此，其可修复部分实体性贬值额为 0 元。

$$\text{不可修复部分实体性贬值率}=9\div(9+18)\times100\%=33.33\%$$

$$\text{不可修复部分的更新重置成本}=150-24=126\text{（万元）}$$

$$\text{不可修复部分实体性贬值额}=126\times33.33\%=42\text{（万元）}$$

$$\text{该储水罐综合实体性贬值额}=0+42=42\text{（万元）}$$

$$\text{该储水罐综合实体性贬值率}=(0+42)\div150=28\%$$

三、功能性贬值及其估算

1. 超额投资成本形成的功能性贬值的测算

一般来说，设备的复原重置成本与更新重置成本之间的差额就是超额投资成本。其计算公式如下：

$$设备超额投资成本 = 设备复原重置成本 - 设备更新重置成本 \quad (4\text{-}27)$$

【例 4-7】 甲同学于两年前购买某品牌手机，当时购置价格为 3 000 元。乙同学于评估时点购买同样品牌手机，购买价格为 1 000 元。如果两年间的正常投资收益率为年利率 8%，试评估甲同学手机的超额投资成本。

根据式（4-27），甲同学手机的超额投资成本 $= 3\,000 \times (1 + 8\%)^2 - 1\,000$

$= 2\,499$（元）

2. 超额运营成本形成的功能性贬值的测算

【例 4-8】 某生产线需 5 名操作人员维持正常运行，而目前同类新式生产线只需要 2 名操作人员维持正常运行。假定每名操作员每年的工资福利费约为 30 000元，该生产线尚可使用 3 年，企业所得税税率为 25%，适用的折现率为 10%，试评估该生产线的超额运营成本。

（1）计算被评估生产线的年超额运营成本额：

$$(5 - 2) \times 30\,000 = 90\,000（元）$$

（2）计算被评估生产线的年净超额运营成本：

$$90\,000 \times (1 - 25\%) = 67\,500（元）$$

（3）计算 3 年净超额运营成本的折现值：

$$67\,500 \times (P/A, 10\%, 3) = 67\,500 \times 2.4869 = 167\,866（元）$$

四、经济性贬值及其估算

经济性贬值是指因外部环境变化引起的机器设备价值贬值。设备经济性贬值的原因大致表现为使用寿命缩短，运营费用提高，市场竞争加剧等。

1. 使用寿命缩短

引起设备使用寿命缩短的外部因素，主要是国家有关能源、环境保护等方面的法律、法规。近年来，由于环境污染问题日益严重，国家对机器的环保要求越来越高，对落后的、高能耗的机电产品施行强制淘汰制度，从而缩短了设备的正常使用寿命。

【例 4-9】 某汽车已使用 5 年，按目前的技术状态还可以正常使用 10 年。按年限法，该汽车的贬值率计算如下：

$$不考虑外部因素时汽车的综合贬值率 = 5 \div (5 + 10) \times 100\% = 33.33\%$$

但由于环保、能源的要求，估计该汽车尚有 5 年的经济耐用年限，因此该汽车在 5 年后必须强制报废。在这种情况下，该汽车的贬值率计算如下：

$$考虑外部因素后汽车的综合贬值率=5\div(5+5)\times100\%=50\%$$

$$汽车的经济性贬值率=受外部影响后的综合性贬值率-受外部影响前的综合性贬值率 \quad (4\text{-}28)$$

$$该汽车的经济性贬值率=50\%-33.33\%=16.67\%$$

2. 运营费用的提高

引起机器设备运营成本增加的外部因素包括原材料成本增加、能源成本增加等。其中，国家对超过排放标准排污的企业收取高额的排污费用，设备能源超过限额的，按超额浪费的能源量加价收费，导致高污染、高能耗设备运营成本提高。

【例 4-10】 某洗车厂可持续经营。目前由于技术落后，洗 1 辆车需要比正常情况下多耗水 0.20t。假定该种规模的洗车厂每年可洗车 10 000 辆。目前政府对洗车厂实施加价收费，正常收费为 3.75 元/t，超额部分加价 2 倍收费。预计 5 年后政府会强制淘汰此种洗车技术，试计算未来 5 年因政府对该洗车厂超限额水耗加价收费而增加的运营成本（假定其正常的投资报酬率为 10%，企业所得税税率为 25%）。

（1）计算因政府加价而增加的年超额运营成本：

$$洗车厂的年超额运营成本=3.75\times2\times10\,000=75\,000（元）$$

（2）计算年净超额运营成本：

$$年净超额运营成本=75\,000\times(1-25\%)=56\,250（元）$$

（3）计算未来 5 年的超额运营成本折现值：

$$\begin{aligned}洗车厂未来5年的超额运营成本折现值&=年净超额运营成本\times(P/A,10\%,5)\\&=56\,250\times3.7908\\&=213\,233（元）\end{aligned}$$

3. 市场竞争的加剧

【例 4-11】 某生产线的设计生产能力为年产某产品 2 000 万件。建成后由于市场发生不可逆转的变化，每年的生产量只有 800 万件，该生产线的重置成本为 300 万元，规模经济效益指数为 0.80。如不考虑实体性磨损，试计算该生产线的经济性贬值。

$$800万件生产线的重置成本=(800/2\,000)^{0.80}\times300=144（万元）$$

$$该生产线的经济性贬值=300-144=156（万元）$$

第三节　机器设备评估的市场法

一、适用范围

成本法是机器设备评估最常用的方法，但由于资产评估是为资产的交易提供作价依据的，因此，如果符合市场法的适用前提，市场法是一种更高效、更具有说服力的评估方法。根据市场法适用的前提条件，专用设备由于缺乏公开市场，或市场上缺乏可比的资产及其交易活动，因而不适合于市场法。通常可用于市场法评估的机器设备有汽车、飞机和计算机等通用性资产。

二、市场法评估机器设备的基本步骤

1. 根据评估目的选择合适的交易市场

根据确定的评估目的和适用的价值类型，在同一供需圈内，选择合适的交易市场，如旧设备交易市场、典当拍卖行和罚没处置市场等。

2. 了解被评估资产的具体情况

评估时应当明确被评估资产的详细信息，并鉴定被评估资产所处的状态，一般应了解设备类别、名称、规格型号、生产厂家、生产日期、设备性能、现实技术状况及有效寿命期。

3. 选择可比的参照物

在市场中选择参照物时，最重要的是其要具有可比性，要求其成交价具有代表性和合理性且数据可靠。市场法要求在选择参照物时，一般应当保证参照物与被资估资产功能在以下方面具有一致性：①设备的规格型号。②设备的生产厂家。③设备的制造质量。④设备的出售目的和出售方式。⑤设备交易时的市场状况。在条件允许的情况下，参照物最好能有多个，参照物和被评估资产越接近则越好。

4. 调整参照物价格并确定被评估资产的价值

将参照物与被评估资产进行类比，对参照物的实际成本价格进行评估得到被评估资产的价值。

三、运用市场法评估机器设备的具体方法

市场法评估机器设备包括两种思路：一种是直接比较法，一种是类比调整法。直接比较法适用于被评估资产与参照物之间只有一个差异或不存在差异的情况；如果被评估资产与参照物之间存在多个差异，则适合于类比调整法。

1. 直接比较法

当被评估资产与参照物的各方面情况完全相同或只存在一个差异时，则应当采用直接比较法。由于这种方法在第三章中已有详细的讲授，因此，本章只介绍相关的例题。

【例 4-12】 对某品牌汽车进行评估时，已知相同生产厂家生产的相同规格的汽车目前全新的市场销售价格为 12 万元（包括相关税费）。该汽车法定行驶里程数为 30 万 km，目前该汽车已行驶 6 万 km。假定不考虑汽车的无形损耗，试评估该汽车的价值。

由于目前该汽车在市场上有售，因此，可确定其更新重置成本为 12 万元，用使用年限法计算其相应的成新率，则实体性成新率 $=(30-6)/30\times100\%=80\%$。

所以该汽车的评估值 = 12 × 80% = 9.60（万元）

【例 4-13】 某汽车急于出售，与该汽车磨损程度相同的同规格汽车在公开市场上销售价格为 8 万元，该地区快速变现的价格折扣率为 10%。试评估该汽车的快速变现价值。

该汽车的快速变现价值 = 8 × (1 − 10%) = 7.20（万元）

【例 4-14】 目前某品牌通用设备已不再生产，与该通用设备功能、型号完全相同的二手设备的市场售价为 18 万元。经资产评估师分析，认为该设备价格公允，并且该设备与参照物设备唯一的区别在于两者的使用程度不同。专家估测被评估设备的综合成新率为 56%，参照物设备的综合成新率为 70%，其他方面情况完全相同。试评估该通用设备的价值。

被评估设备的价值 = 18 × (56%/70%) = 14.40(万元)

直接比较法并不局限于以上的情况，资产评估师应根据具体情况进行比较评估。

2. 类比调整法

在第三章的评估方法中，介绍了三种类比调整法，分别是市场售价类比法、成本市价法和市盈率乘数法。由于市盈率乘数法只适合于企业价值的评估，因此，机器设备评估的类比调整法只包括市场售价类比法和成本市价法。

【例 4-15】 某通用性资产由甲厂生产。评估时甲厂已倒闭，评估基准日由乙厂生产的同规格资产的全新售价为 50 万元。经分析调查，资产评估师认为甲厂的生产成本是乙厂的 90% 左右。专家估测被评估资产的综合成新率为 67%，试评估该通用性资产的价值。

由于该类资产的市场售价与其生产成本之间存在正比例变动，因此，运用成本市价法，评估确定甲厂生产的设备在评估基准日的全新售价 = 50 × 90% = 45(万元)。

被评估资产的价值 = 45 × 67% = 30（万元）

【例 4-16】 评估某二手挖掘机的市场价值。已知该挖掘机目前有公开的交易市场，且公开市场上能找到可比的资产及其交易活动。资产评估师经过市场调查，收集到 4 个可比交易案例，具体情况如表 4-11 所示。假定甲地区挖掘机的售价自 2008 年 1 月以来平均每月上涨 1%，乙地区挖掘机的市场售价通常比甲地区偏低 5%（假定运杂费的差异已考虑在内），若行业投资收益率为 10%，试用市场法评估该二手挖掘机于 2009 年 4 月的公开市场价值。

表 4-11 参照物与被评估挖掘机情况对比表

案例编号	成交价格/元	成交日期	交易情况	成交地点	尚可使用年限
A	232 000	2008 年 4 月	+1%	甲	4 年
B	213 000	2008 年 6 月	+3%	乙	5 年

（续）

案例编号	成交价格/元	成交日期	交易情况	成交地点	尚可使用年限
C	238 000	2008 年 8 月	-2%	甲	4 年
D	233 000	2009 年 2 月	0	甲	5 年
被评估资产		2009 年 4 月		甲	5 年

（1）先计算年限修正系数。由于被评估资产尚可使用 5 年，而参照物 A、C 只能继续使用 4 年，从收益获取的角度来看资产的价值，假定挖掘机每年获取相等的收益，假定获利年限为 4 年的资产与 5 年的资产的价值比率为 K，则

$$K=\frac{(P/A,\ 10\%,\ 4)}{(P/A,\ 10\%,\ 5)}=\frac{1.4641}{1.6105}=0.9091$$

（2）对各交易案例进行交易时间、交易情况、交易地点和尚可使用年限的修正。

$$\text{交易案例 A 经调整后的价值}=232\ 000\times\frac{112}{100}\times\frac{100}{101}\times\frac{100}{100}\times 0.9091$$

$$=233\ 882\text{（元）}$$

$$\text{交易案例 B 经调整后的价值}=213\ 000\times\frac{110}{100}\times\frac{100}{103}\times\frac{100}{95}\times 1$$

$$=239\ 448\text{（元）}$$

$$\text{交易案例 C 经调整后的价值}=238\ 000\times\frac{108}{100}\times\frac{100}{98}\times\frac{100}{100}\times 0.9091$$

$$=238\ 444\text{（元）}$$

$$\text{交易案例 D 经调整后的价值}=233\ 000\times\frac{102}{100}\times\frac{100}{100}\times\frac{100}{100}\times 1$$

$$=237\ 660\text{（元）}$$

（3）分析确定评估结果。经分析，4 个交易案例的调整结果没有产生太大的偏离，因此，可用加权平均法确定被评估挖掘机的公开市场交易价值。

$$\text{被评估挖掘机的公开市场评估值}=(233\ 882+239\ 448+238\ 444+237\ 660)/4$$

$$=237\ 359\text{（元）}$$

第四节　机器设备评估的收益法

一、收益法评估机器设备的适用范围

运用收益法评估资产的价值，其前提是该资产应具备独立的生产能力和获利能力。就单项机器设备而言，大部分不具有独立的获利能力，因此，单项设备评

估通常不采用收益法评估。对于自成体系的成套设备、生产线以及可以单独作业的车辆等设备，特别是租赁的设备则可以采用收益法评估。下面介绍收益法在评估机器设备中的简单应用。

二、收益法评估机器设备的具体运用

收益法评估的原理在第三章中已作详细的讲述，本章只介绍相关的例题。

【例 4-17】 试用收益法估测某租赁设备 2009 年 5 月的价值。资产评估资由租赁市场了解到被评估资产的年租金信息如表 4-12 所示。

表 4-12 租赁设备的租金和收益率情况调查表

参照物	日期	年净租金收入/元
A	2009 年 5 月	50 000
B	2009 年 5 月	50 000
C	2008 年 5 月	47 200

三个参照物和被评估资产是相同的，前两个是与被评估资产同期租赁的，第三个是前一年同期的，由于租价年上涨 6%，第三个数据应调至 47 200 ×（1 + 6%）=50 032（元/年），因此预期年收益为 50 000 元/年是合理的。根据该机器设备的当前状况，估测该设备的尚可使用年限为 6 年，6 年后残值为零，经调查被评估资产客观投资收益率为 15%，则计算结果如下：

该租赁设备的评估值 = 50 000 ×（P/A，15%，6）

= 50 000 × 3.7845

= 189 225（元）

复习思考题

一、思考题

1. 为什么要对被评估机器设备进行分类？如何对机器设备进行分类？
2. 简述成本法、市场法、收益法在机器设备评估中的适用范围。
3. 单台（件）设备与机组在重置成本构成方面有哪些差别？
4. 简述超额运营成本比较法测定功能性贬值的步骤。
5. 构成机器设备重置成本的直接费用主要包括哪些？
6. 进口设备的到岸价与离岸价之间的差别有哪些？
7. 简述修复费用法的基本思路。
8. 影响或造成机器设备功能性贬值的因素有哪些？
9. 简述外购设备的重置成本构成。

二、单项选择题

1. 机器设备的净价通常是指设备的(　　)。

A. 购买价＋运杂费
B. 建造价＋安装
C. 购买价＋运杂费＋安装费
D. 购买价或建造价

2. 机器设备评估中的直接法是确定设备的(　　)最直接的方法。

A. 更新重置成本
B. 可修复部分实体贬值
C. 净价
D. 设备复原重置成本

3. 物价指数法只能用于确定设备的(　　)。

A. 复原重置成本
B. 更新重置成本
C. 实体性贬值
D. 功能性贬值

4. 进口设备的到岸价格是指(　　)。

A. 设备的离岸价＋进口关税
B. 设备的离岸价＋海外运杂费＋进口关税
C. 设备的离岸价＋海外运杂费＋境外保险费
D. 设备的离岸价＋境外保险费

5. 采用价格指数调整法评估进口设备所适用的价格指数是(　　)。

A. 设备进口国零售商品价格指数
B. 设备出口国生产资料价格指数
C. 设备出口国综合价格指数
D. 设备出口国零售商品价格指数

6. 机器设备的经济寿命是指(　　)。

A. 机器设备从使用到报废为止的时间
B. 机器设备从使用到运营成本过高而被淘汰的时间
C. 从评估基准日到设备继续使用在经济上不合算的时间
D. 机器设备从使用到出现了新的技术性能更好的设备而被淘汰的时间

7. 鉴定机器设备的实际已使用年限，不需考虑的因素是(　　)。

A. 技术进步因素
B. 设备使用的日历天数
C. 设备使用强度
D. 设备的维修保养水平

8. 运用修复费用法估测成新率适用于(　　)。

A. 所有机器设备
B. 具有特殊结构及可补偿性有形损耗的设备
C. 具有特殊结构，及在技术上可修复的有形损耗的设备
D. 具有特殊结构及不可补偿有形损耗的设备

9. 设备的加权投资年限是(　　)。

A. 设备已使用年限×重置成本
B. 设备全新重置成本合计
C. 设备加权投资成本合计
D. 设备加权投资成本合计÷设备全新重置成本合计

10. 需安装的设备，且安装调试周期很长，其重置成本不仅需考虑正常费用，且需考虑(　　)。

A. 调试费用　　B. 安装费用　　C. 资金成本　　D. 运输费用

11. 运用使用年限法估测设备的实体有形损耗率，是假设设备在整个寿命期间，其有形损耗是随时间呈(　　)关系变化的。

A. 指数　　B. 代数　　C. 线性　　D. 递减

12. 设备的技术寿命与(　　)有关。

A. 使用强度　　B. 使用时间　　C. 技术更新速度　　D. 维修保养水平

13. 运用物价指数法评估机器设备的重置成本时仅仅考虑了(　　)。

A. 技术因素　　B. 功能因素　　C. 地域因素　　D. 时间因素

14. 设备的有形损耗率等于(　　)。

A. 1－实体性成新率　　B. 1÷实体性成新率

C. 实体性成新率－1　　D. 1＋实体性成新率

15. 当设备出现(　　)时，评估时需要考虑其经济性贬值。

A. 废品率上升　　B. 竞争加剧

C. 使用效益下降　　D. 技术水平相对落后

16. 对经过技术改造的设备进行评估时，应根据技术改造的程度适当(　　)。

A. 增加其实际已使用年限　　B. 减少其实际已使用年限

C. 增加其名义已使用年限　　D. 减少其名义已使用年限

17. 市场询价法是估测(　　)重置成本最直接的方法。

A. 进口设备　　B. 不需要安装国产设备

C. 国产设备　　D. 需要安装国产设备

18. 某机器设备存在易损部分，评估时该部分已完全损坏，且不具有修理价值。该部分一旦损坏，通常进行修复。评估时该设备已使用 5 年，尚可使用 5 年，则评估时可修复部分的实体性贬值率为(　　)。

A. 0　　B. 50%　　C. 100%　　D. 不能确定

三、多项选择题

1. 在设备评估中，重置核算法经常适用于(　　)设备重置成本的估算。

A. 通用　　B. 进口　　C. 非标准

D. 自制　　E. 租赁

2. 对于机器设备，估测其重置成本时常用的直接方法有(　　)。

A. 类比估价法　　B. 点面推算法　　C. 物价指数法　　D. 重置核算法

3. 进口设备的重置成本包括(　　)。

A. 设备购置价格　　B. 设备运杂费　　C. 设备进口关税

D. 银行手续费　　E. 设备安装调试费

4. 设备成新率的估测通常采用(　　)进行。

A. 使用年限法　　B. 修复费用法　　C. 功能价值法

D. 观察法　　E. 统计分析法

5. 进口设备的重置成本除包括到岸价外，还包括(　　)。

A. 银行手续费　　B. 进口关税　　C. 境外运杂费

D. 境外途中保险费　E. 安装调试费

6. 安装周期很短的通用设备，其重置成本一般包括(　　)。

A. 设备购置费　B. 运输费用　C. 利息费用　D. 安装费用

7. 价格指数法可用于(　　)设备重置成本的估测。

A. 无参照物的　B. 无现行购置价的

C. 无财务核算资料的　D. 无账面原值

8. 设备的功能性贬值通常要表现为(　　)。

A. 超额投资成本　B. 超额重置成本　C. 超额运营成本　D. 超额更新成本

9. 收益法一般适合于(　　)的价值评估。

A. 单台设备　B. 成套设备　C. 通用设备　D. 生产线

10. 某三室清洗机为非标准自制设备，其主材为钢材，评估时点钢材的单价为 3 500 元/t (不含税)，根据设计图样，该设备钢材的净消耗量为 18t，主要外购件的现时成本为50 000元(不含税)，以下关于重置成本的计算正确的有(　　)。

A. 234 729 元　B. 320 134 元　C. 302 074 元　D. 214 000 元

11. 以下属于按照会计制度规定进行的机器设备分类的有(　　)。

A. 生产用机器设备　B. 生产线

C. 租出机器设备　D. 融资租入机器设备

四、判断题

1. 设备的重置成本的价值构成是 $C+V$。(　　)

2. 利息费用是机器设备评估中确定设备重置成本时必须考虑的因素。(　　)

3. 已提完折旧的设备的成新率为 0。(　　)

4. 大型设备基础必须单独作为构建物评估。(　　)

5. 对经过技术改造的设备的评估，应根据技术改造的程度适当减少其实际已使用年限。(　　)

五、评估题

1. 西藏 A 机械企业的热处理车间设备本体的国内购置价格为 80 万元人民币。已知该企业距离最近的车站 120km，货物购进采取陆运方式，设备从购进到达到使用状态总计需要 1 年的时间。假定资金使用成本率为年利率 8%，设备的购置价 80 万元资金为初始一次性投入，运杂费、安装费和设备基础费为均匀投入，试评估该热处理车间的重置成本。

2. 被评估生产线年设计生产能力为 3 000t，评估时，由于受到政策调整因素影响，产品销售市场不景气：①如不降价销售产品，企业必须减产至年产 2 100t。②降价 100 元以保持设备设计生产能力的正常发挥。假定该企业的所得税税率为 25%，政策调整预计会持续 3 年，该企业正常投资报酬率为 10%，生产线的规模指数 x 为 0.60。试根据所给条件估测出该生产线的经济性贬值率和经济性贬值额。

3. 被评估机组为 3 年前购置，账面价值为 20 万元人民币。评估时该机组已不再生产了，并已经被新型机组所取代。经调查和咨询了解到，在评估时点，其他企业购置新型机组的取得价格为 30 万元人民币。专家认定被评估机组尚可使用 7 年，预计每年超额运营成本为 1 万元，假定企业的所得税税率为 25%，其他费用可以忽略不计，试根据所给条件估测出该机组的续用价值。

4. 被评估设备购建于2005年，账面价值80 000元。2008年和2011年进行两次技术改造，主要是添置了一些自动化控制装置，投资额分别为8 000元和5 000元。2015年对设备进行评估。假设从2005～2015年每年的价格上升率为10%，该设备的尚可使用年限为8年，试根据所给条件估测被评估设备的实体性成新率。

5. 吉林省某建设单位进口装配流水线，该单位距离最近的港口70km，装配流水线的离岸价为120万美元，国外运杂费为离岸价格的5%，国外运输保险费率为离岸价格与国外运杂费之和的0.40%，关税税率为16%，增值税税率为17%，银行手续费率为0.40%，公司代理费率为1%，评估基准日美元与人民币的兑换比率为1美元=6.80元人民币，设备的到岸价、关税、增值税、银行手续费、外贸代理费等为一次性投入，投入时间为1年。国内运输采用陆运方式，国内运杂费、设备安装费和设备基础费为均匀投入，资金使用成本为年利率8%。又知流水线安装时需修建0.80m的地沟，试根据以上条件用成本法评估该进口流水线的重置成本。

6. 评估某二手装载机的市场价值。已知目前该装载机有公开的交易市场，且公开市场上能找到可比的资产及其交易活动。资产评估师经过市场调查，收集到4个可比交易案例，具体情况如表4-13所示，假定甲地区装载机的售价自2009年1月以来平均每月上涨1%，若行业投资收益率为10%，试用市场法评估该二手装载机2010年6月的公开市场价值。

表4-13 参照物与被评估装载机情况对比表

案例编号	成交价格/元	成交日期	交易情况	运营成本	尚可使用年限
A	132 000	2009年6月	+1%	+2%	4年
B	113 000	2009年10月	+3%	0	5年
C	138 000	2009年12月	-2%	+3%	4年
D	133 000	2010年4月	0	+1%	5年
被评估资产		2010年6月			5年

复习思考题答案

一、略

二、单项选择题

1. D　2. C　3. A　4. C　5. B　6. B　7. A　8. B　9. D
10. C　11. C　12. C　13. D　14. A　15. B　16. B　17. B　18. C

三、多项选择题

1. C，D　2. A，C，D　3. A，B，C，D，E　4. A，B，D
5. A，B，E　6. A，B，D　7. A，B　8. A，C
9. B，D　10. B，C　11. A，C，D

四、判断题

1. ×　2. ×　3. ×　4. ×　5. ✓

五、略

第五章　房地产评估

学习目标

掌握房地产评估的成本法、市场法、收益法、假设开发法、基准地价修正系数法及如何对在建工程进行评估。

案例引导

小张想买一套住房。在考察了房屋的位置、环境和价位后，他初选了三套。第一套位于市中心，属于高价位；第二套位于市区一般地段，价格适中；第三套位于较偏远的市郊，价位非常便宜，并听说在城市规划中明年该地段将修轻轨，建公园和学校。另外，这些不同地段的环境也有很大的区别。小张想知道如何进行置业决策；如果选定了地点，是一次性付款，还是办理贷款？

第一节　房地产评估概述

一、土地的特性

房产是建设在土地上的建筑物，因此，房地产评估与土地的稀缺性有着必然的联系。正确地认识土地及土地的价值，是进行房地产评估的必要前提。

（一）关于土地的几个概念

1. 土地的概念

土地一般是指地球表层的陆地部分，包括内陆水域和滩涂。广义地看，土地是指陆地及其空间的全部环境因素，是由土壤、气候、地貌、地质、生物和水文地质等因素构成的自然综合体。土地具有两重性，不仅是资源，还是资产。尤其城市土地，它是由人类开发和再开发形成的。土地的供给可以分为土地的自然供给和经济供给两个方面。

2. 土地的自然供给

地球提供给人类可利用的土地数量，叫做土地的自然供给。它反映了土地可供人类利用的天然特性，其数量包括已利用的土地和未来可供利用的土地，即后备土地资源。土地的自然供给是相对稳定的，几乎不受任何人为因素或社会经济因素的影响，因此，它基本上是无弹性的。

3. 土地的经济供给

所谓土地的经济供给，是指在土地自然供给的范围内，对土地进行了开发、规划和整治，以满足人类不同需求的土地供给。因此可以说，土地的经济供给是通过人类开发利用而形成的土地供给，因而土地经济供给的数量会受人类社会活动的影响。如开发新土地，调整用地结构，提高土地集约率等活动都影响土地的经济供给数量。由此可见，土地的经济供给是有弹性的。

土地经济供给的变化可以是直接变化或间接变化。直接变化是指土地的经济供给的绝对土地面积的变化或某种用途土地数量绝对面积的变化。如将农业用地征用为城市建设用地，则城市建设用地的数量会绝对地增加，但同时，农业用地的数量也会绝对地减少。间接变化是指单位土地面积上集约率的变化，主要反映土地的利用程度。如在城市建设中，容积率往往越来越大，其原因就是随着城市人口的增加，城市土地更为稀缺，为了满足更多人居住等的需要，政府就会不断提高容积率。

4. 不动产

土地及其定着物通称不动产。定着物是指附着于土地，在与土地不可分离的状态下才能使用的物体，如建筑物、构筑物等。定着物与土地分离要花费相当大的劳动和费用，因而会使地价发生变更。地产和房产均属不动产。

（二）土地的特性

1. 土地的自然特性

正确地认识土地的自然特性，有助于对土地价值的认识和评估。一般来说，土地的自然特性包括以下几个方面：

（1）土地位置的固定性。土地是地球的组成部分，具有位置的固定性。地产交易不是土地实体本身的空间移动，而是土地产权的转移。如北京人在海南购置了商品房并仍然在北京居住，则其事实上购买的是海南房地产的产权，其海南的房地产要实现居住功能，则要么此人将房地产出租给居住在海南的人使用，要么此人到海南居住。

（2）土地质量的差异性。土地的位置不同，造成了土地之间存在自然差异，这种自然差异在城市建设用地上的表现是不同地段土地的价值不同。

（3）土地的不可再生性。“我们只有一个地球”，土地是自然的产物，是不可再生的资源。如果土地资源未经合理、科学地利用，则可能出现荒漠化等情况，从而不能被持续利用。

（4）土地效用的永续性。从理论意义上来说，土地的效用是永续的。但事实上，土地又是不可再生的，因此，土地效用的永续性是以土地得以合理使用为前提的，只要土地使用得当，土地的效用（使用价值）会一直延续下去。

2. 土地的经济特性

（1）土地供给的稀缺性。所谓土地供给的稀缺性，主要是指某一地区的某种用途的土地供不应求，形成稀缺的经济资源，造成供求上的矛盾。土地经济供给的稀缺性，客观上要求人们集约用地。

（2）土地供求的区域性。所谓土地供求的区域性，主要是指某一地区某种用途的土地供给和需求之间呈现区域性的特点，一个地区某种用途土地的供过于求不能改变另一个地区土地供不应求的局面。

（3）土地的可垄断性。土地的所有权和使用权都可以垄断。由于土地具有可垄断性，因此，土地所有权或使用权在让渡时，就必然要求在经济上有所体现。

（4）土地利用的多方向性。一块土地的用途是多种的，可以作为农田，也可以建住宅或建写字楼，或者建造商场。土地利用的多方向性客观上要求在地产估价中确定土地的最佳用途。

（5）土地效益的级差性。由于土地质量的差异性而使不同土地的生产力不同，从而在经济效益上具有级差性。

二、土地使用权

1. 土地使用权的含义

我国对于城市土地和农村土地采取了不同的管理方法。城市土地的所有权一律属于国家，国有土地所有权不能进入房地产市场流转，城市土地的使用权可以依法出让和转让。农村和城市郊区耕地的所有权，除由法律规定属于国家的以外，所有权属于农村集体经济组织。宅基地和自留地、自留山属于农民集体所有。在符合城市规划的前提下，村庄、集镇、建制镇中的农民集体所有的建设用地使用权可以依法转让。

2. 土地使用权出让

土地使用权出让是指国家以土地所有者的身份将土地使用权在一定年限内让与土地使用者，并由土地使用者向国家支付土地使用权出让金的行为。土地使用权价格可因土地使用年限的长短区分为各种年期的使用权价格，其出让的最高年限由国务院确定。土地使用权出让可以采取协议、招标、拍卖和挂牌等方式。土地使用权出让最高年限按下列用途确定：

（1）居住用地为70年。

（2）工业用地为50年。

（3）教育、科技、文化、卫生、体育用地为50年。

（4）商业、旅游、娱乐用地为40年。

（5）综合或者其他用地为50年。

3. 土地使用权转让

土地使用权转让是指土地使用者在土地使用权出让合同规定的期限和条件下将土地使用权再转移的行为，包括出售、交换和赠与。土地使用权转让时，土地使用权出让合同和登记文件中所载明的权利、义务随之转移。

由于土地和建筑物不可分离的特点，土地使用权在转让时，其地上建筑物、其他附着物的所有权随之转让。土地使用者通过转让方式取得的土地使用权，其使用年限为土地使用权出让合同中规定的使用年限减去原土地使用者已使用年限后的剩余年限。地上建筑物、其他附着物的所有人或者共有人，享有该建筑物、附着物使用范围内的土地使用权。

土地使用者转让地上建筑物、其他附着物所有权时，其使用范围内的土地使用权随之转让，但地上建筑物、其他附着物作为动产转让的除外。土地使用权和地上建筑物、其他附着物的所有权转让，应当依照规定办理过户登记。

4. 土地使用权出租

土地使用权出租是指土地使用者作为出租人将土地使用权随同地上建筑物、其他附着物租赁给承租人使用，由承租人向出租人支付租金的行为。未按土地使用权出让合同规定的期限和条件投资开发、利用土地的，土地使用权不得出租。

5. 土地使用权抵押

土地使用权在抵押时，抵押人与抵押权人应当签订抵押合同。抵押合同不得违背国家法律、法规和土地使用权出让合同的规定。土地使用权在抵押时，其地上建筑物、其他附着物随之抵押；地上建筑物、其他附着物在抵押时，其使用范围内的土地使用权随之抵押。

土地使用权和地上建筑物、其他附着物在抵押时应当依照规定办理抵押登记。抵押人到期未能履行债务或者在抵押合同期间宣告解散、破产的，抵押权人有权依照国家法律、法规和抵押合同的规定处分抵押财产。因处分抵押财产而取得的土地使用权和地上建筑物、其他附着物所有权的，应当依照规定办理过户登记。

6. 土地使用权的续期

土地使用权出让合同约定的期限届满前，因公共利益需要收回该幅土地，则土地使用者应服从相应的规划。政府应当依法对该幅土地上的房屋及其他不动产给予法定的补偿，并退还相应的出让金。

土地使用权出让合同约定的使用年限届满后，住宅建设用地可以自动续期（不同于免费续期）；非住宅建设用地使用者需要继续使用土地，应当最迟于届满前 1 年申请续期，政府部门除根据社会公共利益需要收回该幅土地的，应予以批准。经批准准予续期的，应当重新签订土地使用权出让合同，依照规定支付土地使用权出让金。

土地使用权出让合同约定的使用年限届满后，土地使用者未申请续期或者虽申请续期但依照法律规定未获批准的，土地使用权由国家无偿收回。

三、房地产的特性

每一类资产的评估都有其特殊性，这种特殊性与该类资产自身的特性相联系。房地产的特殊性表现在以下几个方面：

1. 房地产位置的固定性

房地产亦称不动产。由于土地不可位移，固着于土地上的建筑物也不可移动。房地产的位置固定性，导致房地产带有明显的区域性特点和个别性特征。这种区域性特点和个别性特征是影响房地产价值的重要因素。

2. 房地产供求的区域性

由于土地位置的固定性，房地产还具有区域性的特点。一个地区的房地产供给过剩不能解决另一个地区的房地产供给不足。

3. 房地产使用的长期性

从某种意义上讲，土地的利用具有永续性。建筑物一经建造完成，其寿命也是相当长的。房地产使用的长期性决定了其用途、功能可以随着社会的进步不断地加以改善、调整，以达到最佳利用的状态。值得注意的是，国家土地使用制度规定，公司、企业、其他组织和个人通过政府出让方式取得的土地使用权是有限期的。国家规定的土地使用权出让最高年限按不同用途予以规定：居住用地为70年，工业用地为50年，商业、旅游、娱乐用地为40年等。土地使用权的有限年期对房地产自然的使用长期性是一种限制。土地使用权的剩余使用年限是影响房地产价值的一个重要因素。

4. 房地产投资的大量性

不论是房地产中的土地还是建筑物，其投资的数额都是可观的。无论是国家投资者、企业投资者还是个人投资者，投资房地产都需要较大数额的资金。房地产投资大量性的特点不仅说明房地产投资应事先做好可行性研究，要有的放矢、有效地进行投资，另一方面说明房地产变现也不是一件轻而易举的事情。房地产不易变现是其一大风险。

5. 房地产具有保值增值趋势

在社会经济发展正常的情况下，随着人口及社会生产力的发展，社会对土地的需求与日俱增。由于土地资源特别是城市土地面积的有限性，从长远的观点来看，土地供给一般会滞后于土地需求而出现房地产价格上升趋势。如果出现通货膨胀现象，房地产的保值性则会更为明显。房地产的保值增值是一种趋势，但并非每一时点房地产价值都会上涨，在评估时需要结合每宗房地产的具体情况来理解其保值增值趋势。

6. 房地产投资具有风险性

房地产具有保值增值的特点，但同时也具有投资风险性。一般来说，房地产的投资风险来自于以下三个方面：

（1）房地产无法移动，建筑后又不易改变用途，如果市场销售不对路，容易造成长期的空置、积压。20世纪90年代我国海南省大量的房地产出现空置、积压，其中最重要的原因就是当地房屋消费市场有限，而国内经济尚未发展到异地置业的阶段，从而出现了市场销售不对路的情况，甚至留下了大量的烂尾楼。

（2）房地产的生产周期较长，从取得土地到房地产建成销售，通常需较长的时间，在此期间影响房地产发展和销售的各种因素都可能出现，从而影响房地产的投资效果。

（3）自然灾害、战争、社会动荡等，都会对房地产投资产生无法预见的影响。近几年我国和世界上其他地区出现的地震，对房地产造成了毁灭性的破坏，充分体现了房地产投资的风险性。

7. 房地产的难以变现性

房地产属于非流动资产，其变现困难。如果急于变现，势必导致降价出售。投资者在进行房地产投资时应充分考虑这一特点。

8. 房地产的政策限制性

房地产的价值受政策影响较大。如2009年12月31日，《国务院关于推进海南国际旅游岛建设发展的若干意见》（国发［2009］44号文件），使海南省的房价大幅上涨。

四、房地产评估的原则

房地产评估是指专业评估人员为特定目的对房地产的特定权益在某一特定时点上的价值进行估计。由于土地具有位置固定性、供求稀缺性、个别性等特性，房地产市场是一个不完全竞争的市场。房地产价格通常依交易要求个别形成，受到许多个别因素影响，因此资产评估师在评估时，往往是在个人经验基础上对市场作出判断，是科学方法和经验判断的结合。但资产评估师在进行评估活动时，必须受到行业行为准则的约束，在一定的评估原则下开展评估活动。在进行土地使用权评估时，需要遵循独立性、客观公正性和科学性等工作原则，遵循供求原则、替代原则、贡献原则、预期收益原则、评估时点原则等经济原则，应特别需要注意遵循合法原则和最有效使用原则等。

1. 合法原则

合法原则是指房地产评估应以评估对象的合法使用和合法处置为前提。资产评估的合法性原则是由资产评估的一般目的决定的。资产评估的一般目的是评估资产的公允价值，如果不是合法用途，即使能带来现时的收益，这种收益也被法律不容，被社会不容，则这种收益就不是一种公允的收益，不应当成为评估的对象。

如有人建造房地产以经营毒品，由于经营毒品不是其合法用途，因而不能对其收益进行评估。又如，某住宅小区一楼的住宅规划用途为“居住”，评估其价值时，必须以居住用房作为其用途，不能按“工业”或“商业”用途进行评估，等等。

2. 最有效使用原则

房地产一般有商业、工业和住宅等多种用途。但同一房地产使用价值的不同，会导致其交换价值也不同。房地产权利人为了获得最大收益总是希望房地产达到最有效使用。但是房地产的最有效使用必须在法律、法规允许的范围内，必须受城市规划的制约。评估房地产价值时，要结合预期收益原则考虑在何种情况下房地产才能达到最有效使用，以最有效使用所能带来的收益评估房地产的价值。

在确定房地产是否为最有效使用时，一般应进行以下的职业判断：①判断待估房地产的最有效用途。②判断待估房地产目前的使用方向是否为最有效使用。③如果待估房地产目前不是最有效使用，资产评估师应判断其是否有转换为最有效使用的可能（合法性的判断）。④判断最有效使用带来的预期收益及期限。

第二节　房地产价格及其影响因素

一、房地产价格的分类

1. 按照评估目的不同划分

不同的评估目的，其所评估的价值内涵也不完全相同。通常房地产评估的目的有：土地使用权出让评估，房地产转让价值评估，房地产租赁价值评估，房地产抵押评估，房地产保险评估，房地产课税评估，征地和拆迁补偿评估等。根据评估目的，确定价值类型。

2. 按房地产的实物形态划分

按房地产的实物形态划分，房地产价值可分为土地价值、建筑物价值和房地产价值。

土地价格简称地价，是指土地的价值。建筑物价值是指纯建筑物部分的价值，不包含其占用的土地的价值。房地产价值是指建筑物连同其占用的土地的价值。人们在习惯上又将房地产价值称为房地产价格。

二、关于地价的几个重要概念

（一）基准地价

1. 基准地价的含义

基准地价是指按照城市土地级别或均质地域分别评估的商业、住宅、工业等各类用地和综合土地级别的土地使用权的平均价格。基准地价评估以城市为单位进行。图 5-1 是某城市按照用途评估的基准地价成果图，图 5-2 是某城市按照土地级别评估的基准地价成果图。基准地价由政府公布。

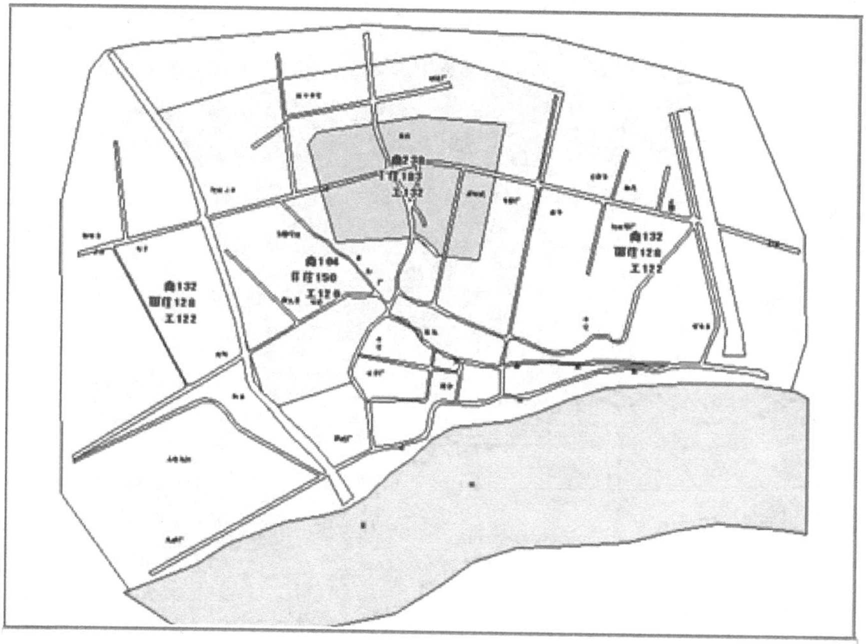

图 5-1 某城市按照用途评估的基准地价成果图

2. 基准地价的特点

（1）基准地价是区域性价格。这个区域可以是级别区域，也可以是区段或路段，因而基准地价的表现形式通常为区片价和路段价，或者两者结合起来共同反映某种用途的土地使用权价格。

（2）基准地价是土地使用权价格。

（3）因为基准地价是区域性价格，因而必定是平均价格。

（4）基准地价一般要覆盖整个城市建成区。

（5）基准地价是单位土地面积的地价。

（6）基准地价具有现实性，是评估出的一定时期内的价格。一般应每年或每 2 ~3 年对城市土地价格进行全面或局部调整，更新成果。目前国内很多城市每半年更新一次成果。

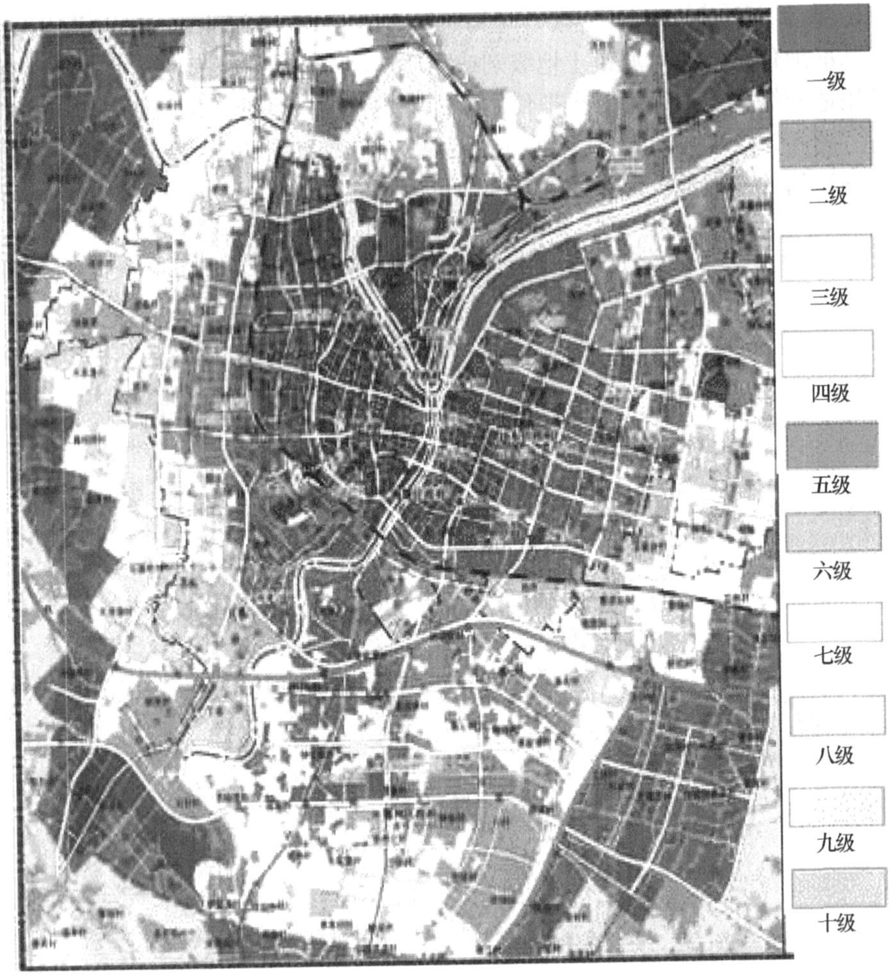

图 5-2　某城市按照土地级别评估的基准地价成果图

3. 基准地价的作用

基准地价的作用：①基准地价具有政府公告作用。②作为宏观调控地价水平的依据。③作为国家征收城镇土地税收的依据。④作为政府参与土地有偿使用收益分配的依据。⑤作为进一步评估宗地地价的基础。⑥引导土地资源在行业部门间的合理配置。

（二）标定地价

1. 标定地价的含义

标定地价是指市、县政府根据需要评估的正常地产市场中，具体宗地在一定使用年限内的价格。标定地价可以以基准地价为依据，根据土地使用年限、地块大小、土地形状、容积率、微观区位等条件，通过系数修正进行评估得到，也可以按市场交易资料，直接进行评估得到。

2. 标定地价的特点

（1）标定地价是政府公告的具体地块的地价，是具有独立权属单位的宗地地价。

（2）标定地价一般都具有评估基准日，随时间的变化而变化。在一般情况下，标定地价不进行大面积的评估，只有在土地使用权出让、转让、抵押、出租等市场交易活动时或进行企业资产重组时才进行评估。

（3）标定地价是确定土地使用权出让底价的参考依据。

（4）标定地价是政府管理地产市场的参考依据之一，可以有效地反映瞒价和偷漏税现象。

3. 标定地价的作用

（1）标定地价是确定土地使用权出让价格优惠程度的依据。政府在确定土地使用权出让优惠时，可以以标定地价为依据，以防止国有土地资产流失。

（2）标定地价是企业清产核资的依据。土地作为企业的重要生产要素，过去一直没有将其价值计入账面价值。企业在清产核资中，对土地使用权计价时以标定地价为依据较为准确。

（3）标定地价是政府行使优先购买权的衡量标准。在土地使用权交易中，如果地价过低，政府有优先购买权。衡量交易价是否合理，一般以标定地价为标准。

（4）标定地价是核定土地增值税的依据之一。土地增值税可以以标定地价作为计税依据。

（5）划拨土地使用权转移时，标定地价是补交土地出让金的标准。

（三）交易底价

交易底价包括土地使用权出让底价、转让底价和抵押底价等。土地使用权出让底价是指政府根据正常地产市场状况下地块应达到的地价水平，确定某一地块出让时的最低控制价格标准。在我国，地产一级市场由政府垄断，因而，土地使用权出让价格对整个地产市场价格水平的影响是非常重要的。土地使用权出让底价一般依据基准地价或标定地价，并考虑地产市场的发展状况而定。转让底价是在土地使用权转让时，成交前的谈判底价。抵押底价是以不动产作为抵押物时地产的协商价格。

（四）市场交易价

市场交易价是指地产在市场交易中实际成交的价格。在正常的市场条件下，买卖双方均能迅速获得交易信息，买方能自由地在市场上选择其需要，卖方亦能自由地出售房地产，买卖双方均以自身利益为前提，在彼此自愿的条件下，以某一价格完成房地产交易。由于交易的具体环境不同，市场交易价格经常处在不断变化之中。租赁价格和转让价格等属于市场交易价格。

（五）课税价格

课税价格是指政府为征收有关土地税收，如土地增值税、城镇土地使用税等作为地产课税基础的价格。课税价格的确定与课税政策密切相关。

（六）楼面地价

楼面地价，又称单位面积地价，是指平均到每单位建筑面积上的土地价格。

$$楼面地价 = 土地总价格/建筑总面积 \tag{5-1}$$

因为：

$$容积率 = 建筑总面积/土地总面积 \tag{5-2}$$

所以：

$$楼面地价 = 土地单价/容积率 \tag{5-3}$$

楼面地价是构成房地产的必要成本项目，在容积率确定的前提下，土地单价的提高会引起房地产价格的上涨。

（七）公告地价

公告地价是指政府定期公布的土地价格。在有些国家和地区，一般把公告地价作为征收土地增值税和征收土地进行补偿的依据。

三、房地产价值的特征

1. 房地产价值是权益价值

房地产的权益主要有所有权、使用权、抵押权和租赁权等，因此，发生经济行为的房地产转移方式不同，形成的房地产权益不同，其权益价格也不相同，评估时必须对此仔细考虑。

2. 房地产价值与用途相关

一般商品的价格由其生产成本、供给和需求等因素决定，其价格一般并不因使用状况的不同而产生差别。但是，同样一宗房地产，在不同的用途下，产生的收益是不一样的。特别是土地，在不同的规划下，其使用价值是不一样的，因此，其价值也是不一样的。土地的价值与其用途相关性极大。

3. 房地产价值具有个别性

影响房地产价值的因素有很多，在现实中，往往没有两宗房地产的价格会是完全一致的。正因为如此，房地产的交易也不会出现批量成交，一般是个别成交。

4. 房地产价值具有可比性

尽管房地产价值具有个别性，但并不是说不同房地产的价值不可以比较。掌握影响房地产价值的各种因素，可以将不同环境、不同成交条件下的房地产价格进行对比，从而可以用市场比较法进行房地产价值的评估。

四、影响房地产价格的因素

（一）影响房地产价格的普遍因素

影响房地产价格的普遍因素又称为一般因素，是指影响房地产水平的共性因素。这些因素通常会对较广泛地区范围内的各宗房地产产生全局性的影响，具体包括社会因素、经济因素、行政因素和心理因素等。

1. 社会因素

（1）人口因素。房地产的需求主体是人，因此人口的数量和素质对房地产的价格有很大的影响，人口因素对房地产价格的影响具体体现在人口数量、人口素质和人口密度等三个方面。

人口数量与房地产的价格成正相关。随着社会人口的增加，房地产的价格会呈现上涨的趋势；否则，房地产的价格就会下降。

人口素质与房地产的价格通常成正相关。某一地区的人口素质高，会吸引更多的人口到此地置业，从而引起房地产价格的上涨。

人口密度是反映人口数量的相对指标。从需求供给理论来看，某一地区的人口密度越大，房地产的价格就会越高，因此，在一般情况下，大城市的房地产价格会更高；但从居住的舒适程度看，过大的人口密度可能降低生活的质量，因此，很多城市市中心的房地产价格往往出现下降的趋势。

（2）家庭规模因素。家庭规模是指某一地区每个家庭的平均人口数。假设一个地区的人口总数不变，但家庭规模可能发生变化。通常家庭规模越小，需要的住宅套数越多，房地产价格可能越高。

（3）房地产投机因素。由于房地产的投机改变了供求关系，从而引起房地产价格的人为变动。

（4）教育科研水平和治安因素。教育科研水平高的地区，房地产的价格也会高。一个地区的治安因素越差，房地产的价格越低。

（5）社会福利因素。社会福利可能间接反映一个地区的经济发展程度。某一地区的社会福利越高，越会吸引更多的人到此地置业，从而引起房地产价格的上涨。

2. 经济因素

影响房地产价格的经济因素是指国民经济发展状况对房地产的影响。它一般包括经济发展因素、财政金融因素和产业结构因素。

（1）经济发展因素。经济发展因素直接反映一个地区的经济发展程度。它一般包括国民经济增长速度、国民生产总值、居民收入水平和物价指数等因素。一般地，国民经济增长速度越快，国民生产总值越高，则该地区用于投资的比例可能就越大，从这个角度来看，当一个国家处于快速增长期阶段，其房地产价格通常会相应上涨；居民收入水平越高，居民可能用于投资房地产的比例越大，房地产的价格也会越高；物价指数越高，具有保值增值性的房地产可能越会成为人们的投资热点，房地产的价格通常会越高。

（2）财政金融因素。一般来说，财政金融因素包括存款利率、贷款利率、物价上升指数、税率、贷款比例和土地资本化率等因素，财政金融反映一个国家或地区资金供给的政策。由于房地产的投资大量性，通常房地产投资需要银行等金融机构的介入，更需要国家金融政策的支持。所以说，财政金融因素对房地产的价格有较大的影响，国家也经常通过财政金融等手段调整房地产的价格。

如针对目前我国房地产市场的实际情况，近几年国家不断利用财政金融手段调整房地产市场，从而在某种程度上抑制了房价的过快增长。

（3）产业结构因素。产业结构是指第一产业、第二产业、第三产业在国民经济及国民生产总值中的比例关系。一般来说，第一产业的比例过大，某一地区的房地产价格会较低，而第二、第三产业的比例大，通常表明一个国家或地区经济发展达到了一定的程度，城市的经济发展到了一定的程度，从而引起房地产价格的上涨。目前我国正处于城市化进程中，大量农民从第一产业中投入到第二、第三产业，从而产生对城市房地产的需求，引起房地产价格的上涨。

3. 行政因素

行政因素是指政府通过行政手段对社会经济行为进行规范来调整房地产的价格。影响房地产价格的行政因素具体包括土地使用制度与住房制度、地价政策，城市规划、土地利用规划和城市发展战略，税收制度、投资倾斜和优惠政策，行政隶属关系变更，交通管制等。

（1）土地使用制度与住房制度、地价政策。由于楼面地价是房地产价格的必要组成项目，因此，地价对房地产的价格影响较大。随着我国城市化进程的推进，地价的上涨是必然的趋势，因此，会引起房地产价格的进一步上涨。

住房制度与房地产价格有很大的关系。从 1999 年之后我国取消了福利分房制度，住房成为一般意义上的商品，从而引起房地产价格的上涨。

地价政策也对房地产的价格有较大影响。目前土地的出让采取招标、拍卖的方式，客观上引起了房地产价格的上涨。

（2）城市规划、土地利用规划和城市发展战略。这些因素决定了一个城市的性质、发展方向和发展规模，还决定了城市用地结构、城市景观轮廓线、地块用途和利用程度等。土地被规划为住宅区、商业区、工业区和农业区等不同区域，对房地产价格的影响极大。

（3）税收制度、投资倾斜和优惠政策。房地产税收可以调节房地产投资者的积极性，抑制不正当的房地产投机，理顺房地产收益分配关系，稳定房地产市场。在进行房地产评估时，需考虑不同税种对房地产市场中供需双方的不同影响。国家宏观经济政策向某地区倾斜时，会诱发该地区房地产价格的上涨。对某一地区税收、管理方面的优惠政策，会吸引投资，增加收益，促进房地产价格上涨。

（4）行政隶属关系变更。一个地区的行政隶属关系变更，也会影响其房地产价格水平。一般将落后地区划归发达地区，将较低级别的隶属关系上升为高级别的隶属关系时，会引起房地产价格的上涨。

（5）交通管制

交通管制包括禁止通行，实行单行线或限制通行时间等。交通管制可能降低了交通便捷度，从而引起房地产价格的下降；也可能由于因降低噪声等而提高居住质量，从而引起房地产价格的上涨。在评估时应当注意分析。

4. 心理因素

心理因素对房地产价格的影响非常微妙，通常心理因素对房地产价格的影响是通过调整供求关系来实现的。如某楼盘聘请体育明星代言，可能吸引喜欢此位体育明星的人到此置业，从而引起价格的上升；某地区地势低洼，可能会使讲究风水的人规避，从而引起此处房地产价格的下降。

（二）区域因素

区域因素是指某一特定区域内的自然条件与社会、经济、行政、技术等因素相结合所产生的区域特征。对该区域内房地产的价格产生影响的因素，主要包括商服繁华因素、道路通达因素、交通便捷因素、城市设施状况因素和环境状况因素。

（1）商服繁华程度。它是指商业区等级、商业服务业店铺总数、经营者的实力、腹地范围、顾客数量和质量等。一般地，商服越繁华，房地产价格尤其是商业用房地产的价格会越高。

（2）道路通达因素。它是指房地产所在地区道路系统的通畅程度。道路越通畅，道路的级别越高，该地区的房地产价格会越高。

（3）交通便捷因素。它是指交通的便捷程度，通常主要包括公共交通的完善程度。一般地，交通越便捷的地区，房地产价格就越高。

（4）城市设施状况因素：①基础设施。它是指供水、供电、供气、供热及道路平整程度。建筑上一般用“三通一平”或“七通一平”来描述城市基础设施的配套情况。基础设施配套越完备的地区，其房地产的价格也越高。②生活设施。它主要包括学校、医院、银行、邮局等与人们生活息息相关的设施。这些设施越完备的地区，其房地产的价格也越高。③文体娱乐设施。它主要包括影剧院、图书馆、俱乐部、文化馆、博物馆等。这些设施越完备，房地产的价格就越高。

（5）环境状况因素。它是指自然环境。自然环境优良的地区，其房地产的价格会上涨。

（三）个别因素

由于影响建筑物和土地的个别因素并不相同，将影响房地产的个别因素分为土地个别因素和建筑物个别因素。

1. 影响土地价值的个别因素

（1）区位因素。土地的具体位置，又称为区位因素，是影响地价的非常重要的因素。区位一般分为自然地理区位与经济地理区位。土地的自然地理区位是固定不变的，但其经济地理区位会经常发生变化。如某城市一般地段因修建了公园，或因新建了学校，或因政府迁址于此等，都使该地区的经济地理区位上升，引起该地区地价的上涨。

（2）地块的面积、宗地的宽度、宗地的临街深度因素。地块的面积大小应当适宜。土地面积过大时，抬高了开发商的进入门槛，可能阻碍一些开发商的介入，形成土地供过于求的局面，从而引起土地单价的降低；面积过小的地块，虽然开发商的进入门槛低，但由于其不便于开发建设，因而通常也引起价格下降。

宗地的宽度是指其临接街道的宽度。它通常与地价正相关，如果宗地宽度小，地块过于窄细，开发后会形成出行的不便、采光的不足等问题，从而降低地价。

宗地的临街深度是指土地离开正面路线的距离。通常临街深度与地价负相关。临街深度过大，同样形成了土地建设后房地产使用不便的问题；而过浅的深度又会因为受街道影响较大而被置业者规避。因此，临街深度通常应当适宜。

（3）形状因素。形状规则的土地便于利用，因此通常单价较高。在一般情况下，长方形的土地单价最高，其次是正方形、梯形的土地，而三角形的土地和其他不规则形状的土地通常单价较低。

（4）地力、地形、地势、地质因素

1）地力因素通常只影响农业用地的价格。土地肥沃，地价就高。

2）地形因素是指地面的起伏程度。一般来说，土地越平坦，地价越高，这是因为平坦的土地降低了开发商的建设成本。

3）地势因素是指该幅土地与相邻土地的高低关系，特别是与临近道路的高低关系。地势低洼会造成潮湿、易被洪水侵蚀等问题，从而引起地价的下降；地势过高，如山坡地，不仅会加大开发成本，也会带来交通不便，从而降低地价。

通常地势高的土地的单价较高，但是过高的地势也会引起地价的下降。

4）地质因素决定着土地的承载力，直接关系到建筑物基础的设计和建筑物的造价。通常地质条件越好，地面的承载力越大，土地的价格就越高。

（5）容积率因素。容积率是指单位土地面积的建筑面积。由于容积率越高，同样大小的地块上的建筑物的面积会越大，因而容积率与地价呈正相关。

（6）用途因素。城市土地的用途分商业、居住和工业三种。一般商业用地、居住用地、工业用地的价格依次递减。

（7）土地使用年期因素。在年地租不变的前提下，土地的使用期限越长，土地的价值会越高。

2. 影响建筑物价值的个别因素

在建筑物估价时需要考虑的因素主要着眼于建筑物本身以及与建筑物密不可分的部分，目的在于使资产评估师进一步认识建筑物。从估价的角度看待建筑物时，至少以下因素不可忽视：

（1）面积、结构、材料。由于建筑物的建筑面积、居住面积和建筑高度与建筑物的构建成本关系很大，因此，建筑物的评估价值与面积关系较大。一般面积大的住宅的单位成本会较低。建筑结构关系到使用面积的大小，如果建筑物的结构合理，同样的建筑面积，其使用面积可能更大，这样的房屋的评估价值会高一些。材料越好的建筑物，评估值会越高。

（2）设计、设备是否良好。建筑物的设计与其使用功能相符时，会引起房地产价格的上涨。设备良好的房地产的价格会更高。

（3）施工质量。施工质量对房地产的造价、房地产的未来实际受益年限和房地产使用过程的安全性、方便性和舒适性的影响很大，因此，施工质量高的房地产的评估值也应当高一些。

（4）法律限制。法律限制可能对某处房地产形成利好，也可能形成利空。在评估时必须充分考虑法律限制对房地产价格的影响。

（5）建筑物是否与周围环境相协调。如果房地产与周围环境不相适应，则说明房地产没有达到最大、最佳使用。由于建筑物不能充分发挥其使用效能，可能引起房地产价格的下降。

第三节　房地产评估的收益法

一、收益法的适用范围

收益法适用于有收益的房地产评估，如商场、写字楼、旅馆、公寓等，对于政府机关、学校、公园等公用、公益性房地产的价值评估则不适用。

二、房地产评估收益法有关指标的确定

（一）纯收益的确定

1. 纯收益的含义

纯收益是指归属于房地产的除去各种费用后的收益，一般以年为单位。在确定收益时，必须注意房地产的实际纯收益和客观纯收益的区别。实际纯收益是指待估地产实际取得的纯收益。由于实际纯收益可能并不反映社会平均水平，受到过多个别因素的制约，所以通常不能直接用于评估。如房地产权利人由于经营不善，导致亏损，纯收益为零甚至为负值。在评估时则不能以此为依据进行评估，必须对上述的实际纯收益进行修正，剔除其中特殊的、偶然的因素，取得在正常市场条件下的房地产用于最佳利用方向上的纯收益值，该项纯收益值还应包含对

未来收益和风险的合理预期。这种收益称为客观纯收益，只有客观纯收益才能作为评估的依据。

2. 客观总收益

客观总收益是指以收益为目的的房地产在一年内所产生的所有收益。在求取客观总收益时，要以客观收益即正常收益为基础，而不能以实际收益计算。

由于现实经济过程的复杂性，呈现在资产评估师面前的收益状况也非常复杂，因而收益的确定较难。如某种经营能带来的收益虽较丰厚，但在未来存在激烈竞争或存在潜在的风险，使现实收益具有下降趋势，在这种情况下，就不能用现实收益进行估价，必须加以修正。

3. 客观总费用

客观总费用是指为取得该项客观总收益所必需的各项正常支出，如维修费、管理费等。在评估时应当对被评估资产实际发生的费用进行认真分析，剔除其中不正常的费用支出。

（二）资本化率的确定

资本化率的实质是期望投资收益率。在收益法中，资本化率的每个微小变动，都会使评估价格发生显著改变。这就要求资产评估师确定的资本化率的精度要远远高于纯收益的精度。由于确定资本化率是一项复杂的、精度要求高的工作，所以运用收益法的资产评估师必须具有较高的评估水平和丰富的经验。

1. 求取资本化率的方法

（1）纯收益与售价比率法。如果房地产市场发育比较充分，交易案例比较多，资产评估师可以采用纯收益与售价比率法求取资本化率。若房地产的使用年限无限，则

$$\text{房地产的价值}=\frac{\text{房地产的年纯收益}}{\text{房地产的年资本化率}}$$

$$\text{房地产的年资本化率}=\frac{\text{房地产的年纯收益}}{\text{房地产的成交价格}} \tag{5-4}$$

此公式要求房地产的使用期限无限。事实上，由于房地产的使用期限通常较长，即使房地产的使用期限有限，也可以用此公式进行近似的计算。

在实务中，资产评估师可以从市场上搜集近期交易的与待评估房地产相同或相近似的房地产的纯收益、价格等资料，反算出其各自的资本化率。此时求得的各个资本化率是用实际收益与地产价格之比求出来的，可以通过选取多个案例的资本化率取平均值的办法来消除各种偶然因素的干扰。具体可以根据实际情况，采用简单算术平均值。

【例 5-1】 房地产估价师收集到 5 个与待估房地产类似的交易实例，具体数据如表 5-1 所示。

要求：求取待估房地产的年投资收益率。

1）方法的选择

由于该类房地产有较多的交易实例，并且用于获取收益的房地产数量较多，因此，在求取资本化率时，可以选择纯收益与售价比率法。

2）计算过程如表 5-1 所示。

表 5-1 纯收益与售价比率法

可比实例	纯收益/(元/年·m^2)	售价/(元/m^2)	资本化率(纯收益/售价)(%)
1	150.20	5 000	3
2	152	5 400	2.81
3	145.30	4 360	3.33
4	150.90	5 030	3
5	147.60	4 900	3.01

$$r=(3\%+2.81\%+3.33\%+3\%+3.01\%)/5=3.03\%$$

所以，待估房地产的年投资收益率为 3.03%。

（2）安全利率加上风险调整值法。这种方法是指通常选择银行中长期年利率作为安全利率，然后根据影响待估房地产的社会经济环境，估计投资风险程度，确定一个调整值，在安全利率的基础上加上风险调整值。运用这种方法时，对市场要求不高，应用比较广泛，但在确定风险调整值时主观性较强，不容易掌握。

（3）各种投资风险、收益率排序插入法。这种方法是指资产评估师搜集市场上各种投资的收益率资料，然后把各项投资按收益率的大小排列，估计待估房地产投资风险的范围，并把它插入其中，然后确定资本化率的大小。

2. 资本化率的种类

（1）综合资本化率。这是指把土地和附着于其上的建筑物看做一个整体评估时所采用的资本化率。此时评估的是房地产整体的价格，采用的纯收益也是房、地合一的纯收益。

（2）建筑物资本化率。建筑物资本化率用于评估建筑物的价格。这里采用的纯收益是建筑物自身所产生的纯收益，把房地产整体收益中的土地纯收益排除在外。

（3）土地资本化率。土地资本化率用于求取土地自身的价格。这时采用的纯收益是土地自身的纯收益，把房地产整体收益中的建筑物纯收益排除在外。

综合资本化率、建筑物资本化率和土地资本化率的关系，可用公式表示如下：

$$r=\frac{r_1 L+r_2 B}{L+B} \tag{5-5}$$

或

$$r_1 = \frac{r(L+B) - r_2 B}{L} \tag{5-6}$$

式中 r——综合资本化率；

r_1——土地资本化率；

r_2——建筑物资本化率；

L——土地价格；

B——建筑物价格。

【例 5-2】 某处房地产的售价为 500 万元，相应的地价为 100 万元。已知该地房地产的综合资本化率为 3% 左右，土地的年投资收益率通常为 4% 左右。要求计算该地建筑物投资的年收益率。

纯建筑物的价格 = 房地产的售价 - 土地的售价

= 500 - 100

= 400（万元）

根据式（5-5）推导出，$r_2 = \frac{r(L+B) - r_1 L}{B}$，$r_2$ 是建筑物资本化率。

所以，$r_2 = \frac{3\% \times 500 - 4\% \times 100}{400} = 2.75\%$

（三）收益期限的确定

收益期限是指资产的收益区间，通常指收益年期。收益期限由资产评估师根据资产的未来获利情况、损耗情况确定，也可以根据法律、契约和合同规定确定。收益期限的长短将影响资产的评估值。如果收益期限确定过长，就会高估资产的价格；反之，则会低估资产的价格。

三、收益法评估房地产的具体应用

运用收益法时，只要被评估资产具有连续的、可预测的纯收益，就可以评估其价值。可以评估单独的土地价值，也可以评估单独的地上建筑物价值，还可以评估房、地合在一起的房地产价值。在评估实务中计算公式如下：

（一）评估房、地合在一起的房地产价值

房地产价值 = 房地产纯收益/综合资本化率 （5-7）

房地产纯收益 = 房地产总收益 - 房地产总费用 （5-8）

房地产总费用 = 管理费 + 维修费 + 保险费 + 税金 + 空房损失费 （5-9）

（二）单独评估土地的价值

1. 由土地收益评估土地价值

这种情况一般适用于空地出租：

土地价值 = 土地纯收益/土地资本化率 （5-10）

$$土地纯收益 = 土地总收益 - 土地总费用 \quad (5\text{-}11)$$

$$土地总费用 = 管理费 + 维修费 + 税金 \quad (5\text{-}12)$$

2. 由房地产收益评估土地价值

(1)

$$土地价值 = 房地产价值 - 建筑物现值 \quad (5\text{-}13)$$

$$建筑物现值 = 建筑物重置价 - 年贬值额 \times 已使用年数 \quad (5\text{-}14)$$

由于通常房地产的使用强度均匀，因此，如果不考虑建筑物的无形损耗，则建筑物的年贬值额可以进行如下计算：

$$年贬值额 = \frac{建筑物重置价 - 残值}{耐用年限} = \frac{建筑物重置价 \times (1 - 残值率)}{耐用年限} \quad (5\text{-}15)$$

【例 5-3】 某 $100m^2$ 的一宗居住用房产购建于 1998 年，于 2000 年建成并投入使用。土地使用权自 1998 年开始计算，其有效使用年限为 50 年；房屋自 2000 年开始使用，其有效使用年限也是 50 年。2008 年对该处房地产评估时，该栋房屋的全新购置价格为 6 000 元/m^2。假定房地产到期后由国家无偿收回，因而不存在残值，试评估该处房地产的现值。

假定该处房地产在过去的 8 年内使用强度均匀，则根据公式 5-15，该处房地产的年贬值额计算如下：

$$\begin{aligned} 年贬值额 &= 建筑物重置价/耐用年限 \\ &= 6\,000 \times 100/48 \\ &= 12\,500(元) \end{aligned}$$

根据公式 5-14，

$$\begin{aligned} 建筑物现值 &= 建筑物重置价 - 年贬值额 \times 已使用年数 \\ &= 6\,000 \times 100 - 12\,500 \times 8 \\ &= 500\,000\ (元) \end{aligned}$$

(2)

$$土地价值 = (房地产纯收益 - 建筑物纯收益)/土地资本化率 \quad (5\text{-}16)$$

$$建筑物纯收益 = 建筑物现值 \times 建筑物资本化率 \quad (5\text{-}17)$$

房地产价值和房地产纯收益的求法和前面的相同。

(三) 单独评估建筑物的价值

$$建筑物价值 = 房地产价值 - 土地价值 \quad (5\text{-}18)$$

$$建筑物价值 = (房地产纯收益 - 土地纯收益)/建筑物资本化率 \quad (5\text{-}19)$$

在运用以上公式求取房地产纯收益时，都是通过房地产总收益减去房地产总费用而得到的。这里需要特别说明的是，用来求取房地产纯收益的房地产总费用中并不包含房地产折旧费。同时，以上所列计算公式均假设土地使用年限为无限年期，但在评估实务中应注意土地使用的有限年期。

【例 5-4】 某栋写字楼建筑面积为 $500m^2$，建成后用于出租。在出租期间，每月平均实收租金为 5 万元。另据调查，当地同类写字楼出租租金一般为每年每建筑平方米 1 000 元，空置率为 20%，每年需支付的管理费、维修费、城镇土地使用税及房产税、保险费等出租费用为145 800元。该地写字楼的年资本化率为5%。已知该栋写字楼还能使用30年，试根据以上资料评估该栋写字楼价值。

（1）确定评估方法。

该宗房地产有经济效益，适宜采用收益法。

（2）计算年总收益。

年总收益应该为客观收益而不是实际收益。

年总收益 = 1 000 × 500 × (1 − 20%) = 400 000(元)

（3）计算房地产年纯收益。

年纯收益 = 年总收益 − 年总费用

= 400 000 − 145 800 = 254 200(元)

（4）将未来收益折现。

该栋写字楼的价值 = 254 200 × (P/A, 5%, 30)

= 254 200 × 15.3725

= 3 907 690(元)

第四节 房地产评估的市场法

一、市场法的适用范围

只要有类似房地产的成交案例，即可应用市场法，因此在房地产市场比较发达的情况下，市场法得到了广泛应用。在同一地区或同一供求范围内的类似地区中，与待估房地产相类似的交易越多，市场法的应用越有效。而在下列情况下，市场法往往难以适用：

（1）在没有发生地产交易或地产交易发生较少的地区。

（2）类型很少见的地产或交易实例很少的地产，如古建筑用地等。

（3）很难成为交易对象的不动产，如教堂、寺庙用地等。

（4）风景名胜区土地。

（5）图书馆、体育馆和学校用地等。

二、市场法评估房地产的具体应用

市场法是指通过与近期交易的地产进行比较，并对一系列因素进行修正，而得到待估房地产在估价期日的市场状况下的价格水平。这些因素主要有交易情况因素、交易日期因素、区域因素和个别因素四类。通过交易情况因素修正，将可比交易实例价格修正为正常交易情况下的价格；通过交易日期因素修正，将可比交易实例价格修正为评估日期时的价格；通过区域因素修正，将可比交易实例价格修正为待估房地产所处区域条件下的价格；通过个别因素修正，将可比交易实例价格修正为待估房地产自身状况下的价格。个别因素中的容积率和土地使用年期，由于影响较大，情况特殊，有时也拿出来单独进行修正。

【例 5-5】 现选取到一处可比实例，成交价格为 6 000 元/m^2，成交日期为 2008 年 7 月。假设 2008 年 1 月 ~2009 年 7 月，该类地产价格平均每月上涨 1%；2009 年 7 月 ~2010 年 1 月，该类地产价格平均每月下降 0.20%。要求评估该处地产 2010 年 1 月的价值。

对该处可比实例进行交易日期修正，则 2010 年 1 月的地产价格：

$$
\begin{aligned}
P &= 6\,000 \times (1 + 1\%)^{12} \times (1 - 0.20\%)^{6} \\
&= 6\,000 \times 1.127 \times 0.988 \\
&= 6\,680.86(\text{元}/\text{m}^2)
\end{aligned}
$$

【例 5-6】 某参照物土地容积率为 1.30 倍，待估地块的容积率为 2.10 倍。已知参照物的实际成交单价为 8 000 元/m^2，要求评估待估地块的价值。

由于容积率与地价呈同方向变动，但并非直线变动，因此可以借助于容积率修正系数，并假定容积率修正系数与地价呈同比例变动，建立容积率修正系数与容积率关系表。

假定资产评估师进行了市场调查，确定该地区容积率与容积率修正系数表，如表 5-2 所示。

表 5-2　容积率与容积率修正系数表

容积率	0.10	0.40	0.70	1	1.10	1.30	1.70	2	2.10	2.50
容积率修正系数	0.50	0.70	0.80	1	1.10	1.20	1.60	1.80	1.90	2.10

$$
\text{经容积率修正后可比实例价格} = \text{可比实例价格} \times \frac{\text{待估宗地容积率修正系数}}{\text{可比实例容积率修正系数}} \tag{5-20}
$$

经容积率修正后可比实例价格 $= 8\,000 \times 1.90/1.20 = 12\,667$（元/$m^2$）

【例 5-7】 若选择的比较案例成交地价为 7 000 元/m^2，对应使用年期为 30 年。而待估地块出让年期为 20 年，土地还原率为 6%。试评估待估地块的价值。

假定两块土地能够带来相同的年收益，则其收益折现率应是年金的资本化，因此，其相应的价值之比应当等于其收益额之比，应等于其年金现值系数之比。

$$
\text{使用年限为 } m \text{ 的土地与使用年限为 } n \text{ 的土地价值之比} = \frac{(P/A, r, m)}{(P/A, r, n)} \tag{5-21}
$$

$$\text{土地使用年期修正后的地价}=7\ 000\times\frac{(P/A,6\%,20)}{(P/A,6\%,30)}$$

$$=7\ 000\times\frac{11.4699}{13.7648}$$

$$=5\ 833(\text{元}/m^2)$$

【例 5-8】 对第三章【例 3-6】进行改动，假定有如下已知条件：

估价对象概况：待估地块为某城区的一块空地，用途为住宅区，面积为 10 000m^2，地形为长方形。

评估要求：评估该地块在 2009 年 12 月的公允价值。

评估过程：

（1）选择评估方法。该种类型的土地有较多的交易实例，故采用市场法进行评估。

（2）搜集有关的评估资料。

1）搜集待估地块资料。待估地块的实际情况可以用文字进行描述，并可以用相应的图形表达，应注意将影响土地价值的因素表达清楚，也便于与参照物进行对比。资产评估师在搜集资料时，应当尽可能搜集确实、可靠的资料。如果能够进行自主调查，则不利用网站和电视宣传的数据，因为自主调查得到的数据更可靠。

2）搜集交易实例资料。在评估实务中，资产评估师应当注意选择与被评估资产可比性强的参照物。在本例中，资产评估师为了减少调整工作量，尽可能减少计算调整所产生的误差，选择了与被评估资产各方面情况相同的一年内成交的四个实例作为参照物，具体情况如表 5-3 所示。

（3）将待估地块与参照物土地进行类比调整。在本例中，列举了对土地价值影响较大的十几个因素，包括所处地区、用地性质、土地类型、交易日期、土地面积、土地形状、地形、地质、基础设施、公共交通、道路通达程度、土地的容积率和剩余使用年限等。为了减少调整工作量，假定待估地块和参照物都处于一般市区，用地性质均为住宅用地，土地类型均为空地，土地的形状都为长方形，地质情况均为一般地质，道路均通达，所不同的只有区域因素、交易日期的差别、土地面积和交易情况等。

一般地，在资产评估中，通常将需调整的因素界定为交易情况、交易日期区域因素和个别因素等。在本例中，按照这四个方面进行类比调整。

第一，进行交易情况修正。

由于要求评估得到待估地块的公允价值，因此，资产评估人员调查了这四个实例在交易时是否公允。经分析，交易实例 A、B 为正常买卖，无须进行交易情况修正；交易实例 C 较正常买卖价格偏低 3%，交易实例 D 较正常买卖价格偏高

2%。

第二，进行交易日期修正。

根据调查，该地区自2008年12月~2009年12月以来土地价格平均每月上涨1%。因此，资产评估师需要根据该土地的价格涨落情况对土地进行价格调整。

第三，进行区域因素修正。

对土地价格影响最大的是土地的区域因素。在一般情况下，影响土地价格的区域因素包括土地的自然和社会环境、基础设备情况、离市中心距离、大气污染情况以及公共事业配套因素等。如果在资产评估时对这些因素进行一一调整，由于计算工作量较大，往往产生较大的误差，因此，在通常情况下，资产评估师会聘请专家对影响土地的各种区域因素进行综合打分，如表5-3所示。

表5-3　交易实例情况表

		交易实例A	交易实例B	交易实例C	交易实例D	待估地块
1	单价(元/m^2)	3 900	4 000	3 850	4 080	
2	交易日期	2009年4月	2009年3月	2008年12月	2009年2月	2009年12月
3	所处地区	一般市区	一般市区	一般市区	一般市区	一般市区
4	用地性质	住宅	住宅	住宅	住宅	住宅
5	土地类型	空地	空地	空地	空地	空地
6	土地面积(m^2)	30 000	8 000	9 200	9 500	10 000
7	土地形状	长方形	长方形	长方形	长方形	长方形
8	地形	平坦	平坦	平坦	平坦	平坦
9	地质	普通	普通	普通	普通	普通
10	基础设施	完备	完备	完备	完备	完备
11	公共交通	较差	较好	较好	较好	很好
12	道路通达程度	较通达	通达	通达	通达	通达
13	容积率	3.60	3	3.50	3	3
14	剩余使用年限	40	50	40	50	50

综合打分法是进行资产评估时的常用方法。通常是将待估地块的区域分值假定为100分，将参照物与被评估对象区域条件进行类比后，资产评估师确定参照物的各项打分。

在本例中，假定专家对参照物进行综合打分后，认为参照物A、B、C、D的区域得分分别为105分、108分、110分和109分，如表5-4所示。

表 5-4　参照物 A、B、C、D 区域因素综合打分情况

A	B	C	D
105	108	110	109

第四，进行面积因素修正。

经比较分析，该地区 10 000m^2 左右的土地较受欢迎，而参照物 A 属于较大地块，因此，其交易单价比正常交易单价偏低 2%。

第五，进行容积率修正。

假定资产评估师经过调研，制作了容积率修正系数与地价关系表，如表 5-5 所示。

表 5-5　容积率修正系数与地价关系表

容积率	2	2.40	2.80	3	3.10	3.20	3.30	3.40	3.50	3.60
容积率修正系数	100	110	120	126	128	130	132	134	136	138

第六，进行使用年期修正。

假定土地的折现率为 6%，各地块每年带来的收益相等。

（4）进行评定估算。按照交易情况、交易日期、区域因素、面积因素、容积率因素、使用年期因素的思路对待估地块进行评定估算，结果如下：

交易实例 A 修正后的单价：

$$3\,900\times\frac{100}{100}\times(1+8\%)\times\frac{100}{105}\times\frac{100}{98}\times\frac{126}{138}\times\frac{(P/A,6\%,50)}{(P/A,6\%,40)}$$

$$=3\,900\times\frac{100}{100}\times(1+8\%)\times\frac{100}{105}\times\frac{100}{98}\times\frac{126}{138}\times\frac{15.7619}{15.0463}$$

$$=3\,915(\text{元}/\text{m}^2)$$

交易实例 B 修正后的单价：

$$4\,000\times\frac{100}{100}\times(1+9\%)\times\frac{100}{108}\times\frac{100}{100}\times\frac{100}{100}\times\frac{100}{100}=4\,037(\text{元}/\text{m}^2)$$

交易实例 C 修正后的单价：

$$3\,850\times\frac{100}{97}\times(1+12\%)\times\frac{100}{110}\times\frac{100}{100}\times\frac{126}{136}\times\frac{(P/A,6\%,50)}{(P/A,6\%,40)}$$

$$=3\,850\times\frac{100}{97}\times(1+12\%)\times\frac{100}{110}\times\frac{100}{100}\times\frac{126}{136}\times\frac{15.7619}{15.0463}$$

$$=3\,922(\text{元}/\text{m}^2)$$

交易实例 D 修正后的单价：

$$4\,080 \times \frac{100}{102} \times (1+10\%) \times \frac{100}{109} \times \frac{100}{100} \times \frac{100}{100} \times \frac{100}{100} = 4\,037(元/m^2)$$

（5）分析确定评估结果。这四个调整结果比较接近，没有太大的偏离。经分析，资产评估师认为可以通过加权平均进一步排除偶然因素的干扰。

土地的评估单价 = (3 915 + 4 037 + 3 922 + 4 037)/4 = 3 978（元/m^2）

土地评估总价 = 10 000 × 3 978 = 39 780 000（元）

第五节　房地产评估的成本法

一、成本法的适用范围

成本法一般适用于新开发土地的估价，特别适用于土地市场不发育，土地成交实例不多，无法利用市场法等方法进行土地估价的情况。同时，对于既无收益又很少有交易情况的学校、公园、政府办公楼、图书馆、军队营房、机场、博物馆、纪念馆、新开发地等公共建筑、公益设施等特殊性的房地产估价也比较适用。

但由于土地的价格大部分取决于它的效用，并非仅仅是它所花费的成本，所以，成本法在土地估价中应用范围受到一定限制。

二、土地评估的成本法

1. 计算公式

用成本法评估地价时必须分析地价中的成本因素。土地作为一种稀缺的自然物，即使未经开发，由于土地所有权的垄断，使用土地时也必须支付地租。同时，由于开发土地投入的资本及利息也构成地租的一部分，因此，成本法的基本公式如下：

$$\begin{aligned}土地评估值 = {} & 土地取得费 + 土地开发费 + 税费 + \\ & 利息 + 利润 + 土地增值收益\end{aligned} \tag{5-22}$$

用成本法评估地价的程序：计算土地取得费用，计算土地开发费用，计算投资利息，计算投资利润，计算各种税费，计算土地增值收益，测算土地使用权价格。

2. 计算土地取得费用

土地取得费用是指为取得土地而向原土地使用者支付的费用。它分为以下两种情况：

（1）国家为征用集体土地而支付给农村集体经济组织的费用，包括土地补偿费、安置补助费以及地上附着物和青苗补偿费等。

关于征地费用各项标准，《中华人民共和国土地管理法》有明确规定，征用耕地的补偿费用包括土地补偿费、安置补助费以及地上附着物和青苗补偿费。征用耕地的土地补偿费，为该耕地被征用前3年平均产值的6～10倍。征用耕地的安置补助费，按照需要安置的农业人口数计算。需要安置的农业人口数，按照被征用的耕地数量除以征地前被征用单位平均每人占有耕地的数量计算。每一个需要安置的农业人口的安置补助费标准，为该耕地被征前3年平均年产值的4～6倍。

征用其他土地的土地补偿费和安置补助费标准，由各省、自治区、直辖市参照征收耕地的土地补偿费和安置补助费的标准规定。

被征用土地上的附着物和青苗的补偿标准，由省、自治区、直辖市规定。

征用城市郊区的菜地，用地单位应当按照国家有关规定缴纳新菜地开发建设基金。

按照以上规定支付土地补偿费和安置补助费，尚不能使需要安置的农民保持原有生活水平的，经省、自治区、直辖市人民政府批准，可以增加安置补助费。但是，每公顷被征用耕地的安置补助费，最高不得超过被征用前3年平均年产值的15倍，土地补偿费和安置补助费标准的总和不得超过土地被征用前3年平均年产值的30倍。

在特殊情况下，国务院根据社会经济发展水平，可以提高被征用耕地的土地补偿费和安置补助费标准。

（2）为取得已利用城市土地而向原土地使用者支付的拆迁费用，包括货币补偿和实物补偿。这是对原城市土地使用者在土地上投资未收回部分的补偿，补偿标准各地均有具体规定。

3. 计算土地开发费用

一般来说，土地开发费用涉及基础设施配套费、公共事业建设配套费和小区开发配套费。

（1）基础设施配套费。基础设施配套常常概括为“三通一平”和“七通一平”。“三通一平”是指通水、通路、通电、平整地面。“七通一平”是指通上水、通下水、通信、通气、通热、通路、通电、平整地面。作为工业用地，“三通一平”只是最基本条件，还不能立即上工业项目；只有搞好“七通一平”，项目才能正常运行。因此，基础设施配套费应以“七通一平”为标准计算。

（2）公共事业建设配套费。它是指邮电、图书馆、学校、公园、绿地等设施的费用。这与项目大小、用地规模有关，各地情况不一，应视实际情况而定。

（3）小区开发配套费。同公共事业建设配套费类似，各地根据用地情况确定合理的项目标准。

4. 计算投资利息

投资利息就是资金的时间价值。在土地评估中，投资者贷款后需要向银行偿还贷款利息，利息应计入成本；投资者利用自有资金投入，可以看做损失了利息，从这种意义上看，也属于投资的机会成本，也应计入成本。

在采用成本法评估土地价格时，投资包括土地取得费和土地开发费两大部分。但这两部分资金的投入时间和占用期限不同。土地取得费在土地开发动工前即要全部付清，在开发完成销售后方能收回，因此，计息期应为整个开发期和销售期。土地开发费在开发过程中逐步投入，在销售后收回，若土地开发费是均匀投入的，则计息期为开发期的一半。

5. 计算投资利润

投资的目的是为了获取相应的利润；作为投资的回报，对土地投资，当然也要获取相应的利润。该利润计算的关键是确定销售利润率或投资回报率。如果能够确定行业平均销售利润率，则可以用销售额乘以相应的销售利润率确定投资利润；如果能够获取投资回报率指标，则可以利用投资成本乘以相应的投资回报率指标。在计算时，要注意所采用利润率的内涵。

6. 计算各种税费

资产评估强调的是资产的现时价值，因此，在评估时应当按照国家和当地政府规定的各项税费标准计算应计入成本的各种税费。

7. 计算土地增值收益

土地增值收益主要是由于土地的用途改变或土地功能变化而引起的。由于农地转变为建设用地，新用途的土地收益将远高于原用途土地，必然会带来土地增值收益。由于这种增值是国家和土地使用权人允许改变土地用途带来的，同时，开发商使土地的性能发生变化，进行了投资，也应当享有土地增值收益，因此，这个增加的收益，应当在国家、土地使用者和投资者之间分配。

根据计算公式，前四项之和为成本价格，成本价格乘以土地增值收益率即为土地所有权收益。目前，土地增值收益率通常为10%～25%。

【例5-9】 某市经济开发区内有一块土地面积为30 000m^2。该宗土地的土地征地费用（含安置、拆迁、青苗补偿费和耕地占用税）为600元/m^2，土地开发费为400元/m^2，土地开发周期为2年。第1年投入的资金占总开发费用的40%，开发商要求的投资回报率为10%，当地土地增值收益率为20%，银行贷款年利率为8%。试评估该宗土地的价值。

该宗土地的各项投入成本均已知，可用成本法评估。

（1）计算投资利息：

土地取得费的计息期为2年，土地取得费为一次性投入，土地开发费为分段均匀投入，则：

$$\text{土地取得费利息} = 600 \times [(1+8\%)^2 - 1]$$
$$= 100(\text{元/m}^2)$$

$$\text{土地开发费利息} = 400 \times 40\% \times [(1+8\%)^{1.50} - 1] + 400 \times 60\% \times [(1+8\%)^{0.50} - 1] = 19.58 + 9.42 = 29(\text{元}/m^2)$$

（2）计算开发商的合理利润：

$$\text{合理利润} = \text{投资额} \times \text{投资回报率} = (600+400) \times 10\% = 100(\text{元}/m^2)$$

（3）计算土地价值，根据式（5-22）：

$$\text{土地价值} = (600+400+100+29+100) \times (1+20\%) = 1\,475(\text{元}/m^2)$$

该宗土地的单价为 1 475 元/m^2，总价为 44 250 000 元(1 475 ×30 000)。

三、房地产评估的成本法

（一）新建房地产评估的成本法

1. 计算公式

$$\text{新建房地产评估的价值} = \text{土地取得费用} + \text{房地产开发成本} + \text{管理费用} + \text{资金成本} + \text{销售税费} + \text{合理利润} \quad (5\text{-}23)$$

由于建筑物不可能脱离土地而独立存在，它总是建筑在土地之上的，因此，这里所列的建筑物价格构成包括了土地部分。

2. 土地取得费

它是指土地达到适于建筑前所发生的所有费用。由于取得土地的途径可能有征用、拆迁改造和购买等，因此土地取得费用的内容也不相同。在评估时应当予以具体分析。

3. 房地产开发成本

（1）勘察设计和前期工程费。它包括临时用地、水、电、路、场地平整费，工程勘察测量及工程设计费，城市规划设计、咨询和可行性研究费，建设工程许可证执照费等，一般可按各地现行定额进行计算。

（2）基础设施建设费。它包括由开发商承担的红线内外的自来水、雨水、污水、煤气、热力、供电、电信、道路、绿化、环境卫生和照明等建设费用。

（3）房屋建筑安装工程费。由于目前的房地产一般为开发商实施管理，由建筑商实际承建，因此，这里的建筑安装工程费是指广义的建筑安装工程费，而不是建筑商发生的狭义的建筑安装工程费。建筑商发生的通常意义的建筑安装工程费是指按照建筑安装工程预算定额计算的工程造价，具体包括料、工、费。但房地产评估中的建筑安装工程费除了包括建筑商发生的狭义的建筑安装工程费外，还包括招投标费、工程预算编制和审计费、质量监督费和竣工图等工程附加支出。

（4）公共配套设施建设费。这项费用通常与土地开发成本中的公共事业建设配套费有所不同。同样作为公共费，土地开发中的公共费一般是指项目外部的，与其他项目共同使用的部分所发生的费用，这部分费用可能由建筑商实际支付，也可能由市政工程施工，开发商只需要向市政部门交纳。但房地产开发成本中的公共配套设施建设费通常是指建设项目内部的公共费用，通常由开发商或建筑商实际支付。如一个小区范围内的公共费用，包括物业楼、自行车棚、健身场所、信报箱、公厕、热力点和变电所等。不同建筑项目的费用的明细可能不同，但这些不同名目的费用应当具有共同的特点，就是建成后的项目应为整个小区的公共财产，其受益人应当是小区的居民，因为只有这样才符合收益与成本配比的原则。

（5）开发过程中发生的税费及其他费用。

4. 管理费用

管理费用是指建筑单位管理费。建筑单位管理费通常是按照建安工程费的一定比例估算的，包括开办费和开发过程中管理人员的工资等。

5. 开发商的合理利润

开发商的合理利润是指房屋开发建设企业应得的正常利润。通常应选择合适的利润率进行计算，计算时应注意利润率的内涵。

6. 资金成本

资金成本是指在建设期发生的资金占用利息。建设期利息要按额定的工期、平均投入资金及适当的贷款利率估算。

7. 销售税费

（1）销售费用。它包括销售广告费、委托销售代理费等。

（2）销售税金及附加。它包括营业税、城市维护建设税和教育费附加。

（3）其他销售税费。它包括印花税、产权登记费和交易手续费等。

（二）旧建筑物评估的成本法

旧建筑物评估的成本法是指在新建房地产的基础上扣除各项贬值。关于房地产的贬值，目前一般认为房地产的实体使用强度是均匀的，因此，可以按直线法计算房地产的实体性贬值。但事实上房地产也存在功能性贬值和经济性贬值。

由于房地产的技术水平落后而形成的贬值称为功能性贬值。如新技术使新房地产的设计更加保温，减少房地产的持有成本，新设计使房地产的结构更加合理，增加了房地产的使用面积，因此，旧房地产往往存在功能性贬值。又如，在某些情况下，由于受到外部环境的影响，房地产的售价可能大大高于其实际建造成本，从成本角度来说，高于部分属于房地产的经济性溢价；当然，可能由于外部条件的影响（如金融危机），房地产出现供过于求的情况，从而引起房地产的售价低于成本，产生经济性贬值。在评估时应充分考虑房地产的这三种贬值。事实上，目前二手房较便宜，正是因为二手房存在功能性贬值和经济性贬值。

第六节 建筑物评估的假设开发法

一、基本思路

假设开发法，又称为倒算法或预期开发法，是指将被估房地产开发后的预期收益，扣除正常投入费用、正常税金及合理利润后，依据该剩余值测算被估房地产价值的方法。

在评估待开发土地价值时，假设开发法运用得较为广泛。运用该方法计算地价时，首先要估算开发完成后房地产正常交易的价值，然后扣除建筑物建造费用和与建筑物建造、买卖有关的专业费，利息，利润，税收等费用，以价值余额来确定被估土地价值。

一般地，房地产建成后可能用于出租或出售。如果用于出售，则应当用预期售价减去开发过程中的各种投入；如果用于出租，则应计算租金收益的现值，减去开发过程中的各种投入。

二、适用范围

（1）待开发土地的评估。用开发完成后的房地产价值减去建造费、专用费等。

（2）将生地开发成熟地的土地评估。用开发完成后的熟地价减去土地开发费用。

（3）待拆迁改造的再开发地产的评估。这时的建筑费还包括拆迁费用。

三、计算公式

1. 建成后的房地产用于出售

地价 = 预期楼价 − 建筑费 − 专业费 − 销售费用 − 资金成本 − 税费 − 合理利润 （5-24）

2. 建成后的房地产用于出租

地价 = 收益的折现值 − 建筑费 − 专业费 − 资金成本 − 税费 − 合理利润 （5-25）

【例 5-10】 有一宗“七通一平”的待开发建设用地。土地面积是 8 000m^2，建筑容积率为 3 倍，拟开发建设住宅小区，建设期为一年，建筑费为 3 000 元/m^2，专业费为建筑费用的 10%，建筑费和专业费在建设期内均匀投入。该小区建成后用于出售，预计售价为 6 000 元/m^2，销售费用为楼价的 2.50%，销售税费为楼价的 6.50%，当地银行贷款年利率为 8%，开发商要求的投资利润率为 10%。

要求：估算该宗地块目前的单位地价和楼面地价。

（1）确定评估方法。由于已知楼价的预测值和各项开发成本及费用，可采用假设开发法进行评估，根据式（5-24），按项目计算各项费用。

（2）计算预期售价：

$$售价=8\ 000\times3\times6\ 000=144\ 000\ 000(元)$$

（3）计算建筑费和专业费：

$$建筑费=3\ 000\times8\ 000\times3=72\ 000\ 000(元)$$

$$专业费=建筑费\times10\%=7\ 200\ 000(元)$$

（4）计算销售费用和税费：

$$销售费用=144\ 000\ 000\times2.50\%=3\ 600\ 000(元)$$

$$销售税费=144\ 000\ 000\times6.50\%=9\ 360\ 000(元)$$

（5）计算合理利润：

$$\begin{aligned}合理利润&=(地价+建筑费+专业费)\times10\%\\&=(地价+72\ 000\ 000+7\ 200\ 000)\times10\%\\&=0.10\times地价+7\ 920\ 000\end{aligned}$$

（6）计算资金成本：

$$\begin{aligned}资金成本&=地价\times[(1+8\%)^1-1]+79\ 200\ 000\times[(1+8\%)^{0.50}-1]\\&=0.08\times地价+3\ 107\ 016\end{aligned}$$

（7）求取地价：

$$地价=144\ 000\ 000-72\ 000\ 000-7\ 200\ 000-3\ 600\ 000-9\ 360\ 000-(0.1\times地价+7\ 920\ 000)-(0.08\times地价+3\ 107\ 016)$$

$$1.18\times地价=40\ 812\ 984$$

$$地价=34\ 587\ 275(元)$$

（8）评估结果：

$$单位地价=34\ 587\ 275\div8\ 000=4\ 233(元/m^2)$$

$$楼面地价=4\ 323\div3=1\ 441(元/m^2)$$

第七节 房地产评估的基准地价修正系数法

一、基准地价修正系数法的基本思路及适用范围

1. 基准地价修正系数法的基本思路

基准地价修正系数法是指利用城镇基准地价和基准地价修正系数表等评估成

果，按照替代原则，将待估宗地的区域条件和个别条件等与其所处区域的平均条件相比较，并对照修正系数表选取相应的修正系数对基准地价进行修正，从而求取待估宗地在估价期日价格的方法。在我国许多城市，尤其是地产市场不太发育的城市，基准地价修正系数法是常用的方法。

2. 基准地价修正系数法的适用范围

（1）它适用于具备基准地价成果和相应修正体系成果的城市地价的评估。

（2）它适用于短时间内大批量宗地的地价评估。

（3）因为根据该种方法计算出的宗地地价往往精度不够，所以它通常不作为土地评估的主要方法，而是作为一种辅助方法。

二、基准地价修正系数法的操作步骤

（1）收集、整理土地定级估价成果资料。它主要包括土地级别图、基准地价图、样点地价分布图、基准地价表、基准地价修正系数表和相应的因素条件说明表等，并进行归纳、整理和分析，作为宗地估价的基础资料。

（2）确定修正系数表。根据待估宗地的位置、用途、所处的土地级别、所对应的基准地价，确定相应的因素条件说明表和因素修订系数表，以确定地价修订的基础和需要调查的影响因素项目。

（3）调查宗地地价影响因素的指标条件。按照与待估宗地所处级别和用途相对应的基准地价修正系数表和因素条件说明表中所要求的因素条件，确定宗地条件的调查项目，调查项目应与修订系数表中的因素一致。

（4）制定待估宗地因素修正系数。根据每个因素的指标值，查对相对应用途土地的基准地价影响因素指标说明表，确定因素指标对应的优劣状况；按优劣状况再查对基准地价修正系数表，得到该因素的修正系数。对所有影响宗地地价的因素都同样处理，即得到宗地的全部因素修正系数。

（5）确定待估宗地使用年期修正系数。基准地价对应的使用年期是指各用途土地使用权的最高出让年期。而具体宗地的使用年期可能各不相同，因此必须进行年期修正。土地使用年期修正系数可按下式计算：

$$y=\frac{1-\dfrac{1}{(1+r)^m}}{1-\dfrac{1}{(1+r)^n}} \tag{5-26}$$

式中 y——宗地使用年期修正系数；

r——土地还原率；

m——待估宗地可使用年期；

n——该用途土地法定最高出让年期。

（6）确定期日修正系数。基准地价对应的是基准地价评估期日的地价水平。随时间迁移，土地市场的地价水平会有所变化，因此必须进行期日修正，把基准地价对应的地价水平修正到宗地地价评估期日。期日修正一般可以根据地价指数的变动幅度进行。

（7）确定容积率修正系数。这是一个非常重要的修正系数。基准地价对应的是该用途土地在该级别或地域内的平均容积率，各宗地的容积率可能各不相同，同时容积率对地价的影响也非常大，并且在同一个级别区域内，各宗地的容积率可能差异很大，因此，一定要重视容积率的修正。也就是说，必须将区域的平均容积率下的地价水平修正到宗地实际容积率水平下的地价。

（8）评估宗地地价。依据前面的分析和计算得到的修正系数，求出待估宗地的地价水平。

被估宗地地价 = 待估宗地所处地段的基准地价 × 年期修正系数 × 日期修正系数 × 容积率修正系数 × 其他因素修正系数 （5-27）

第八节 在建工程评估

一、在建工程的含义及特点

（一）在建工程的含义

在建工程是指在评估时点尚未完工的建设项目，或者虽然已经完工但尚未交付使用的建设项目以及建设项目备用材料、设备等物资。

（二）在建工程的特点

在建工程作为一类评估对象，具有许多特点，这些特点在评估过程中应给以充分的重视。

1. 在建工程范围广泛

在建工程是一类范围很广的资产。以建筑工程为例，它包括建设中的各种房屋和构筑物，而且建筑工程又包含设备安装内容，范围涉及各行各业，情况十分复杂，而且有较强的专业技术性。

2. 在建工程的资产功能差别很大

在建工程包括刚刚投资兴建的在建工程到已完成建设但尚未交付使用的在建工程。这些完工程度差异巨大的在建工程，其资产功能的差异也是巨大的。这就造成了在建工程之间的可比性较差，在评估时不易找到合适的参照物。

3. 在建工程的会计核算投资数与在建工程实际完成工作量较难一致

由于在建工程的投资方式和会计核算要求，在建工程账面价值往往包括预付材料款和预付设备款，同时也包括记录在在建工程中的应付材料款及应付设备款等。在建工程中的投资相对于投资时间而言，并不能完全体现在建设工程的形象进度上或在建工程的实际完工量中，两者之间存在着时差和量差。

4. 在建工程的建设周期长短差别较大

不同规模、不同性质的在建工程，建设周期长短差别较大。有些在建工程，如厂区内的道路、设备基础等，一般工期较短；而有些在建工程，如高速公路、港口码头等的建设工期就很长。建设工期长短上的差别直接与建造期间的材料、工费价格变化，设计变化等相联系，对评估估价标准的选择有直接影响。

由于在建工程的上述特点，使得在建设工程评估难以用统一的模式或公式一概而论。如对于建设周期较短，工程投资与工程形象进度大体相当，其账面价值基本上能反映评估时点的重置成本的在建工程，在评估时可以考虑按在建工程的账面值作为评估值。又如，整个建设工期已经完成或接近完成，只是尚未交付使用的在建工程，完全可以考虑按房屋建筑或其他固定资产的评估思路进行评估。属于停建的在建工程，要查明停建的原因，确因工程的产、供、销及工程技术等原因而停建的，要考虑在建工程的功能性贬值及经济性贬值。对于正常的在建工程，一般应按在建工程的重置成本来估价。事实上，只要在建工程的预期收益率处于社会平均水平，在建工程的重置成本基本上就可以反映其收益价格。如果确实可以证明在建工程的预期收益明显地高于或低于社会平均水平，则要考虑在建工程的超额收益或减额收益对在建工程评估值的影响。

二、在建工程评估的主要方法

在建工程的种类较多，情况也很复杂。下面介绍较为常见的在建工程的评估方法：

1. 形象进度法

形象进度法是指以房地产的市场售价或收益现值为依据，按勘察时确定的完工程度评估在建工程价值的一种方法。其计算公式如下：

$$\text{在建工程价值} = \text{建造完成后的房地产价值（市场价或收益价）} \times \text{在建工程的完工程度} \times (1 - \text{价格折扣率}) \quad (5\text{-}28)$$

式中：

$$\text{在建工程的完工程度} = (\text{实际完成建筑工程量} + \text{实际完成安装工程量}) / \text{总工程量} \quad (5\text{-}29)$$

这种方法主要适用于工程接近结束或已经完成，只是尚未交付使用的在建工程。在评估时一般可考虑一定的价格折扣率。

2. 成本法

成本法是指按照在建工程客观投入的成本评估，即以开发或建造被估在建工程已经耗费的各项必要费用项目之和，再加上正常的利润和税金来确定被估在建工程价值的方法。其计算公式如下：

$$在建工程价值=土地取得费用+专业费用+建造建筑物的费用+合理利润+正常税费 \quad (5\text{-}30)$$

式中，土地取得费用是指为取得土地而发生的各项费用，包括相关的手续费和税金；专业费用包括咨询、规划和设计等费用；建造建筑物的费用是指在评估基准日在建工程已经耗费的各项必要建造费用之和；合理利润是指按行业平均水平计算的利润；正常税费是指按照目前税法规定应缴纳的各种税费。

此方法适合于完成工程量较少的在建工程的评估。

3. 后续开发费用扣除法

后续开发费用扣除法又称为假设开发法，是指在求取被估在建工程的价值时，将被估在建工程预期开发完成后的价值，扣除后续的正常开发费用、销售费用、销售税金及开发利润，以确定被估在建工程价值的一种评估方法。其计算公式如下：

$$在建工程价值=房地产预期售价(市场法或收益法评估)-(后续工程成本+后续工程费用+正常利税) \quad (5\text{-}31)$$

此方法一般适合于完成工程量较少的在建工程的评估。

复习思考题

一、思考题

1. 土地的经济特性有哪些？
2. 地价的特征有哪些？
3. 房地产评估应遵循哪些原则？
4. 影响房地产价格的因素有哪些？
5. 房地产投资的风险性表现在哪些方面？
6. 简述新建房地产评估的成本法。
7. 简述土地评估的成本法。
8. 简述房地产的功能性贬值和经济性贬值。
9. 简述假设开发法的思路。
10. 什么是标定地价？什么是基准地价？它们各有什么特点？
11. 简述在建工程评估的几种方法及其评估思路。

二、单项选择题

1. 某宗土地为2 000m^2，土地单价为1 000元/m^2，国家规定的容积率为4，建筑密度为0.50，则楼面地价为（　　）元/m^2。

A. 250　　B. 500　　C. 1 000　　D. 2 000

2. 在影响商业房地产价格的区域因素中，对价格影响最大的是（　　）。

A. 交通通达程度
B. 公共公用配套设施状况
C. 区域的繁华程度
D. 城市规划限制

3. 某宗土地为2 000m^2，土地上建一幢10层的宾馆。宾馆首层面积为1 200m^2，第2层～第10层每层建筑面积为1 000m^2，则由此计算出的建筑容积率为（　　）。

A. 0.60　　B. 5.10　　C. 2　　D. 6

4. 在建筑物重置成本的评估中，价格指数调整法一般只适合于（　　）。

A. 大型的建筑物
B. 价格较高的建筑物
C. 账面成本不实的建筑物
D. 单位价值小、结构简单的建筑物

5. 在资产评估中，土地使用权的评估通常是按照其最佳用途为依据进行的，对土地与建筑物用途不协调所造成的价值损失一般以（　　）体现出来。

A. 建筑物的经济性贬值
B. 建筑物的功能性贬值
C. 土地的经济性贬值
D. 土地的功能性贬值

6. 某砖混结构的三层住宅，宅基地为180m^2，建筑面积为400m^2，该房地产的折现率为9%，该房地产评估时的剩余使用年限为10年。经测算，该住宅的年纯收益为50 000元，则用收益法评估该住宅的价格为（　　）元/m^2。

A. 802　　B. 825　　C. 1 054　　D. 1 328

7. 对于施工、形象进度正常的在建工程，其评估价值一般应按在建工程的（　　）。

A. 市场价格　　B. 账面价值　　C. 重置成本　　D. 收益价格

8. 在在建工程评估中，形象进度法适用于（　　）。

A. 施工期较短且价格变化较小的在建工程
B. 施工期较短且价格变化较大的在建工程
C. 施工期较长且价格变化较小的在建工程
D. 施工期较长且价格变化较大的在建工程

9. 基准地价修正系数法从评估原理的角度划分可归属于（　　）。

A. 收益法　　B. 成本扣除法　　C. 市场法　　D. 清算价格法

10. 在房地产评估中，当无参照物和无法预测未来收益时，则运用（　　）评估较为合适。

A. 成本法　　B. 市场法　　C. 剩余法　　D. 收益法

11. 根据经验，非生产用砖混结构二等房的耐用年限是（　　）年。

A. 30　　B. 40　　C. 50　　D. 60

12. 建设单位管理费通常按（　　）的一定比例估算。

A. 土地取得费
B. 建安工程费
C. 建安工程费及工程附加支出
D. 建安工程费及配套费

13. 下列关于土地的描述中错误的是（　　）。

A. 在我国，所有土地的所有权均属于国家
B. 国有土地使用权可以转让
C. 科技、文化、体育类用地最高出让年限为50年
D. 凡未按土地使用权出让合同规定的期限和条件投资开发、利用土地的，土地使用权不

得转让

14. 土地使用权出让合同约定的使用年限届满，土地使用者需要继续使用土地的，应当最迟于届满前（　　）内申请续期。

A. 3 个月　　B. 6 个月　　C. 12 个月　　D. 18 个月

15. 用于资产评估的房地产收益应该是房地产的（　　）。

A. 实际总收益 - 实际总费用　　B. 实际总收益 - 客观总费用

C. 客观总收益 - 实际总费用　　D. 客观总收益 - 客观总费用

16. 运用收益法评估房地产时，计算房地产总费用的公式正确的是（　　）。

A. 房地产总费用 = 管理费 + 折旧费 + 保险费 + 税金

B. 房地产总费用 = 管理费 + 折旧费 + 保险费 + 税金 + 空房损失费

C. 房地产总费用 = 管理费 + 维修费 + 折旧费 + 保险费 + 税金 + 空房损失费

D. 房地产总费用 = 管理费 + 维修费 + 保险费 + 税金

17. 有一宗土地，出让年期为 40 年，资本化率为 10%，预计未来 5 年的纯收益分别为 20 万元、22 万元、24 万元、21 万元、25 万元，并从第 6 年开始稳定保持在 30 万元水平上，那么该宗土地的收益价格接近于（　　）万元。

A. 263.9065　　B. 266.4212　　C. 373.5815　　D. 102.226

18. 有一宗地，第一年的纯收益为 100 万元，资本化率为 5%，若：①以后各年的纯收益在第一年的基础上逐年递增 1%。②以后各年年纯收益逐年增加 1 万元。则两种情况下该宗土地无限年期价格应分别为（　　）万元。

A. 2 500，1 600　　B. 1 667，2 400　　C. 2 500，2 400　　D. 1 667，1 600

19. 土地“三通一平”是指（　　）。

A. 通水、通热、通路、平整地面　　B. 通水、通路、通电、平整地面

C. 通水、通路、通气、平整地面　　D. 通气、通电、通信、平整地面

20. 某待估房地产，已知建筑物还原利率为 8%，土地还原利率为 6%，建筑物价值占房地产总价值的 45%，则该房地产综合还原利率应为（　　）。

A. 5%　　B. 6%　　C. 6.9%　　D. 7.1%

21. 待估建筑物账面原值 150 万元，竣工于 1995 年底，假定 1995 年的价格指数为 100%，从 1996 年到 2000 年的价格指数每年增长幅度分别是 11.70%、17%、20.50%、6.90%、4.80%，问 2000 年底该建筑物的重置成本最有可能是（　　）万元。

A. 2 650　　B. 265　　C. 2 410　　D. 241

22. 运用使用年限法估测建筑物实体有形损耗率是以（　　）与建筑物全部使用年限的比率求得。

A. 已使用年限　　B. 剩余使用年限

C. 实际已使用年限　　D. 已提折旧年限

23. 采用成本法评估建筑物是以（　　）为依据的。

A. 预算定额合理　　B. 建筑物客观投入合理

C. 建材价格变化不大　　D. 人工费率变化不大

24. 对于建筑物的过剩功能，在评估时可考虑按（　　）处理。

A. 功能性贬值　　B. 建筑物增值
C. 经济性贬值　　D. 经济性溢价

25. 运用市场法评估房地产价值时，通过区域因素修正后，可将参照物价格修正为(　　)条件下的价格。

A. 评估对象所处区域　　B. 参照物所处区域
C. 城市平均区域　　D. 参照物规划区域

26. 在房地产开发中的“三通一平”费用属于(　　)。

A. 基础设施配套费　　B. 公共事业配套费
C. 小区开发配套费　　D. 城市建设配套费

27. 城镇土地的基准地价是(　　)。

A. 某时点城镇土地单位面积价格　　B. 某时期城镇土地单位面积价格
C. 某时点城镇区域性土地平均单价　　D. 某时期城镇区域性土地平均单价

28. 造成房地产经济性贬值的根本性标志是(　　)。

A. 利用率下降　　B. 部分闲置
C. 实际收益率下降　　D. 客观收益下降

29. 土地使用权按土地不同用途规定相应的最高出让年限，下列各项：①居住用地。②工业用地。③教育科研文化卫生体育用地。④商业旅游娱乐用地。⑤综合或其他用地。其最高出让年限正确的是(　　)。

A. 70、50、50、40、50　　B. 70、50、50、40、40
C. 60、50、50、40、50　　D. 60、50、40、40、50

30. 某宗土地，土地单价为10 000元/m^2，规划容积率为8，建筑密度为0.50，则其楼面地价为(　　)元/m^2。

A. 5 000　　B. 1 250　　C. 800　　D. 20 000

31. 某待估宗地剩余使用年限为30年，还原利率为6%，比较实例价格为3 000元/m^2，剩余使用年限为40年，若不考虑其他因素，则评估对象的评估价值接近于(　　)元/m^2。

A. 3 279　　B. 2 250　　C. 2 744　　D. 4 000

32. 评估房地产时需要考虑的主要风险是(　　)。

A. 不可位移　　B. 使用时间长　　C. 不易变现　　D. 规划限制严

33. 若反映宗地地价水平，(　　)指标更具说服力。

A. 楼面地价　　B. 土地单价　　C. 建筑单价　　D. 基准地价

34. 有一宗地深度为150m，若标准深度为100m，按照“四三二一”法则，该宗地的单独深度百分率为40%、30%、20%、10%、9%、8%，则其平均深度百分率为(　　)。

A. 117%　　B. 78%　　C. 58.5%　　D. 19.5%

35. 土地市场的不完全竞争性是由土地的(　　)决定的。

A. 稀缺性　　B. 用途多样性　　C. 不可再生性　　D. 价值增值性

36. 待估土地年总收入为300万元，年总费用为250万元，剩余使用年限为40年，折现率为6%，则其评估价值最接近于(　　)万元。

A. 700　　B. 800　　C. 833　　D. 752

37. 我国土地使用权出让的最高年限由（　　）确定并公布。

A. 国土资源部　　B. 建设部

C. 省、自治区、直辖市政府　　D. 国务院

38. 如果某房地产的售价为 1 000 万元，其中建筑物价格为 600 万元，地价 400 万元，该房地产的年客观收益为 72 万元，建筑物的资本化率为 8%，那么土地的资本化率最接近于（　　）。

A. 8%　　B. 7.5%　　C. 6%　　D. 5%

39. 若被评估在建工程建设量较少，但建筑材料和建筑人工等后续价格变动较大，则可选择的最佳评估方法为（　　）。

A. 成本法　　B. 工程形象进度法　　C. 收益法　　D. 假设开发法

40. 在符合城市规划的前提下，村庄、集镇、建制镇中的农民集体所有的（　　）可以依法转让。

A. 建设用地所有权　　B. 建设用地使用权

C. 耕地的所有权　　D. 耕地的使用权

三、多项选择题

1. 一宗住宅用房屋购置于2002 年3 月，2010 年3 月评估其公平交易价值。评估时该地区房产已普通采取保温措施，但该房并没有采取保温措施，且由于客厅为阴厅设计，不符合现代人交际和生活的需要，因此出售时询问者寥寥。你认为该房产主要存在的贬值有（　　）。

A. 实体性贬值　　B. 功能性贬值

C. 经济性贬值　　D. 运营成本的提高

2. 某楼盘的广告营销词为“明湖畔，学府旁，白金教育配套”，说明影响房地产价格的因素有（　　）。

A. 教育科研水平　　B. 环境状况因素　　C. 城市设施状况　　D. 经济地理区位

3. 下列费用中属于建筑安装工程费的有（　　）。

A. 招投标费　　B. 质量监督费　　C. 测量、勘察设计费

D. 竣工图费　　E. 城市规划设计费

4. 应该由政府指定并定期公布的房地产价格有（　　）。

A. 基准地价　　B. 交易底价　　C. 标定地价

D. 房屋重置价格　　E. 转让价格

5. 评估建筑物时需考虑的因素包括（　　）。

A. 产权性质　　B. 用途　　C. 建筑结构

D. 建设单位　　E. 装修质量和水平

6. 下列可能引起某住宅小区房价上涨的因素有（　　）。

A. 靠近公园　　B. 与市第一监狱临近　　C. 英伦皇家设计风格

D. 某明星在此置业　　E. 施工质量优良

7. 土地的经济特性有（　　）。

A. 供给的稀缺性　　B. 可垄断性　　C. 不可再生性

D. 土地利用的多方向性　　E. 效益的级差性

8. 土地使用权出让可采用（ ）方式。

A. 协议　B. 招标　C. 划拨　D. 拍卖

9. 在用成本法评估新建房地产时，属于基础设施建设费的项目有（ ）。

A. 供电工程费　B. 红线内自来水设施建设费　C. 雨水处理费

D. 管理费用　E. 销售广告宣传费用

10. 国家征用集体土地而支付给集体经济组织的费用包括（ ）。

A. 土地补偿费　B. 拆迁费　C. 安置补助费

D. 地上附着物补偿费　E. 青苗补偿费

11. 运用成本法评估土地使用权价值时，考虑投资利润时所使用的利润率指标的计算基数可以有（ ）。

A. 土地取得费用和土地开发费用

B. 土地取得费用和土地增值收益

C. 土地开发费用和土地增值收益

D. 开发后的土地地价

E. 土地增值收益、土地取得费用和土地开发费用

12. 房地产评估的经济技术原则包括（ ）。

A. 供求原则　B. 替代原则　C. 最有效使用原则

D. 贡献原则　E. 合法原则

13. 土地使用权转让是指土地使用者将土地使用权再转移的行为，包括（ ）。

A. 出售　B. 继承　C. 交换　D. 赠与

14. 以下关于影响房地产价格因素的说法中，阐述正确的有（ ）。

A. 将某建制镇升格为市，通常会引起此地房地产价格的上涨

B. 某建设用地在征用前曾是坟墓用地，会引起此地房地产价格的下降

C. 某地由工业用途被规划为商业用途，会引起该地价的下降

D. 某地区处于大的地震带上，会引起此地房地产价格的下降

15. 由于土地用途改变而带来的增值收益应在（ ）之间合理分配。

A. 土地所有者　B. 土地使用者

C. 土地投资者　D. 房地产建设者

四、判断题

1. 土地的经济供给是指在土地的自然供给范围内，对土地进行了开发、规划和整治，以满足人类不同需求的土地供给。（ ）

2. 用成本法评估房地产价格，计算投资利息时，所有投资的计算期都应为整个开发期。（ ）

3. 通常情况下，在建工程的投资额就可以反映出在建工程的形象进度。（ ）

4. 最有效使用原则是房地产评估的最高原则。（ ）

5. 国有土地所有权只能在土地一级市场交易，而不能在二级市场交易。（ ）

五、评估题

1. 有一宗“七通一平”待开发建筑用地，面积为1 000m^2，使用期限为50年，容积率为

5，拟开发建设写字楼，建设期为 2 年，建筑费用为 3 500 元/m^2，专业费用为建筑费用的 10%，建筑费用和专业费用在整个建设期内均匀投入，写字楼建成后拟对外出租，租金水平预计为 2 元/(m^2·日)，管理费用为年租金的 2%，维修费用为建筑费用的 1.50%，保险费用为建筑费用的 0.20%，税金为年租金的 17.50%，贷款利率为 6%，房地产综合还原利率为 7%，开发商要求的利润率为地价和开发成本（建筑费用 + 专业费用）之和的 20%。试评估该宗土地的地价。

2. 某房地产公司于 2000 年 1 月以有偿出让方式取得一块土地 50 年的使用权，并于 2002 年 1 月在此地块上建成一座框架结构的写字楼，经济耐用年限为 60 年，残值率为 0。评估基准日，该类建筑重置价格为 2 500 元/m^2。该建筑物占地面积为 1 000m^2，建筑面积为1 800m^2，现用于出租，每年实收租金为 72 万元。另据调查，当地同类写字楼出租租金一般为每月每建筑平方米 50 元，空置率为 10%，每年需支付的管理费为年租金的 3%，维修费为重置价的 1.50%，土地使用税及房产税为每建筑平方米 25 元，保险费为重置价的 0.20%，土地资本化率为 6%，建筑物资本化率为 8%。试根据以上资料评估该宗地 2003 年 1 月土地使用权的收益价格。

3. 某宗地所在地区的土地取得费是 15 万元/km^2，土地开发费为 10 万元/km^2，土地开发周期为 20 个月，土地开发费在开发期内为均匀投入，贷款月利率为 1%，按月计算复利，土地开发的投资回报率为 10%，土地增值收益为 15%，土地资本化率为 7%，土地使用年期为 30 年。试评估该宗地的价格。

4. 有一宗土地，土地使用权出让期限为 50 年，资本化率为 10%，预计未来前 5 年的纯收益分别为 16 万元、15 万元、17 万元、15 万元、20 万元，从第 6 年开始，纯收益大约可以稳定在 25 万元左右。试评估该宗土地的收益价格。

5. 有一宗地产，目前的纯收益为 100 万元，资本化率为 5%。若：①未来各年的纯收益将在上一年的基础上增加 10 万元。②未来各年的纯收益将在上一年的基础上增加 1%。试分别评估两种情况下的地产收益价格。

6. 某宗地从 2004 年 1 月 1 日 ~2009 年 1 月 1 日的五年中，每年的纯收益为 100 万元。预计从 2009 年 1 月 1 日起，每年纯收益逐年递增 2 万元，资本化率为 8%。试评估该宗地在 2004 年 1 月 1 日时的价格。

复习思考题答案

一、略

二、单项选择题

1. A	2. C	3. B	4. D	5. B	6. A	7. C	8. A	9. C
10. A	11. C	12. B	13. A	14. C	15. D	16. D	17. A	18. C
19. B	20. C	21. B	22. C	23. B	24. A	25. A	26. A	27. D
28. D	29. A	30. B	31. C	32. C	33. A	34. B	35. C	36. D
37. D	38. C	39. D	40. B					

三、多项选择题

1. A，B，C　2. A，B，D　3. A，B，D　4. A，C　5. A，B，C，E

6. A, C, D　7. A, B, D, E　8. A, B, D　9. A, B, C　10. A, C, D, E
11. A, D　12. A, B, C, D, E　13. A, C, D　14. A, B, D　15. A, B, C

四、判断题

1. ✓　2. ×　3. ×　4. ×　5. ×

五、略

第六章 无形资产评估

学习目标

掌握无形资产的基本理论及评估特点，收益法、成本法和市场法在无形资产评估中的应用，如何对专利资产和专有技术进行评估，如何对商标资产进行评估，如何对版权进行评估，如何对商誉进行评估等内容。

案例引导

A、B 公司是规模相似的两家纺织企业。A 公司在成立之初就建立了自己的营销团队，对产品进行了广泛的推销，并对产品进行了完善的售后服务，同时大力宣传企业文化，因而迅速占领了国内市场，产品的售价也比同类产品稍高。B 公司在管理上也非常重视产品质量，但没有注重对产品和企业文化的宣传，因而其盈利能力远在 A 公司之下。请思考，使 A 公司盈利能力提高的因素有哪些？这些因素可以形成企业的资产吗？

第一节 无形资产评估概述

一、无形资产的特点及分类

（一）无形资产的特点

我国于 2008 年颁布的《资产评估准则——无形资产》中指出，无形资产是指由特定主体拥有或控制的，不具有实物形态，能持续发挥作用且能为特定主体带来经济效益的资源。无形资产与有形资产相比，具有以下几个特点：

1. 非实体性

无形资产与有形资产最大的区别在于，有形资产的价值取决于有形要素的贡献，无形资产的价值则取决于无形要素的贡献，因而，无形资产为经济主体带来收益的方式与有形资产不同。

无形资产的非实体性特征决定了在用成本法评估无形资产的价值时，只需考虑其无形损耗，不需考虑有形损耗。

2. 排他性

排他性是指只有无形资产被特定主体所排他拥有，才能为特定主体带来超额利润。如果技术由于保护不当成为公知的技术，则不应当再作为无形资产评估。

3. 共益性

由于无形资产不具有实物形态，因而可以由多个主体共同拥有，并为多个主体带来超额利润，这与有形资产发挥效用的方式大不相同，无形资产的这种特性被称做共益性。如一项技术专利在一个企业使用的同时，并不影响转让给其他企业使用。

但是，由于市场的有限性和竞争性，当无形资产的使用者超出一定规模时就会引起市场实现困难，妨碍特定主体取得垄断利润和高额利润，所以在评估时应当结合无形资产所附着的有形资产的广度来正确确定无形资产的价值；同时，对于转让无形资产的一方也应充分考虑由于其转让无形资产而形成的机会成本或维持市场占有率而增加的运营成本。

4. 替代性

替代性是指当一种技术或工艺被另一种技术或工艺取代时，它的价值将不复存在。因而在考虑无形资产的使用期限时，应当充分考虑无形资产更新换代的速度。更新速度越快的无形资产，其发挥效用的年限就越短。

5. 成本的弱对应性

无形资产在研发过程中发生的费用支出与无形资产的获利能力往往并不成正比，因而在用成本法评估无形资产的价值时，通常需要对人类的活劳动进行加倍计算。即便如此，往往也会出现评估价值过低的问题。考虑到无形资产的这个特点，在评估无形资产时一般应采用收益法，根据其效用的高低评估其价值的大小。

6. 收益的不稳定性

与有形资产相比，无形资产获取的收益具有极大的不稳定性，因此，在评估时应当充分考虑其收益的特点。在用收益法评估时，切不可用现在的收益代表未来收益，也不可将某一时期的收益视做不变的收益套用公式，而应当进行具体的分析。

（二）无形资产的分类

（1）按企业取得无形资产的方式划分，无形资产可分为企业自创（或自身拥有）的无形资产和外购的无形资产。企业自创的无形资产是指由企业自己研制创造获得或者由于客观原因形成的无形资产，如自创专利、非专利技术、商标权、商誉等。企业外购的无形资产是指企业以一定代价从其他单位购入的无形资产，如外购专利权、商标权等。通常自创性无形资产的账面价值具有成本不完整性的特点，因而不能代表无形资产的价值。

（2）按无形资产能否独立存在划分，无形资产可分为可确指的无形资产和不可确指的无形资产。凡是那些具有专门名称，可单独地取得、转让或出售的无形资产，称为可确指的无形资产，如专利权、商标权、著作权、客户关系、商业特许权、租赁权等；那些不可特别辨认，不可单独取得，离开企业就不复存在的无形资产，称为不可确指的无形资产，如商誉。

（3）按有无法律保护划分，无形资产可分为有法律保护的无形资产和无法律保护的无形资产。前者如专利权和商标权，后者如专有技术。

（4）按无形资产的构成内容划分，无形资产可分为权利型资产（如租赁权）、关系型资产（如顾客关系、客户名单）、组合型资产（如商誉）、知识产权（包括专利权、商标权和版权）。

二、影响无形资产评估价值的因素

进行无形资产价值评估时，首先应明确影响无形资产评估价值的因素。一般来说，影响无形资产价值评估的因素主要包括以下几个：

1. 获利能力因素

获利能力因素主要是指无形资产的预期收益能力，这是影响无形资产评估价值最重要的因素之一。一项无形资产，在环境、制度允许的条件下，获利能力越强，其价值越高；获利能力越弱，其价值越低。

2. 技术因素

技术因素主要影响技术型无形资产的评估价值。一般地，如果技术更新换代的速度越快，则该种无形资产被替代的速度也可能越快，其发挥效用的期限就可能越短。另外，无形资产的技术成熟度对无形资产的价值影响很大，通常，越不成熟的技术被其他成熟技术超越或替代的速度越快，因而其评估价值越低。

3. 风险因素

无形资产从开发到受益会遇到多种类型的风险，包括开发风险、转化风险、实施风险、市场风险等，这些风险因素使无形资产价值的实现存在一定的不确定性，从而对无形资产的价值评估产生影响。在用收益法评估无形资产时，风险因素可以在折现率中得以体现。

4. 无形资产的取得成本

对企业取得的无形资产来说，外购无形资产较易确定成本，自创无形资产的成本计量更困难些。自创无形资产的成本项目包括开发成本、转化成本、获权及维权成本、交易成本等。一般来说，一项无形资产成本越高，其价值越高，这是运用成本法计算无形资产价值的理论基础。但是，这个规律并不是绝对的，在很多情况下，无形资产的取得成本高，尤其是开发成本高，但并不能够为持有者带来更高的收益，因而，无形资产的取得成本并不是影响无形资产价值的重要因素。

5. 机会成本

机会成本是指该项无形资产转让、投资、出售后失去市场而损失收益的大小。失去的市场越大，企业在转让无形资产时必然要求越高的价格。

6. 市场因素

市场因素一般反映在两个方面：一是无形资产市场的需求情况，二是无形资产的适用程度。对于可出售、转让的无形资产，其评估值随市场需求的变动而变动。市场需求越大，则评估值越高；市场需求越小，则评估值越小。同样，无形资产的适用范围越广，适用程度越高；需求量越大，价值就越高。

7. 无形资产所处行业因素

一般地，某行业获利能力越高，则相应地该行业无形资产的价值也越高。

8. 使用期限

使用期限的长短，一方面取决于该项无形资产的先进程度，另一方面取决于其无形损耗的大小。考虑无形资产的期限，除了应考虑法律保护期限外，更主要的是考虑其具有实际超额收益的期限（或收益期限）。比如某项专利的法律保护期为20年，但由于其无形损耗较大，拥有该项专利实际能获得超额收益的时间为10年，则这10年即为评估该项专利时应考虑的期限。

9. 其他因素

宏观经济政策、转让内容等也会影响待估无形资产的价值，在转让过程中有关条款的规定会直接影响其评估值。

三、无形资产的评估程序

无形资产的评估程序是指评估无形资产的操作规程。评估程序既是评估工作规律的体现，也是提高评估工作效率，确保评估结果科学有效的保证。无形资产评估一般按下列程序进行：

（一）明确评估目的

无形资产因评估目的不同，其评估的价值类型和选择的方法也不一样，评估结果也会不同。评估目的由发生的经济行为决定，一般来说无形资产须以产权利益主体变动为前提。从目前所发生的情况看，下述业务较多：①无形资产转让。②无形资产出资。③股份制改造。④企业合资、合作、重组及兼并。⑤银行质押贷款。⑥法律诉讼。⑦财务报告。⑧纳税，等等。

（二）确认无形资产

对无形资产进行评估时，资产评估师应对被评估的无形资产进行确认，这是进行无形资产评估的基础工作，直接影响到评估范围和评估价值的科学性。通过无形资产的确认，可以解决以下问题：

1. 确定无形资产存在

它主要是指验证无形资产来源是否合法，产权是否明确，经济行为是否合法、有效。它可以从以下几个方面进行：

（1）查询其技术的内容、国家有关规定、专业人员评价情况、法律文书（如专利证书、技术鉴定书等），核实有关资料的真实性、可靠性和权威性。

（2）分析无形资产运用所要求的与之相适应的特定技术条件和经济条件，鉴定其应用能力。

（3）确定无形资产的归属是否为委托者所拥有，要考虑其存在的条件和要求，对于剽窃、仿造的无形资产要加以鉴别。有的无形资产要分析其历史渊源，看其是否符合国家的有关规定。

2. 确定无形资产种类

它主要是指确定无形资产的种类、具体名称和存在形式。有些无形资产是由若干项无形资产综合构成的，应加以确认和分离，避免重评和漏评。

3. 确定无形资产的有效期限

无形资产的有效期限是其存在的前提。某项专利权如超过法律保护期限，就不能作为专利权评估。有效期限对无形资产评估价值具有很大影响。比如有的商标，历史越悠久，价值越高；有的商标历史虽然不悠久，但也不一定不值钱。

（三）收集相关资料

收集无形资产的相关资料，一般来说这些资料的内容包括：①无形资产的转让、出资、质押等行为是否受到国家法律、法规或其他方面的限制，以确定相关行为的可行性。②与无形资产存在有关的法律文件或其他证明材料。③分析无形资产的性质和特点，目前的发展情况。④无形资产能否获得显著的、持续的可辨识经济利益。⑤无形资产的获利能力、获利方式、获利程度。⑥无形资产相关交易行为实施的地域范围、领域范围。⑦类似无形资产的相关交易价格。⑧无形资产以往的评估和交易情况。⑨无形资产的剩余经济寿命和法定寿命。⑩无形资产的相关保护措施及保护程度。⑪与该项无形资产有关的宏观经济环境、行业状况及发展前景、企业状况及发展前景等信息。⑫与无形资产获利能力有关的其他信息。

（四）确定评估方法

应根据无形资产的具体类型、特点、评估目的及外部市场环境等具体情况，选用市场法或收益法、成本法等评估方法。

采用市场法评估无形资产时，特别要注意被评估无形资产必须确实适合运用市场法，注意掌握公开市场原则，充分重视被评估无形资产的特点。当类似无形资产之间具有可比性时，可根据它们的交易条件、市场交易价格和价值影响因素的差异，调整确定评估值；当被评估无形资产曾向多个使用者转让使用权时，可结合受让者的具体情况调整确定评估值。

采用收益法评估无形资产时，要注意分析超额获利能力和预期收益，注意收益额的计算口径与被评估无形资产相对应，不将其他资产带来的收益误算到无形资产收益中；要充分考虑法律法规、宏观经济环境、技术进步、行业发展变化、企业经营管理、产品更新和替代等因素对无形资产收益期、收益率和折现率的影响。

当被评估无形资产确具超额获利能力，但不宜采用市场法和收益法时，可采用成本法进行评估。要注意根据现行条件下重新形成或取得该项无形资产所需的全部费用（含资金成本）确定评估值，在评估中要注意扣除实际存在的功能性贬值和经济性贬值。

（五）整理并撰写报告，得出评估结论

无形资产评估报告书是无形资产评估过程的总结，也是资产评估师承担法律责任的依据。评估报告书要简洁、明确，避免误导。

无形资产评估报告的基本要求应符合《资产评估准则——无形资产》的要求。应当强调的是无形资产评估报告中要注重评估推理过程的陈述，明确阐释评估结论产生的前提、假设及限定条件，各种参数的选用依据，评估方法使用的理由及逻辑推理方式。

第二节　无形资产评估的收益法

一、无形资产评估中收益法的应用形式

根据无形资产转让方式的不同，收益法在应用上可以表示为下列两种方式：

$$\text{无形资产评估值} = \sum_{t=1}^{n} \frac{K \times R_t}{(1+r)^t} \tag{6-1}$$

式中　K——无形资产分成率；

r——折现率；

R_t——第 t 年使用无形资产带来的收益。

$$\text{无形资产评估值} = \sum_{t=1}^{n} \frac{R_t}{(1+r)^t} \tag{6-2}$$

式中　R_t——第 t 年的超额收益。

二、收益法应用中各项技术经济指标的确定

（一）无形资产超额收益的确定

无形资产收益额的测算是采用收益法评估无形资产的关键步骤。无形资产收益额一般采用净利润口径。如前所述，无形资产收益额是指由无形资产带来的超额收益。同时，无形资产收益附着于有形资产发挥作用并产生共同收益。因此，关键问题是如何从这些收益中分离出无形资产带来的收益额。无形资产收益通过分成率的方法获得，下面是一些具体的方法：

$$\text{无形资产收益额} = \text{销售收入(利润)} \times \text{销售收入(利润)分成率} \times (1 - \text{所得税税率}) \tag{6-3}$$

1. 直接估算法

通过未使用无形资产与使用无形资产的前后收益情况进行对比分析，确定无形资产带来的收益额。在许多情况下，从无形资产为特定持有主体带来的经济利益上看，我们可以将无形资产划分为收入增长型和费用节约型。

（1）收入增长型无形资产。收入增长型无形资产是指无形资产应用于生产经营过程，能够使得产品的销售收入大幅度增加。增加的原因在于：①生产的产品能够以高出同类产品的价格销售。②生产的产品采用与同类产品相同价格的情况下，销售数量大幅度增加，市场占有率扩大，从而获得超额收益。

第一种原因形成的超额收益可用下式计算：

$$R=(P_2-P_1)Q(1-T) \tag{6-4}$$

式中 R——超额收益；

P_2——使用无形资产后产品的单价；

P_1——使用无形资产前产品的单价；

Q——产品销售量（此处假定销售量不变）；

T——所得税税率。

第二种原因形成的超额收益可以用下列公式计算：

$$R=(Q_2-Q_1)(P-C)(1-T) \tag{6-5}$$

式中 R——超额收益；

Q_2——使用无形资产后产品的销售量；

Q_1——使用无形资产前产品的销售量；

P——产品价格（此处假定价格不变）；

C——产品的单位成本；

T——所得税税率。

因为销售量增加时不仅可以增加销售收入，而且还会引起成本的增加。因此，估算销售量增加形成收入增加，从而形成超额收益时，必须扣减由于销售量增加而增加的成本。

同时应该注意的是，销售收入增加可以引起收益的增加，它们是同方向的，由于存在经营杠杆和财务杠杆效应，销售收入和收益一般不是成同比例变动的，这在计算时应加以考虑。

（2）费用节约型无形资产。费用节约型无形资产是指无形资产的应用使得生产产品中的成本费用降低，从而形成超额收益。可以用下列公式计算为投资者带来的超额收益：

$$R=(C_2-C_1)Q(1-T) \tag{6-6}$$

式中 R——超额收益；

C_2——使用无形资产前的单位产品成本；

C_1——使用无形资产后的单位产品成本；

Q——产品销售量（此处假定销售量不变）；

T——所得税税率。

实际上，收入增长型无形资产和费用节约型无形资产的划分，是一种为了明晰无形资产形成超额收益来源情况的人为的划分方法。通常，在应用无形资产后，其超额收益是收入变动和成本变动共同形成的结果。资产评估师应根据上述特殊情况，加以综合性的运用和测算，以科学地测算超额收益。

2. *差额法*

当无法将使用了无形资产和没有使用无形资产的收益情况进行对比时，采用无形资产和其他类型资产在经济活动中的综合收益与行业平均水平进行比较，可得到无形资产获利能力，即“超额收益”。

（1）收集有关使用无形资产的产品生产经营活动财务资料，进行盈利分析，得到经营利润和销售利润率等基本数据。

（2）对上述生产经营活动中的资金占用情况（固定资产、流动资产和已有账面价值的其他无形资产）进行统计。

（3）收集行业平均资金利润率等指标。

（4）计算无形资产带来的超额收益。

无形资产带来的超额收益 = 经营利润 − 资产总额 × 行业平均资金利润率

或

$$\begin{matrix}\text{无形资产带来}\\\text{的超额收益}\end{matrix}=\begin{matrix}\text{销售收入}\times\\\text{销售利润率}\end{matrix}-\begin{matrix}\text{销售收入}\times\text{每元销售}\\\text{收入平均占用资金}\times\\\text{行业平均资金成本率}\end{matrix}\qquad(6\text{-}7)$$

使用这种方法时，应注意这样计算出来的超额收益，有时不完全由被评估无形资产带来（除非能够认定只有这种无形资产存在），往往是一种组合无形资产超额收益，还需进行分解处理。

3. *分成率法*

无形资产收益通过分成率来确定，是目前国际和国内技术交易中常用的一种实用方法。即

$$\text{无形资产收益额}=\text{销售收入（利润）}\times\text{销售收入（利润）分成率}\qquad(6\text{-}8)$$

对于销售收入（利润）的测算已不是较难解决的问题，重要的是确定无形资产的分成率。

既然分成对象是销售收入或销售利润，因而，就有两个不同的分成率。而实际上，由于销售收入与销售利润有内在的联系，所以可以根据销售利润分成率推算出销售收入分成率；反之亦然。

因为：

$$收益额 = 销售收入 \times 销售收入分成率 \times (1 - 所得税税率)$$
$$= 销售利润 \times 销售利润分成率 \times (1 - 所得税税率)$$

所以：

$$销售收入分成率 = 销售利润分成率 \times 销售利润率$$
$$销售利润分成率 = 销售收入分成率 \div 销售利润率 \quad (6\text{-}9)$$

注：销售利润率 = 销售利润/销售收入

在资产转让实务中，一般是确定一定的销售收入分成率，俗称“抽头”。如在国际市场上一般技术转让费不超过销售收入的1% ~10%，如果按社会平均销售利润率10%推算，则技术转让费为销售收入的3%，相应的利润分成率应为30%。从销售收入分成率本身很难看出转让价格是否合理，但是，换算成利润分成率，则可以加以判断。实际转让实务中因利润额不够稳定也不容易控制和核实，因而，按销售收入分成是可行的。而在评估中则应以评估利润分成率为基础，至于换算成销售收入分成率，只需要掌握销售利润率及各年度利润的变化情况即可。

4. 要素贡献法

有些无形资产已经成为生产经营的必要条件，由于某些原因不可能或很难确定其带来的超额收益，这时可以根据构成生产经营的要素在生产经营活动中的贡献，从正常利润中粗略估计出无形资产带来的收益。

我国理论界通常采用“三分法”，即主要考虑生产经营活动中的三大要素：资金、技术和管理。这三种要素的贡献在不同行业中是不一样的。

（二）无形资产评估中折现率的确定

折现率的内涵是指投资于该项无形资产时相适应的投资报酬率。折现率一般包括无风险利率、风险报酬率。

一般来说，无形资产收益高，风险性强，因此，无形资产评估的折现率往往要高于有形资产评估的折现率。在评估时，评估者应根据该项无形资产的功能、投资条件、收益获得的可能性条件和形成概率等因素，科学地测算其风险利率，以进一步测算出其适合的折现率。另外，折现率的口径应与在无形资产评估中采用的收益额的口径保持一致。

（三）无形资产收益期限的确定

无形资产收益期限或称有效期限，是指无形资产发挥作用，并具有超额获利能力的时间。无形资产价值降低是由于无形损耗形成的，即由于社会科学技术进步而引起价值减少。

无形资产没有物质实体，所以，它的价值不会由于使用或自然力的作用形成有形损耗。然而，无形资产由于科学进步存在着无形损耗，它的价值降低是由于无形损耗形成的。具体来说无形资产收益期限主要由下列三种情况决定：

（1）一种新的，更先进、更经济的无形资产出现，这种新的无形资产可以替代旧的无形资产，使采用原无形资产无利可图时，原有的无形资产价值就丧失了。

（2）无形资产传播面扩大，其他企业普遍掌握这种无形资产，获得这项无形资产时已不需要任何成本，使拥有这种无形资产的企业不再具有获取超额收益的能力时，它的价值也就大幅度贬低或丧失。

（3）企业拥有的某项无形资产所决定的产品销售量骤减，需求大幅度下降时，这种无形资产价值就会减少，以至完全丧失。

无形损耗只影响无形资产价值，而不影响其使用价值，所以，无形资产的无形损耗完全是从相对意义上来说的，仅仅是从知识运用的替代性、积累性、更新和发展的角度来说，仅仅是从它为持有者带来超额收益的角度来讲的，而不是知识的殒灭和废止。

以上说明的是确定无形资产有效期限的理论依据。需要强调的是，无形资产具有获得超额收益能力的时间才是真正的无形资产有效期限。在资产评估实践中，预计和确定无形资产的有效期限，可依照下列方法确定：

（1）法律或合同、企业申请书分别规定法定有效期限和受益年限的，可按照法定有效期限与受益年限孰短的原则确定。

（2）法律无规定有效期，企业合同或企业申请书中规定受益年限的，可按照受益年限确定。

（3）法律和企业合同或申请书均未规定有效期限和受益年限的，按预计受益期限确定。预计受益期限可以采用统计分析或与同类资产比较得出。

同时，应注意的是，无形资产的有效期限要比它们的法定保护期限短得多，因为它们要受许多因素的影响，如废弃不用，人们爱好转变以及经济形势变化等。特别是在科学技术日益发达的今天，其有效期限越来越短。在评估时，对这些情况应给予足够的重视。

第三节　无形资产评估的成本法和市场法

一、无形资产评估中的成本法

采用成本法评估无形资产时，其基本公式如下：

$$无形资产评估值 = 无形资产重置成本 \times 成新率 \tag{6-10}$$

就无形资产重置成本而言，它是指现时市场条件下重新创造或购置一项全新无形资产所耗费的全部货币总额。根据企业取得无形资产的来源情况，无形资产可以划分为自创无形资产和外购无形资产。不同类型的无形资产，其重置成本构成和评估方式不同，需要分别进行估算。

1. 自创无形资产重置成本的估算

自创无形资产的重置成本由创制该项无形资产所消耗的物化劳动和活劳动费用构成。自创无形资产如果已有账面价值，由于它在全部资产中的比重一般不大，所以可以按照定基物价指数作相应调整，即得到重置成本。在实务中，自创无形资产往往无账面价值，需要进行评估。其方法主要有两种：

（1）核算法。它是指依照该项无形资产实际发生的材料、工时消耗量，按现行价格和费用标准进行估算。其计算公式如下：

$$无形资产重置成本 = 生产成本 + 期间费用 + 合理利润 \tag{6-11}$$

其中：生产成本是指在创建无形资产过程中直接和间接耗费的料、工等费用。

$$期间费用 = 管理费用 + 财务费用 + 销售费用 \tag{6-12}$$

（2）倍加系数法。对于投入智力比较多的技术型无形资产，考虑到科研劳动的复杂性和风险，可用倍加系数法进行估算。其计算公式如下：

$$无形资产重置成本 = \frac{C + \beta_1 V}{1 - \beta_2} \times (1 + L) \tag{6-13}$$

式中　C——无形资产研制开发中的物化劳动消耗；

V——无形资产研制开发中的活劳动消耗；

β_1——科研人员创造性劳动倍加系数；

β_2——科研成功的平均风险系数；

L——无形资产投资报酬率。

2. 外购无形资产重置成本的估算

外购无形资产的重置成本包括购买价和购置费用两部分，一般可以采用以下两种方法：

（1）市价类比法。它是指在无形资产交易市场中选择类似的参照物，再根据功能和技术先进性、适用性对其进行调整，从而确定其现行购买价格。

（2）物价指数法。它是指以无形资产的账面历史成本为依据，用物价指数进行调整，进而估算其重置成本。计算公式如下：

$$\begin{matrix}无形资产\\重置成本\end{matrix} = \begin{matrix}无形资产\\账面成本\end{matrix} \times \frac{评估时物价指数}{购置时物价指数} \tag{6-14}$$

从无形资产的价值构成来看，主要有两类费用：一类是物质消耗费用，一类是人工消耗费用。前者与生产资料物价指数相关度较高，后者与生活资料物价指数相关度较高，并且最终通过工资、福利标准的调整体现出来。在评估时，如果这两类物价指数相差较大，则可分别采用不同的物价指数进行计算；如果这两类物价指数相差不大，且两类费用的比重有较大倾斜时，可按比重较大的费用类适用的物价指数来估算。

3. 无形资产成新率的估算

影响无形资产成新率的因素是无形资产的损耗（或贬值）。无形资产的贬值表现为功能性损耗（贬值）和经济性损耗（贬值）。功能性损耗（贬值）表现为由于科学技术进步，使得拥有该项无形资产的单位或个人的垄断性减弱，降低了获取垄断利润的能力而导致的贬值。经济性损耗（贬值）在于无形资产外部环境因素的变化。通常，无形资产成新率的确定，可以采用专家鉴定法和剩余经济寿命预测法进行：

（1）专家鉴定法。它是指邀请有关技术领域的专家，对被评估无形资产的先进性、适用性作出判断，从而确定其成新率的方法。

（2）剩余经济寿命预测法。它是指由资产评估师通过对无形资产剩余经济寿命的预测和判断，从而确定其成新率的方法。其计算公式如下：

$$成新率=剩余使用年限/(已使用年限+剩余使用年限)\times 100\% \quad (6\text{-}15)$$

二、无形资产评估中的市场法

虽然无形资产具有的非标准性和唯一性特征限制了市场法在无形资产评估中的应用，但这并不能排除在评估实务中仍有应用市场法的必要性和可能性。

国外学者认为，市场法强调的是具有合理竞争能力的财产的可比性特征。如果有充分的源于市场的交易案例，可以从中取得作为比较分析的参照物，并能对被评估无形资产与可比参照物之间的差异进行调整时，就可运用市场法。

在运用市场法进行无形资产评估时应注意以下事项：

（1）参照物必须是具有合理比较基础的类似的无形资产。

（2）收集类似的无形资产交易和市场信息是为横向比较提供依据的，而收集被评估无形资产的以往信息是为纵向比较提供依据的。

（3）作为市场法应用基础的价格信息应满足相关、合理、可靠和有效的要求。

（4）无论是横向比较还是纵向比较，参照物与被评估无形资产之间会因时间、空间和条件的变化而产生差异，资产评估师应对此作出言之有理，持之有据的调整。

第四节　专利资产和专有技术的评估

一、专利资产的特点

我国于2008年发布的《专利资产评估指导意见》（中评协［2008］217号文件）中明确了专利资产的概念。专利资产是指权利人所拥有的，能持续发挥作用且能带来经济利益的专利权益。

专利资产的特点表现在以下几个方面：

1. 专利资产确认复杂

对专利资产的确认除核实专利证书外，还应该审查专利权利委托书、说明书及其附图以及专利年费的缴纳情况。

但对于专利资产的确认应当着重于实质而不是形式，如果专利资产不具有获利能力，则不应当作为无形资产确认。

另外，专利资产还具有一定时间性特征、地域性特征、排他性特征和共享性特征。

专利资产的时间性特征是指专利资产有法律规定的时限，一旦超过法律保护的时间，专利法将不再予以保护。因此，专利资产的收益能力应在法律保护的期限内考虑。

专利资产的地域性特征是指一项专利仅在其获得专利权的国家或地区，依当地专利法的规定获得保护。因此，专利资产的收益必须在一定的地域范围内考虑。

专利资产的排他性特征是指法律赋予专利所有人一段时间对该项资产的垄断，由此，专利权人可能获得超额收益。在确定专利资产的价值时，应当充分考虑其排他后所获取的超额收益能力。

专利资产的共享性特征是指专利权人可以许可多家在同一时间，同时使用专利资产。而这种使用范围越广，专利资产获得的超额收益可能越低，在评估时应充分考虑。

2. 收益能力有一定的不确定性

这种不确定性主要体现在专利资产开发的技术风险、专利资产的市场应用风险、专利资产的资金风险及专利资产的管理风险等。因此，在运用收益法评估专利资产时，相比有形资产通常应采用较高的折现率。

二、专利资产的评估目的

专利权转让一般有两种情形：一种是刚刚研制开发的新专利技术，专利权人尚未投入使用就直接转让给接受方；另一种情形是转让的专利已经过长期的或一段时间的生产，是行之有效的成熟技术，而且转让方仍在使用。

专利权转让形式很多，但总地来说，可以分为全权转让（所有权转让）和使用权转让。不同权限的转让的评估值也不相同。

1. 使用权限

（1）独占使用权。它是指在许可证合同所规定的时间和地域范围内卖方只把技术转让给某一特定买主，买方不得转卖给第二家买主，同时卖主自己也不得在合同规定范围内使用该项技术和销售该项技术生产的产品。

（2）排他使用权，亦称独家使用权。它是指卖方在合同规定的时间和地域范围内只把技术授予买方使用，同时卖方自己保留使用权和产品销售权，但不再将该项技术转让给第三者。

（3）普通使用权。它是指卖方在合同规定的时间和地域范围内可以向多家买主转让技术，同时卖方自己保留使用权和产品销售权。

2. 地域范围

它是指专利许可大多数都规定明确的地域范围，如某个国家或地区，买方的使用权不得超过这个地域范围。

3. 时间范围

它是指技术许可证合同一般都规定有效期限，时间的长短因技术而异。一项专利技术的许可期限一般要和该项专利的法律保护期相适应。

三、专利资产的评估程序

（一）确认专利资产存在

1. 形式上的确认

一般应当确认两个方面：①先了解专利资产的基本情况。②进一步确定其是否有效，是否能够带来经济利益。

为了明确专利资产的基本情况，一般应当获取专利资产的名称、类别、专利申请适用的区域、专利申请号或编号、专利的法律状态、专利的申请时间、授予批准时间和权利要求内容等信息。

由于资产评估主要从实质上确定专利是否具有获利能力，因而资产评估师在了解专利基本信息后，应当进一步确定专利的有效性。

2. 实质上的确认

一般不能仅仅根据专利证书就证明专利资产的有效性，因为专利证书虽然是依法授予的凭证，但在授权以后，如果专利未交年费或经过宣告后无效，则这种专利不再具备获利能力。事实上，失效的专利证书国家是不予以收回的，应由有关专家鉴定该项专利的有效性。专利检索是实施鉴定的重要环节。

另外，在实务中，某些实用新型可能并不具备专利性，因此，资产评估师在评估时，应当核实该项专利是否具有专利性。由于我国对实用新型专利实行“初步审查”制度，很多已授权的实用新型是不符合专利法的实质性要求的，因此，即使是有效的实用新型专利，仍可能不具备“三性”或经过无效程序，丧失专利权。在无效程序中，关键是对技术专利性的判断，实用新型专利的稳定性是不足的。资产评估师在评估之前，必须对被评估无形资产的权利稳定性进行分析。由于专利技术的专业性较强，在必要的情况下，应咨询该技术领域的专家，对专利技术进行分析。只有在确定专利权有效的前提下，才能够开展对技术的评估。丧失专利权的技术，实质上也就丧失了作为资产的条件，不再具有评估意义上的价值。

（二）选择评估方法并搜集相关资料

根据无形资产评估的操作规范，我国专利资产评估一般采用三种方法：成本法、收益法和市场法。资产评估师应当分析评估目的，确定适用的资产评估方法，根据方法的要求搜集相关资料。

（三）对专利资产价值进行评定估算

资产评估师应当根据被评估无形资产的技术状况、收益能力、形成的市场需求及投资可行性进行详细分析，以确定其评估价值。

由于技术的先进性及成熟度对无形资产的价值影响较大，因而，资产评估师应当分析技术的先进性及在现实中是否运用成熟。从收益法和市场法的角度来看，技术越先进，越成熟，其评估值就越高。

（四）完成评估报告

评估报告是专利资产评估结果的最终反映，但这种结果是建立在各种分析、假设基础上的。为了说明评估结果的有效性和适用性，评估报告应详尽说明评估中的各有关内容。

四、专利资产的评估方法及案例

（一）收益法

采用收益法评估时，在操作上最根本的问题是如何寻找、判断、选择和测算评估中的各项技术指标和参数，即专利资产的收益额、折现率和获利期限。

专利资产的收益额是指直接由专利资产带来的预期收益。超额收益的来源，在于收入的增加和成本费用的节约，因此，可以将专利资产划分为收入增长型和费用节约型，也可以用利润分成率的方法来测算。

采用利润分成率测算专利资产收益额，即以专利资产投资产生的收益为基础，按一定比例（利润分成率）分成确定专利资产的收益。利润分成率反映专利资产对整个利润额的贡献程度。我国理论工作者和资产评估师通常认为利润分成率在 25% ~33% 之间较合适。

利润分成率是对与专利资产结合的资产共同形成的利润的分成，在实际操作过程中通常采用一种变通的方法，即以销售收入分成率替代利润分成率，相应的分成基础也就由利润变成销售收入了。但销售收入分成率合理性的基础仍然是利润分成率，这是必须明确的。

至于专利资产评估中折现率和收益期限的确定，在前面的章节中已有说明，在此不再详述。下面通过案例说明专利权评估过程。

【例 6-1】 A 有限公司于三年前自行开发了一项技术，并获得了专利权证书，专利保护期为 15 年。现在，该公司准备将该项专利技术出售给 B 有限公司，现需要对该项专利技术进行评估。

评估分析和计算过程如下：

（1）评估对象和评估目的。由于 A 公司系出售该项专利技术，所以评估对象是转让的专利技术的所有权。

（2）专利技术鉴定。该项专利技术已申请专利，该项专利技术所具备的基本功能可以从专利说明书以及有关专家鉴定书中得到。此外，该项专利技术已在A公司使用了三年，产品已进入市场，并深受消费者欢迎，市场潜力较大。因此，该项专利技术的有效功能较好。

（3）评估方法选择。该项专利技术具有较强的获利能力，而且，同类型技术在市场上被接受使用的情况较多，分成率较容易获得，从而为测算收益额提供了保证。因此，决定采用收益法进行评估。

（4）判断确定评估参数。根据对该类专利技术的更新周期以及市场中产品更新周期的分析，确定该项专利技术的剩余使用期限为5年。根据对该类专利技术的交易实例的分析以及该类专利技术对产品生产的贡献分析，资产评估师将销售收入分成率定为3%。

根据过去的经营绩效以及对未来的市场需求的分析，资产评估师对未来5年的销售收入进行预测，认为未来5年的销售收入分别为500万元、480万元、600万元、600万元和600万元。根据当期的市场投资收益率，资产评估师确定适用的折现率为15%。

（5）计算评估值。得出结论见表6-1。

表6-1　评估计算表　　单位：万元

年份	预期收入 ①	专利分成额 ②=①×3%	15%的复利现值系数 ③	专利收益折现值 ④=③×②
1	500	15	0.8696	13.04
2	480	14.40	0.7561	10.89
3	600	18	0.6575	11.84
4	600	18	0.5718	10.29
5	600	18	0.4972	8.95
合计				55.01

因此，该项专利的评估值为55.01万元。

（二）成本法

专利分为自创和外购两种。外购专利的重置成本的确定比较容易，自创专利技术的成本一般由下列因素组成：

1. 研制成本

研制成本包括直接成本和间接成本两类：直接成本是指在研制过程中直接投入的费用，间接成本是指与研制开发有关的费用。

（1）直接成本。它包括材料费用、工资费用、专用设备费、咨询鉴定费、协作费、培训费、差旅费和其他费用。

（2）间接成本。它包括管理费、非专用设备折旧费、应分摊的公共费用及能源费用。

2. 交易成本

交易成本主要包括技术服务费、交易过程中的差旅费及管理费、手续费和税金。

由于评估目的不同，其成本构成内涵也不一样，在评估时应视不同情形考虑以上成本的全部或部分。

下面用案例说明成本法用于专利技术评估的过程。

【例 6-2】 X 实业股份有限公司由于经营管理不善，企业经济效益不佳，亏损严重，将要被同行业的 Y 公司兼并，需要对 Y 公司全部资产进行评估。该公司有一项专利技术，系两年前自行研制开发并获得专利证书。现需要对该项专利技术进行评估。

评估分析和计算过程如下：

（1）确定评估对象。该项专利技术系 Y 公司自行研制成功并申请了专利，所以 Y 公司对该项专利技术拥有所有权。因此，确定的评估对象是该项专利技术的完全产权。

（2）技术功能鉴定。该项专利技术的专利权证书、技术检测报告书齐全。根据专家鉴定和现场勘察，表明该项专利技术应用中对于提高产品质量，降低产品成本均有很大作用，效果良好，与同行业同类技术相比，处于领先水平。经分析，企业经济效益不佳，产品滞销为企业管理人员素质较低，管理混乱所致。

（3）评估方法选择。由于该公司经济效益不佳，很难确切预计该项专利技术的超额收益；同类技术在市场上尚未发现交易案例。因此，决定采用成本法评估。

（4）各项评估参数的估算。首先，分析测算其重置完全成本。该项专利技术系自创形成，其开发形成过程中的成本资料可从企业中获得。具体如下（单位：元）：

材料费用	90 000
工资费用	20 000
专用设备费	12 000
资料费	2 000
咨询鉴定费	10 000
专利申请费	3 600
培训费	5 000

差旅费	6 200
管理费分摊	4 000
非专用设备折旧费分摊	19 200
专利费用及其他	7 000
合计	179 000

因为专利技术难以复制，各类消耗仍按过去实际发生定额计算，对其价格可按现行价格计算。根据考察、分析和测算，近两年生产资料价格上涨指数分别为6%和7%。因生活资料价格上涨指数难以获得，而专利技术中的工资份额较低，因此，资产评估师决定对所有成本按生产资料价格指数进行调整，估算其重置完全成本。

$$\text{重置完全成本} = 179\ 000 \times (1 + 6\%) \times (1 + 7\%) = 203\ 022(\text{元})$$

其次，确定该项专利技术的成新率。假定该项专利技术的法律保护期限为10年，但据专家鉴定分析，其剩余使用年限仅为5年，由此可以计算成新率：

$$\text{成新率} = \frac{5}{5+2} \times 100\% = 71.43\%$$

（5）计算评估值，得出结论。

$$\text{评估值} = 203\ 022 \times 71.43\% = 145\ 019(\text{元})$$

最后，确定该项专利技术的评估值为145 019元。

五、专有技术的特点

专有技术又称非专利技术、技术秘密，是指未经公开，未申请专利的知识和技巧。它主要包括设计资料、技术规范、工艺流程、材料配方、经营诀窍和图样、数据等技术资料。

一般来说，专有技术是指企业中的某些设计资料、技术规范、工艺流程、配方等。这些资产是否具有超额获利能力，是确定其无形资产价值的关键，一般应根据以下特性判断：

1. 实用性

专有技术的价值取决于其是否能够在生产实践中操作，不能应用的技术不能称为专有技术。

2. 获利性

专有技术必须有价值，表现在它能够为企业带来超额利润。价值是专有技术能够转让的基础。

3. 保密性

保密性是专有技术的最主要特性。如前所述，专有技术不是一种法定的权利，其自我保护是通过保密性实现的。

另外，专有技术与专利技术的区别如下：

（1）专有技术具有保密性，而专利技术则是在专利法规定范围内公开的。

（2）专有技术的内容范围很广，包括设计资料、技术规范、工艺流程、材料配方、经营诀窍和图纸等；专利技术通常包括三种，即发明、外观设计和实用新型。

（3）专利技术有明确的法律保护期限，专有技术没有法律保护期限。

（4）对专利技术的保护通常按《中华人民共和国专利法》进行，对专有技术保护的法律主要有《中华人民共和国合同法》、《中华人民共和国反不正当竞争法》等。

六、影响专有技术评估值的因素

（1）专有技术的使用期限。应由资产评估师根据本领域的技术发展情况、市场需求情况及技术保密情况进行估算，也可以根据双方合同的规定期限、协议情况估算。

（2）专有技术的预期获利能力。专有技术具有使用价值和价值。专有技术的使用价值是专有技术本身所具有的，而专有技术的价值则在于专有技术的使用所能产生的超额获利能力。因此，在评估时应充分研究、分析专有技术的直接和间接获利能力，这是确定专有技术评估值的关键，也是评估过程中的困难所在。

（3）专有技术的市场情况。市场需求越大的专有技术，其价格越高；反之，则低。从专有技术本身来说，一项专有技术的价值高低取决于其技术水平在同类技术中的领先程度。在科学技术高速发展的今天，技术的更新换代速度加快，无形损耗加大，一项专有技术很难持久处于领先水平；另外，专有技术的成熟程度和可靠程度对其价值量也有很大的影响。技术越成熟、可靠，其获利能力越强，风险越小，售价越高。

（4）专有技术的开发成本。专有技术取得的成本也是影响专有技术价值的因素。评估中应根据不同技术的特点，研究开发成本和其获利能力的关系。

（5）保密措施。保密措施是否得当是专有技术使用时间长短的关键因素。资产评估师应分析专有技术的保密措施，核查专有技术是否处于保密状态及易于公开的环节。

第五节　商标资产评估

一、商标资产评估的有关理论

（一）商标及其分类

商标是商品或服务的标记，是指商品生产者或经营者为了把自己的商品或服务与他人的同类商品或服务区别开来，在商品上或服务中使用的一种特殊标记。这种标记一般是由文字、图案或两者组合而成的。

商标的作用：商标表明商品或服务的来源，说明该商品或服务来自何企业；商标能把一个企业提供的商品或服务与其他企业的同一类商品或服务相区别；商标标志一定的商品或服务的质量；商标反映向市场提供某种商品或服务的特定企业的声誉。

从经济学角度来说，商标的这些作用最终能为企业带来超额收益。从法律角度来说，保护商标也就是保护企业获取超额收益的权利。

商标的种类有很多，可以依照不同标准予以分类。

1. 按商标是否具有法律保护的专用权分类

按商标是否具有法律保护的专用权，可以分为注册商标和未注册商标。我国商标法规定："经商标局核准注册的商标为注册商标，商标注册人享有商标专用权，受法律保护。"我们所说的商标权的评估，指的是注册商标专用权的评估。

2. 按商标的构成分类

按商标的构成分类，可以划分为文字商标、图形商标、符号商标、文字图形组合商标、气味商标、色彩商标、音响商标和立体商标等。

3. 按商标的不同作用分类

按商标的不同作用分类，可以分为商品商标、集体商标、服务商标、证明商标。

集体商标是指以团体、协会或者其他组织名义注册，供该组织成员在商事活动中使用，以表明使用者在该组织中的成员资格的标志。证明商标是指由对某种商品或者服务具有监督能力的组织所控制，而由该组织以外的单位或者个人在其商品或者服务中使用，用以证明该商品或者服务的原产地、原料、制造方法、质量或者其他特定品质的标志。

（二）商标权及其特点

商标权是指商标注册后，商标所有者依法享有的权益。它受到法律保护，未注册商标不受法律保护。商标权是以申请注册的时间先后为审批依据，而不以使用的时间先后为审批依据。

商标权一般包括排他专用权（或独占权）、转让权、许可使用权和继承权等。

排他专用权是指注册商标的所有者享有禁止他人未经其许可而使用其商标的权利。

转让权是指商标所有者作为商标权人，将其拥有的商标转让给他人的权利。我国商标法规定："转让注册商标的，转让人和受让人应当签订转让协议，并共同向商标局提出申请。受让人应当保证使用该注册商品的商品质量。""转让注册商标经核准后，予以公告。"

许可使用权是指商标权人依法通过商标使用许可合同允许他人使用其注册商

标。

继承权是指商标权人将自己的注册商标交给继承人继承的权利，但这种继承必须依法办理有关手续。

二、影响商标资产价值的因素

商标权作为一种无形资产，其经济价值并非简单地由设计、制作、申请、保护等方面所耗费用而形成。广告宣传有利于扩大商标的知名度，并需要花费高额费用，但这些费用对商标资产价值只起影响作用，而不是决定作用。商标资产的经济价值体现在它能获得超额收益，如果它不能带来超额收益，商标权也就不具备经济价值。商标带来超额收益的原因，是它所代表的企业的商品质量、性能、服务等效用因素的综合性、重复性的显示，甚至是一定的效用价格比的标志。它实际上是对企业综合素质，尤其是技术状况、管理状况、营销技能的综合反映。另外，商标资产的评估价值还与评估基准日的社会、经济状况以及评估目的等密切相关。因此，商标资产价值的评估应重点考虑以下几个方面：

（一）商标的法律状态

1. 商标的注册情况

我国实行的是“不注册使用与注册使用并行，仅注册才能产生专用权”的商标专用权制度。按照这种制度，只有获得了注册的商标使用人才享有专用权，才有权排斥他人在同类商品上使用相同或相似的商标，也才有权对侵权活动起诉。因而只有注册了的商标才具有经济价值。未注册的商标即使能带来经济效益，其经济价值也得不到确认。

2. 商标权的失效

在我国，注册商标的有效期是 10 年。10 年届满时如果没有申请续展，则商标的注册将被注销，商标权失效。

另外还有几种情况可能导致商标权的失效：自行改变注册商标的；自行改变注册商标的注册人名义、地址或者其他注册事项的；自行转让注册商标的；连续 3 年停止使用的。

商标权一旦失效，原商标所有人不再享有商标专用权，也就失去了评估对象，也就不具备经济价值。

3. 商标权的续展

商标注册人按期提出续展申请，经商标局核准，商标权可以无限续展。在合法续展的情况下，商标权可成为永久性收益的无形资产。驰名老牌商标权的价值一般与其寿命成正比，寿命较长，价值越高。如果没有商标续展的规定，一个驰名商标在临近保护期的前一年进行评估时，其价值可能不如一个刚刚注册，有效期还有 10 年的非驰名商标。但实际上，由于有续展的规定，没有人愿意出高价购买非驰名商标，原因是驰名商标通过续展可以长期为购买者带来比较高的超额收益。

4. 商标权的地域性

商标权的地域范围对商标权的价值有很大影响。商标权具有严格的地域性，商标权只有在法律认可的一定地域范围内受到保护。由于不同国家存在不同的商标保护原则，所以商标权并不是在任何地方都受到法律保护。

5. 商标权在特定的商品范围内有效

商标注册申请采用“一类商品、一个商标、一份申请”的原则。在评估商标资产价值时，要注意商标注册的商品种类及范围，要考虑商品使用范围是否与注册范围相符合。商品权只有在核定的商品上使用才受法律保护，对超出注册范围部分所带来的收益不应计入商标资产的预期收益中。

（二）商标的知名度

通常商标的知名度越大，其所代表的商品的销量会越大，而售价也会越高。因而，资产评估师应当了解商品的知名度，进而评估其价值。

（三）商标所依托的商品

商标权本身不能直接产生收益，其价值大都是依托有形资产来实现的。因此，商标资产的价值与以下几个方面的因素有关：

（1）商品所处的行业及前景。商标所依托的商品所在行业的发展情况，对商标资产的价值可以产生重大影响。朝阳行业的投资收益率一般高于传统行业，相应地这个行业的商标价值也会高些。

（2）商品的生命周期。商品的生命周期包括研制阶段、发展阶段、成熟阶段、衰落阶段。一般商品处于发展或成熟阶段获利能力较强，相应的商标价值也高。

（3）商品的市场占有率、竞争状况。商品的市场占有率标志着商品的竞争状态，市场占有率越大的商品，其商标的价值也高；商品所在的市场竞争越激烈，则其带来的效益越低，相应的商标价值也低。

（4）商品的利润情况。商品所带来的利润与商标带来的利润成正相关的关系。

（5）商品经营企业的素质。同样的商品在不同的经营者手中，可能带来的价值不同。商品经营者的素质高，企业的素质高，则商标的价值就高。

（6）经营业绩。使用商标的商品，历史上经营业绩的好坏可能影响到未来的预测情况。因此，在评估中，虽然评估的是商标的未来收益能力，但资产评估师对未来收益能力的估测，是建立在对现有企业收益能力、收益特征充分了解的基础上的。

（四）宏观经济状况

宏观经济状况会影响购买者的购买能力，因此，在宏观经济景气时，商标资产的评估价值就高，经济低迷时，商标价值就低。

（五）评估目的

按评估内容来划分评估目的时，商标资产的评估目的包括商标使用权的评估和商标所有权的评估，一般地，商标所有权的评估价值会高于其使用权的评估价值。而商标使用权不同，按照使用程序所获得的独占程度也不同，相应地其评估价值也不会相同。

（六）类似商标的交易情况

在用市场法评估商品权的价值时，类似商标的交易情况对被评估商标的评估价值影响较大。资产评估师应当充分考虑商标资产的交易情况，进而评估其价值。

（七）商标设计、广告宣传

设计良好的商标很可能为企业带来更高的收益，广告宣传会扩大商标的影响力，从而为企业带来更高的收益。

（八）其他因素

商标的成本、注册维护、注册时间等因素也会影响商标的价值，尤其当运用成本法评估商标资产时，这些因素的影响会更大。

三、商标资产的经济价值及评估程序

（一）商标资产的经济价值

商标的基本功能在于指明提供商品的生产销售厂商或提供服务的企业，并表明商品或服务的特征。仅从这个角度讲，商标只是一个标志，此时，它所代表的权利即商标资产没有多大的经济价值。然而，一旦某个商品或某项服务具有良好的声誉，并使消费者对这种商品或服务产生好感，那么，该商品或服务所采用的商标知名度会提高，并在消费者心目中留下深刻印象，形成强劲的市场竞争力。此时，商标资产具有了经济价值，因为使用这种商标的商品或服务质量能被消费者所接受，能扩大销量或提高单位产品的价格，能节省广告宣传费用，也就意味着企业能有较高的收益，即与同类企业相比具有超额收益。

（二）商标权评估的程序

1. 承接业务委托并明确有关事项

在承接业务委托之前，通常要求资产评估师对以下方面进行了解：①商标资产的评估目的。②商标的基本信息。③商标评估的范围。④确定评估基准日。⑤可能影响待评估商标价值的其他情况。

2. 向商标权人收集有关资料

向商标权人收集的资料包括：

（1）委托方概况。它包括经营历史、现状及经营业绩（包括前 3 ~5 年财务报表）。

（2）商标概况。它包括商标注册有关的法律性证件、注册时间、注册地点、注册证书号、保护内容、商标的适用范围、商标的种类、商标的法律诉讼情况、商标的知名度、商标有无其他协议等。

（3）商标权的成本费用和历史收益情况。它包括商标权申报或购买、持有等项成本，商标使用、许可使用及转让所带来的历史收益。

（4）商标的知名度、商标的广告宣传情况、同类商品的名牌商标。

（5）商标的预期寿命和收益情况。

（6）相关产业政策、财税政策等宏观经济政策对其的影响。

3. 市场调研和分析

市场调研和分析的主要内容包括：

（1）产品市场需求量的调研和分析。

（2）商标现状和前景的分析。

（3）商标产品在客户中的信誉、竞争情况的分析。

（4）商标产品市场占有率的分析。

（5）财务状况分析。

（6）市场环境变化的风险分析。

（7）其他相关信息资料的分析。

4. 确定评估方法并搜集确定有关指标

商标权评估较多采用收益法，但也不排斥采用市场法和成本法。由于商标的单一性，同类商标价格往往难以获取，使得市场法在应用时受到限制；商标权的投入与产出具有弱对应性，有时设计创造商标的成本费用较低，其带来的收益却很大，相反的情况也存在，因此，采用成本法评估商标权时必须慎重。

采用收益法评估商标权时主要分析确定收益额、折现率和收益期限三项指标。收益额与折现率的评估前已述及，在此不讲。收益期限的确定是进行商标权评估时十分重要的问题。按照商标法的规定，商标权法律保护期限（注册）为10年，到期后可以续展。因此，在评估实践中，有人主张商标权收益期限为10年，有人则认为商标权收益期限应为无限长。其实，由于收益期限是商标权实际能够获取收益的年限，所以，商标权的收益期限确定的依据应是其获取收益期限的估计，应由专家判断分析确定，而不是根据注册年限机械确定。

5. 完成评估报告

计算、分析后得出结论并完成评估报告。

四、商标资产的评估方法

商标权评估时采用的方法一般为收益法，下面举例说明收益法在商标权评估中的应用。

（一）商标权转让的评估案例

【例 6-3】 某企业将一种已经使用 50 年的注册商标转让。根据历史资料，该企业近 5 年使用这一商标的产品比同类产品的价格每件高 3.60 元，该企业每年生产 100 万件该产品。该项商标目前在市场上有良好趋势，产品基本上供不应求。根据预测估计，如果在生产能力足够的情况下，这种商标每年生产 150 万件，每件可获超额利润 3.20 元，预计该项商标能够继续获取超额利润的时间是 10 年。前 5 年保持目前超额利润水平，后 5 年每年可获取的超额利润是 400 万元。试评估这项商标的价值。

（1）首先计算其预测期内前 5 年中每年的超额利润：

$$150 \times 3.20 = 480(\text{万元})$$

（2）根据企业的资金成本率及相应的风险率，确定其折现率为 12%。

（3）确定该项商标权价值：

$$\begin{aligned}\text{商标权价值} &= 480 \times (P/A,12\%,5) + 400 \times [(P/A,12\%,10) - (P/A,12\%,5)] \\ &= 480 \times 3.6048 + 400 \times (5.6502 - 3.6048) \\ &= 1\,730.30 + 818.16 \\ &= 2\,548.46(\text{万元})\end{aligned}$$

（二）商标许可价值评估（商标使用权评估）举例

【例 6-4】 甲厂将某注册商标使用权通过许可使用合同允许给乙厂使用，使用时间为 5 年。双方约定由乙厂每年按使用该项商标新增利润的 28% 支付给甲厂。作为商标使用费，试评估该项商标使用权价值。

评估过程如下：

（1）预测使用期限内新增利润总额取决于每件产品的新增利润和预计产量。对于产量的预测，应根据许可合同的有关规定及市场情况进行。如果许可合同中规定界限，在预测时必须予以考虑，否则就可能导致预测量过多，引致评估值失实。根据资产评估师预测，每件产品可新增利润 10 元，第 1～第 5 年产品的产量分别是 60 万件、75 万件、75 万件、80 万件、85 万件，由此确定未来 5 年的新增利润分别为 600 万元、750 万元、750 万元、800 万元、850 万元。

（2）确定分成率。按许可合同中确定的 28% 作为分成率。

（3）确定折现率。假定折现率为 14%。

由此，可以计算出每年的新增利润的折现值（见表 6-2）。

表 6-2 每年的新增净利润折现值

年份	新增净利润额/万元	14% 的复利现值系数	折现值/万元
1	600	0.8772	526.32
2	750	0.7695	577.13

（续）

年份	新增净利润额/万元	14%的复利现值系数	折现值/万元
3	750	0.6750	506.25
4	800	0.5921	473.68
5	850	0.5194	441.49
合计			2 524.87

（4）按28%的分成率确定商标使用权的评估值：

$$2\ 524.87 \times 28\% = 706.96(\text{万元})$$

第六节　版权评估

版权也称著作权，是指文学、艺术作品和科学作品创作者依照法律规定对这些作品所享有的各项专有权利。它是知识产权的一个重要组成部分，也是现代社会发展中不可缺少的一种法律制度。我国真正意义上的著作权法是1991年颁布的，从1991年6月1日起实施。随着科学进步，社会文化的发展，为了适应新的社会及经济格局的变化，在2001年，我国对《中华人民共和国著作权法》（以下简称《著作权法》）进行了第一次修改，新的《著作权法》从2001年12月1日起实施。

一、版权的基本概念

1. 版权的主体

版权的主体包括作者，其他依照《著作权法》享有版权的公民、法人或者非法人单位。

2. 版权的客体

版权的客体指的是版权的保护对象，简单地说就是作品，具体说就是作品的表现形式。一般来说，一部作品可以分为两部分，即作品的内容及作品的表现形式，在此需要特别强调的是，《著作权法》保护的是作品的表现形式，而不保护作品中思想、情感、观念等。也就是说，只要是作者自行创作的，即使内容与他人相同，也受《著作权法》的保护。

为了更清晰地界定版权保护的客体，下面将首先分析《著作权法》的保护客体——作品的构成要件，然后，结合《著作权法》的具体条款，逐一说明《著作权法》保护的客体内容。

（1）作品的构成要件。作品应符合创作性、可复制性及合法性的条件。

（2）版权保护的作品。作品是一个笼统的概念，为了明确版权保护的对象，在我国《著作权法》中，规定了具体受版权保护的作品，根据第三条规定，著作权法所称的作品，包括以下列形式创作的文学、艺术和自然科学社会科学工程技术等作品：①文学作品。②口述作品。③音乐、戏剧、曲艺、舞蹈、杂技艺术作品。④美术、建筑作品。⑤摄影作品。⑥电影作品和为类似摄制电影的方法创作的作品。⑦工程设计图、产品设计图、地图、示意图等图形作品和模型作品。⑧计算机软件。⑨其他。

3. 版权归属的确定

（1）基本原则。我国《著作权法》规定，除另有规定外，版权属于作者。创作作品的公民是作者。由法人或其他组织主持，代表法人或者其他组织意志创作，并由法人或者其他组织承担责任的作品，法人或者其他组织视为作者。如无相反证明，在作品上署名的公民、法人或其他组织为作者。由于版权取得采用自动保护原则，因此，版权归属确定的基本原则是版权属于作者，并且规定，作者指在作品上署名的公民、法人或者其他组织。

（2）具体类别作品版权的归属。《著作权法》中除了规定版权归属的基本原则，还针对七种作品的版权归属分别进行了规定，包括演绎作品、合作作品、汇编作品、委托作品、职务作品、美术作品及影视作品。由于版权涵盖的范围很广泛，涉及的对象多，而且采用“自动保护原则”，对于不同的保护对象，资产评估师在判断作品版权时，必须仔细研究待估作品的特性以及相关法律条款。

4. 版权的内容

版权的内容就是法律赋予版权人的权利内容，它是《著作权法》的核心，这也是版权可以为权利人带来经济收益的基础，因此它是版权评估中的关键。对于资产评估师而言，进行版权评估的首要步骤就是确定评估对象。由于版权是一种法律赋予的权利，因此，它的确定需要依据相关法律的规定。对于法律没有赋予的权利，在评估中是不能计算的。

作品的版权包括精神权利和经济权利。对于评估而言，一般考虑的是权利人拥有的经济权利，因此，在此将重点对版权中的经济权利进行分析。

版权中的经济权利是指能够给版权人带来经济利益的权利，可以说，它是《著作权法》关键的部分。它一般包括 12 种权利，即复制权、发行权、出租权、展览权、表演权、放映权、播放权、信息网络传播权、摄制权、改编权、翻译权和汇编权。

5. 版权的保护期

版权中作者的署名权、修改权、保护作品完整权的保护期不受限制，永远归作者所有。

公民作品的发表权、使用权和获得报酬的保护期为作者终生至死后 50 年，若为合作作品至最后死亡的作者死亡后的 50 年。单位作品的发表权、使用权和获得报酬权的保护期为首次发表后的 50 年。

电影、电视、录像和摄影作品的发表权，使用权和获得报酬权的保护期为首次发表后的50年。

计算机软件的保护期，在新修改的《计算机软件保护条例》中作了修改。根据新的《计算机软件保护条例》，软件版权自软件开发完成之日起产生。自然人的软件版权，保护期为自然人终生及其死亡后50年，截止于自然人死亡后第50年的12月31日；软件是合作开发的，截止于最后死亡的自然人死亡后第50年的12月31日。法人或者其他组织的软件版权，保护期为50年，截止于软件首次发表后第50年的12月31日，但软件自开发完成之日起50年内未发表的，该条例不再保护。

二、版权的特征

1. 自动保护原则

我国《著作权法》对作品的保护期采用自动保护原则，即作品一旦产生，作者便享有版权，登记与否都受法律保护。随着版权纠纷越来越多，许多作者要求将自己的作品交版权管理部门登记备案。作品办理自愿登记后，则有了一个法律的初步证据，在版权的评估实践中，作品登记证书可以作为该项版权稳定性、可靠性的依据。

我国法律规定计算机软件创作完成后，可以到指定部门进行版权登记。但软件的登记并非软件产生版权的前提。

2. 版权的多样性

根据著作权法的规定，版权人享有的权利多达十几项，其中法律明确规定版权人享有的经济权利有12项，而且这些权利的行使可以是彼此独立的。

3. 法律特征

版权的法律特征主要体现在版权具有时间性和地域性，这点与专利权及商标权是相同的。

三、计算机软件评估

随着计算机技术的迅猛发展和应用领域的极大扩展，计算机软件的重要性日益明显，保护知识产权的呼声日益高涨，计算机软件的价值也越来越为人们所重视。国外评估界有关软件价值的评估方法经过多年发展，正逐渐趋于成熟。与软件行业发展相似，我国关于计算机软件的评估较软件行业发达国家起步要晚，现阶段正处于软件等高新技术交易市场的起步建设过程中。另一方面，由于我国正处于计划经济向市场经济转轨的特定阶段，我们所面临的是与西方发达国家不同的评估背景。因此，在考虑评估方法时，应使评估标准、评估方法的选择及评估目的相匹配，从而使计算机软件的评估更切合实际。

与其他作品的版权评估一样，计算机软件（也包括电子数据库）同样得到版权的保护，而且还受到专利法等法规的保护。但软件评估又和一般文学作品、艺术作品等版权评估存在区别。

1. 计算机软件的无形资产特点

（1）计算机软件的特点。在计算机软件价值评估中，应首先关注计算机软件所具有的无实物形态但以实物为载体，容易被复制，高智力投入而且需长期持续投入等特点。

（2）计算机软件价值评估的特殊性。由于计算机软件成本具有明显的不完整性和弱对应性，给企业带来的经济效益也可能受各种因素的影响而具有明显的不确定性。当前我国软件技术交易市场也很不成熟，这给软件评估带来了许多困难。

（3）计算机软件评估方法的特点

1）运用成本法评估计算机软件的特点：以工作量或程序语句行数作为软件成本的度量，软件成本主要体现在人员工资上；国际上一般使用成本法进行软件评估；在进行计算机软件评估时，对于专用软件以及虽属于通用软件但尚未投入生产、销售的，一般采用成本法进行评估。

2）运用市场法评估计算机软件的特点：当软件市场中存在着具有可比性的参照软件，且价值影响因素明确并可以量化时可选用市场法评估；市场法多用于对软件产品的定价或软件整体价值评估等；由于可比参照物的资料难以取得，目前市场法在我国并不常用。

3）运用收益法评估计算机软件的特点：当软件资产与经营收益之间存在着稳定的预期关系并且未来收益可以预测时，可选用收益法评估软件资产的价值；收益法常用于对已经生产并投放市场的财务软件、人事工资管理软件等的评估；收益法相比市场法更具有可操作性，但其工作量较大。

2. 计算机软件评估方法

（1）市场法。市场法对于计算机软件市场、技术市场和资产市场比较发达的国家和地区，是一种常用的有效方法。这种方法主要通过在计算机软件市场或技术市场、资产市场上选择相同或相似的资产作为参照物，针对各种价值影响因素，主要是计算机软件的功能类比，将被评估计算机软件与参照物计算机软件进行价格差异的比较调整，分析各项调整结果，确定评估计算机软件资产的评估值。其计算公式如下：

$$P = \alpha\beta P_c \tag{6-16}$$

式中 P——委托评估计算机软件的价值；

P_c——参照物计算机软件的价值；

α——生产率调整系数；

β——价值调整系数。

（2）成本法。对于大型系统软件，一般可采用成本法进行评估。当用于计算机软件产品定价，或者以计算机软件合资入股，确定计算机软件价值时，可以考虑采用成本法。

成本法是指按被评估资产的现时完全重置成本减去损耗或贬值来确定被评估资产的价格。其基本公式如下：

$$评估价值 = 重置全价 - 贬值 \quad (6\text{-}17)$$

成本法评估计算机软件价值的基本模型有开发成本要素、开发过程成本或语句行数等三种成本评估模型。

国内的评估界在采用成本法评估计算机软件的时候，将以上三种方法结合起来，并参考国外评估理论，总结出一套操作性较强，目前在评估实际中应用比较广泛的计算机软件成本评估模型——参数成本法模型。该种成本评估方法最初由美国参数成本预测计算机软件计费发展而来。美国从 20 世纪 50 年代开始了参数成本计费的研究，80 年代基本形成了参数成本计费的基本理论和实践体系，90 年代初期开始推广运用。

该模型对于系统软件、大型专业应用软件、刚开发完成还没有进入市场的计算机软件产品，以及不存在交易市场的自用计算机软件都可采用。其基本公式和原理如下：

$$P = C_k + C_w \quad (6\text{-}18)$$

式中 P——计算机软件成本评估值；

C_k——计算机软件开发成本；

C_w——计算机软件维护成本。

计算机软件开发成本 C_k 由计算机软件工作量 L、单位工作量成本 D 决定，其公式如下：

$$C_k = L \times D \quad (6\text{-}19)$$

式中 C_k——计算机软件开发成本；

L——工作量（单位：人·月）；

D——单位工作量成本。

此处，计算机软件工作量为在现时以及现有条件下，重新开发此计算机软件所需的工作量，为一般水平下的计算机软件劳动工作量。单位工作量成本 D 为待估软件开发公司实际投入的成本除该计算机软件实际工作量，体现的是该软件公司开发该计算机软件的实际生产能力。因此，可以认为系统软件的开发成本按其工作量及单位工作量成本来测算是可行的。

（3）收益法。收益法是指通过估算待评估软件在未来的预期收益，并采用适宜的折现率折算成现值，然后累加求和，得出软件价值的一种评估方法。

收益法评估软件价值与其他技术类无形资产评估（如专利技术、专有技术等）类似。其基本公式如下：

评估值 = 未来收益期内各收益现值之和，即

$$P = \sum_{i=1}^{t} \frac{A_i}{(1+r)^i} \tag{6-20}$$

式中 P——无形资产评估值；

A_i——第 i 年收益期内的预期收益额；

t——收益可以持续的年限；

r——适用的折现率。

采用收益法进行评估时，首先要解决的就是关于 A_i、t、r 等参数的选取问题。软件产品的收益预测值存在一个一般的趋势，即使用者对新推出软件的适用性和稳定性有一个认识过程，所以第一阶段收益相对较低，处于市场开拓期间；第二阶段有所上升，处于发展期；第三阶段达到峰值，属于稳定期；以后由于功能更强的新一代软件的推出或者市场容量的饱和，先进性相对减弱，收益发生下滑，至此为衰减期。

第七节 商 誉 评 估

一、商誉及其特点

商誉是指在一定条件下，能获取高于正常投资报酬率的收益所形成的价值。商誉一般具有以下特点：

（1）商誉不能离开企业而独立存在，不能与企业可确指的资产分开出售。

（2）商誉是多项因素作用形成的结果，但形成商誉的个别因素不能以任何方法单独计价。

（3）商誉本身不是一项单独的、能产生收益的无形资产，而只是超过企业可确指的各单项资产价值之和的价值。

（4）商誉是企业长期积累起来的一项价值。

二、商誉评估的方法

（一）割差法

割差法是指根据企业整体评估价值与各单项资产评估值之和进行比较确定商誉评估值的方法。其基本公式如下：

$$\text{商誉的评估值} = \text{企业整体资产评估值} - \text{企业的各单项资产评估值之和（含可确指的无形资产）} \tag{6-21}$$

企业整体资产评估值可以通过预测企业未来预期收益并进行折现或资本化获取；对于上市公司，也可以按股票市价确定。采取上述评估方法的理论依据是，企业价值与企业净资产价值是两个不同的概念，使各类资产组合后产生的超过各项单项资产价值之和的价值，即为商誉。

商誉的评估值可能是正值，也可能是负值。当商誉为负值时，有两种可能：一种是亏损企业，另一种是收益水平低于行业或社会平均水平的企业。

【例 6-5】 资产评估师对某企业价值进行依法评估。根据企业过去的经营情况和未来的市场形势，预测未来 5 年的净利润分别为 110 万元、120 万元、110 万元、130 万元和 150 万元，并假定从第 6 年开始，以后各年净利润均为 150 万元。根据银行利率及企业经营风险情况确定的折现率和本金化率均为 10%。并且，采用单项资产评估方法，评估确定的该各项资产评估值之和为 1 000 万元，试确定该企业商誉评估值。

采用收益法确定该企业整体评估值。

$$\begin{aligned}\text{企业整体评估值} &= \frac{110}{1+10\%}+\frac{120}{(1+10\%)^2}+\frac{110}{(1+10\%)^3}+\frac{130}{(1+10\%)^4}+\\&\quad\frac{150}{(1+10\%)^5}+\frac{150}{10\%\times(1+10\%)^5}=110\times0.9091+\\&\quad 120\times0.8264+110\times0.7513+130\times0.6830+\\&\quad 150\times0.6209+150\div10\%\times0.6209\\&=100+99.2+82.6+88.8+93.1+931.4\\&=1\ 395(\text{万元})\end{aligned}$$

因为该企业各单项资产评估值之和为 1 000 万元，由此可以确定商誉评估值，即

$$\text{商誉的价值}=1\ 395-1\ 000=395\ (\text{万元})$$

（二）超额收益法

商誉是企业收益与按行业平均收益率计算的收益差额的本金化价格。把企业超额收益作为评估对象进行商誉评估的方法称为超额收益法。超额收益法视被评估企业的不同又可分为超额收益本金化价格法和超额收益折现法两种具体方法。

1. 超额收益本金化价格法

超额收益本金化价格法是指把被评估企业的超额收益经本金化还原来确定该企业商誉价值的一种方法。其计算公式如下：

$$\text{商誉的价值}=\left(\text{企业预期年收益额}-\text{行业平均收益率}\times\text{该企业的单项资产评估值之和}\right)/\text{适用资本化率} \quad (6\text{-}22)$$

或：

$$\text{商誉的价值}=\text{该企业的单项资产评估值之和}\times\left(\text{企业预期年收益率}-\text{行业平均收益率}\right)/\text{适用资本化率}$$

式中：

$$\text{企业预期年收益率}=\text{企业预期年收益额}/\text{该企业的单项资产评估值之和}\times100\%$$

【例 6-6】 某企业的预期年收益额为 300 万元，该企业各单项资产的评估值之和为 1 200 万元，企业所在行业的平均收益率为 15%，并以此作为适用资产收益率。试计算该企业的商誉。

$$商誉的价值 = (300 - 1\ 200 \times 15\%) \div 15\% = 800(万元)$$

或者：

$$商誉的价值 = 1\ 200 \times (300/1\ 200 - 15\%) \div 15\% = 800(万元)$$

超额收益本金化价格法主要适用于经营状况一直较好，超额收益比较稳定的企业。

2. *超额收益折现法*

超额收益折现法是指把企业可预测的若干年预期超额收益进行折现，把其折现值确定为企业商誉价值的一种方法。其计算公式如下：

$$商誉的价值 = \sum_{t=1}^{n}[R_t(1+r)^{-t}] \tag{6-23}$$

式中 R_t——第 t 年企业的预期超额收益；

r——折现率；

n——收益年限。

【例 6-7】 某企业预计将在今后 5 年内保持其具有超额收益的经营态势。估计预期年超额收益额保持在 50 万元的水平上，该企业所在行业的平均收益率为 15%，则：

$$\begin{aligned}商誉的价值 &= 50 \times (P/A, 15\%, 5)\\ &= 50 \times 3.3522\\ &= 167.61(万元)\end{aligned}$$

三、商誉评估需要注意的几个问题

（1）不是所有企业都有商誉，商誉只存在于那些长期具有超额收益的少数企业之中。

（2）商誉评估必须支持预期原则。对于目前亏损的企业经分析预测后，如果其未来超额收益潜力很大，则该企业也有商誉存在。

（3）商誉评估值高低与企业中为形成商誉投入的费用和劳务没有直接联系。因此，商誉评估不能采用投入费用累加的方法进行（成本法）。

（4）商誉评估不能采用市场类比的方法进行，因为影响商誉的各项因素的定量差异调整难以运作。

（5）企业负债与否，负债规模大小与企业商誉没有直接关系。企业负债不影响资产收益率，而影响投资者收益率。资本金收益率与资产收益率的关系可以表述如下：

$$资本金收益率 = 资产收益率/(1 - 资产负债率)$$

增大负债比率，可以增加资本金收益率，并不直接影响资产收益率。资产收益率高低受制于投资方向、规模以及投资过程中的组织管理措施。商誉评估值取决于预期资产收益率，而非资本金收益率。负债比率增大会增大企业风险，最终会对资产收益率产生影响。

（6）商誉与商标是有区别的，反映两个不同的价值内涵。

1）商标是产品的标志，而商誉则是企业整体声誉的体现。商标与其产品相结合，它所代表的产品质量越好，市场需求越大，商标的信誉越高，据此带来的超额收益越大，其评估值也就越大。而商誉则是与企业密切相关的，企业经营机制完善并且运转率高，企业的经济效益就高，信誉就好，其商誉评估值也就越大。可见，商标价值来自于产品所具有的超额获利能力，商誉价值则来自于企业所具有的超额获利能力。

2）商誉作为不可确指的无形资产，是与企业及其超额获利能力结合在一起的，不能够脱离企业而单独存在。商标则是可确指的无形资产，可以在原组织继续存在的同时，转让给另一个组织。

3）商标可以转让其所有权，也可以转让其使用权。而商誉只有随企业行为的发生实现其转移或转让，没有所有权与使用权之分。

复习思考题

一、问答题

1. 影响无形资产评估价值的因素有哪些？
2. 简述无形资产的评估程序。
3. 如何确定无形资产收益年限？
4. 商誉有哪些特点？商誉评估的方法有哪些？如何运用这些方法？
5. 什么是计算机软件？如何进行计算机软件的评估？
6. 如何确认无形资产是否存在？

二、单项选择题

1. 在下列无形资产中，不可确指的无形资产是（　　）。

A. 商标资产　　B. 土地使用权　　C. 专有技术　　D. 商誉

2. 甲自然人于2009年8月1日开发某软件，则根据新现行的《计算机软件保护条例》，该软件的保护期应当截止于（　　）。

A. 2059年8月1日　　B. 2059年12月31日

C. 甲死亡当年的8月1日　　D. 甲死亡当年的12月31日

3. 无形资产一般不存在（　　）。

A. 有形损耗　　B. 经济性贬值　　C. 功能性贬值　　D. 无形损耗

4. 企业存在不可确指的资产，分别按单项评估加总的方法和整体评估的方法所得到的企业评估结果会有一个差额，这个差额通常被称做（　　）。

A. 商标　B. 专利权　C. 专营权　D. 商誉

5. 一项技术取代另一项技术，一种工艺取代另一种工艺，则原技术或工艺的价值可能不复存在，这种特性称为无形资产的（　　）。

A. 替代性　B. 共益性　C. 积累性　D. 成本的不完整性

6. 当一个人取得成功后，虚心地表达自己的成就时，会说"我是站在巨人的肩膀上"。这句话反映了无形资产的（　　）特点。

A. 替代性　B. 共益性　C. 积累性　D. 控制性

7. 某外购商标权法定的尚可使用年限为 10 年，评估时企业已购入 1 年，到期后还可续展，某企业使用该项商标，假定企业的持续经营年限为 5 年，则对该企业商标权的价值进行评估时，商标权的获利年限为（　　）。

A. 5 年　B. 10 年　C. ∞ 年　D. 9 年

8. 对于企业自创的无形资产使用成本法评估，则无形资产重置成本 $=\dfrac{C+\beta_1 V}{1-\beta_2}\times(1+L)$，其中考虑了科研开发不成功所形成的风险，这个系数是（　　）。

A. C　B. β_1　C. β_2　D. L

9. 因转让双方共同使用该项无形资产，评估重置成本净值分摊率应以双方利用无形资产的（　　）为标准。

A. 尚可使用年限　B. 设计能力　C. 账面价格　D. 最低收费额

10. （　　）是评估无形资产使用频率最高的方法。

A. 成本法　B. 市场法　C. 收益法　D. 市场法和成本法

11. 从资产评估的角度，驰名商标权一般能为企业带来（　　）。

A. 正常利润　B. 超额利润　C. 垄断利润　D. 超额加垄断利润

12. 按专利使用权限的大小，下列（　　）权限最大。

A. 独占使用权　B. 排他使用权　C. 独家使用权　D. 普通使用权

三、多项选择题

1. 下列公式中不成立的有（　　）。

A. 销售收入分成率 = 销售利润分成率/销售利润率

B. 销售利润分成率 = 销售收入分成率/销售利润率

C. 销售利润分成率 = 销售收入分成率 × 销售利润率

D. 销售收入分成率 = 销售利润分成率 × 销售利润率

2. 自创无形资产的成本主要包括（　　）。

A. 开发成本　B. 转化成本　C. 获权及维权成本　D. 交易成本

3. 在评估程序中对无形资产进行评估前的确认，主要是为了可以解决（　　）问题。

A. 确认无形资产的存在　B. 区别无形资产的种类

C. 确定其获利能力　D. 确定无形资产的有效期限

4. 以下属于无形资产常见的评估的有（　　）。

A. 无形资产转让　B. 无形资产出资

C. 无形资产的财务报告　D. 无形资产纳税

5. 由于无形资产转让后加剧了市场竞争，在该项无形资产的寿命期间，转让无形资产的机会成本通常表现为（　　）。

A. 销售收入的增加折现值　　B. 销售费用的减少折现值

C. 无形资产再开发净增费用折现值　　D. 无形资产转出的净减收益折现值

6. 商誉的特征包括（　　）。

A. 形成商誉的个别因素不能单独计价

B. 商誉是企业整体价值扣除全部有形资产以后的差额

C. 商誉不能与企业可确指的资产分开出售

D. 商誉是企业长期积累起来的一项价值

7. 下列（　　）因素影响无形资产的评估价值。

A. 机会成本　　B. 使用期限　　C. 技术更新周期　　D. 获利能力

8. 当下述（　　）情况出现时，会造成无形资产贬值。

A. 再生产费用下降　　B. 传播面逐渐扩大，社会普遍接受和掌握

C. 新的、更为先进的替代型无形资产出现　　D. 生产的产品成本下降

9. 无形资产的成本特性表现为（　　）。

A. 弱对应性　　B. 共益性　　C. 不完整性　　D. 虚拟性

10. 属于可确指的无形资产有（　　）。

A. 商誉　　B. 非专利技术　　C. 商标　　D. 专有技术

11. 无形资产超额收益确定的方法有（　　）。

A. 分成率法　　B. 要素贡献法　　C. 直接估算法　　D. 差额法

12. 无形资产的有效期限，是指无形资产能够获利的年限，因此，评估时，预计和确定无形资产的有效期限，通常采取的方法有（　　）。

A. 选择适当的指标体系

B. 按照法定有效期限与收益年限孰短的原则确定

C. 合同或企业申请书规定有受益年限的，按受益年限确定

D. 无法律或合同规定的，按预计受益期限确定

E. 按照国际惯例确定

四、判断题

1. 无形资产单独不能创造收益，必须附着于有形资产才能产生收益。（　　）

2. 劳动人事管理权、所有权等作为特殊权利，均应作为无形资产进行评估。（　　）

3. 采用成本法评估无形资产时，不需要扣除其功能性贬值和经济性贬值。（　　）

4. 无形资产只存在无形损耗，不存在有形损耗。（　　）

5. 商标的经济价值主要取决于商标设计是否新颖。（　　）

五、评估题

1. 某企业的预期年收益额为 100 万元，该企业的各单项资产的重估价值之和为 90 万元，企业所在行业的平均收益率为 15%，并以行业平均收益率作为适用资产收益率。试用割差法确定该企业商誉的评估值。

2. 某工艺技术已使用 3 年，经实践证明该技术可靠，所附着的产品比同类产品性能优越，

单位产品售价为 100 元/件，经了解，同类产品单位价格为 80 元/件。目前该产品产销量为 1 万件/年。经分析，产品寿命还可以维持 5 年，但竞争者将会介入，为了维护市场占有，3 年后企业可能降价销售产品，预计单位产品售价为 90 元/件。请采用超额收益法评估工艺技术的价值（假定折现率为 10%，企业所得税税率为 25%）。

3. 企业转让一项新技术，买方用于产品技术改造。经对无形资产边际贡献因素的分析，测算在其寿命期间各年度分别可为企业带来追加利润 100 万元、110 万元、90 万元、80 万元，分别占当年利润总额的 40%、30%、20%、15%。试评估该项无形资产利润分成率。

复习思考题答案

一、略

二、单项选择题

1. D 2. D 3. A 4. D 5. A 6. C 7. A 8. C 9. B 10. C 11. D 12. A

三、多项选择题

1. A，C，D 2. A，B，C，D 3. A，B，D 4. A，B，C，D 5. C，D
6. A，B，C，D 7. A，B，C，D 8. B，C 9. A，C，D 10. B，C，D
11. A，B，C，D 12. B，C，D

四、判断题

1. ✓ 2. × 3. × 4. ✓ 5. ×

五、略

第七章　长期投资性资产评估

学习目标

掌握长期投资性资产评估的特点与程序以及如何评估债券投资、长期股权投资及其他长期投资性资产等内容。

案例引导

2007年3月，甲投资者对A有限公司投资30万元并取得其30%的股权。投资三年后，甲投资者转让该项投资。三年间，A公司每年取得利润50万元，甲投资者将利润所得全部用于公司的追加投资。假定其他投资者没有进行追加投资，请思考，2010年3月甲投资者长期股权投资的转让价值应是多少？

第一节　长期投资性资产评估概述

一、长期投资性资产的概念

长期投资性资产是指不准备随时变现，持有时间超过一年的投资性资产。这种投资一般不以短期获利为目的。

按投资性质的不同，长期投资性资产可分为长期股权投资、持有至到期投资和混合性投资等。长期股权投资是指为了获取其他企业的权益或净资产所进行的投资，如对其他企业的股票投资，为获取其他企业股权的联营投资等。持有至到期投资是指企业的长期债权，如购买的其他公司的债券、国库券、金融债券等。混合性投资是指兼具股权和债权双重性质的投资。这种投资通常表现为混合性证券投资，如购买的优先股股票、可转换公司债券等。

二、长期投资性资产评估的特点

由于长期投资性资产的目的是享有其他企业的权益，而投资企业在被投资企业的权益可能随着对方经营情况的变化而发生变化，也就是说，原来投出的资产在经过一段时间之后，其在被投资企业中的权益可能发生了变化，因此，长期投资性资产评估主要应考虑长期投资性资产所代表的权益的大小。其特点如下：

（1）长期股权投资是对被投资企业资本和获利能力的评估。这与一般资产的评估目的是不同的。长期股权投资是投资者在被投资企业所享有的权益，不管其原始投资的资产形式如何，一旦投资资产被转移到被投资企业，即被作为资本的象征。因此，对长期股权投资的评估实质上是对被投资单位资本的评估。

长期股权投资会随着被投资企业获利能力的提高而提高，因此，长期股权投资是对被投资企业获利能力的评估。

（2）持有至到期投资是对被投资企业偿债能力的评估。由于持有至到期投资到期应收回本息，被投资企业偿债能力的大小直接影响着投资企业债权投资到期收回本息的可能性。因此，被投资企业偿债能力就成为长期债权投资评估的决定因素。

（3）混合性投资具有股权投资和债权投资的综合特点。混合性投资是指兼具股权和债权性质的投资，如购买的优先股股票、可转换公司债券等，在评估时应注意其特点。

（4）长期投资性资产评估对被投资企业的会计核算有着较强的依赖性。由于长期投资性资产主要是对被投资企业资本的评估，因此，被投资企业对资本的核算方法影响着长期投资性资产的价值计量。

三、长期投资性资产评估的程序

（1）了解长期投资性资产的基本信息，如投资种类、原始投资额、评估基准日余额、投资收益计算方法和历史收益额、长期投资性资产占被投资企业实收资本的比例和所有者权益的比例以及相关的会计核算方法等。

（2）判断长期股权投资投出和收回金额计算的正确性和合理性，判断被投资企业资产负债表的准确性。这事实上属于审计的专业判断，如果被评估单位的资产负债表业经审计，且审计目的与资产评估的目的相符，则通常可以直接利用会计报表数据。但多数情况下，被投资企业的资产负债表未经审计，或虽经审计，但审计目的与资产评估目的大不相同，此时，需要资产评估师进行职业判断，必要时可以利用专家的工作。

（3）根据长期投资性资产的特点选择合适的评估方法。可上市交易的债券和股票一般采用市场法进行评估，通常按评估基准日的收盘价确定评估值；非上市交易及不能采用市场法评估的债券和股票一般采用收益法评估。

（4）评定估算长期投资性资产价值，得出评估结论。

当评估思路确定，评估方法选定后，可以进行理论上的评定与估算，并对评估结果进行分析，得出评估结论。

第二节 债券投资评估

一、债券投资及其特点

债券是指政府、企业、银行等债务人为了筹集资金，按照法定程序发行的并向债权人承诺于指定日期还本付息的有价证券。债券投资与股权投资相比，具有以下特点：

（1）投资风险较小，安全性较强。相对于股权投资而言，债券投资风险相对较小。因为国家对债券发行有严格的规定，发行债券时必须满足国家规定的基本要求。如政府发行债券由国家担保，银行发行债券要以其信誉及一定的资产作为后盾。企业发行债券时也有严格的规定，通常以其实力及发展潜力作为保证。即使发行债券的企业破产，在破产清算时，债权人分配剩余财产的顺序也排在企业所有者之前。

（2）到期还本付息，收益相对稳定。债券收益主要受两大因素制约：一是债券面值，二是债券票面利率。而且这两大因素都是事前约定的，债券利率通常比较稳定，在正常情况下通常会高于同期存款利率。只要债券发行主体不发生较大变故，债券的收益是相当稳定的。

（3）具有较强的流动性。在发行的债券中有相当部分是可流通债券，这些债券可随时到证券市场上流通变现。这反映出债券资产较强的流动性。

二、债券投资的评估

（一）上市债券的评估

上市交易的债券是指可以在证券市场上流通交易、自由买卖的债券，一般用现行市价法进行评估，按照评估基准日的收盘价确定评估值。此时，债券投资评估的计算公式如下：

$$\begin{matrix}\text{债券的}\\\text{评估价值}\end{matrix}=\begin{matrix}\text{债券}\\\text{数量}\end{matrix}\times\begin{matrix}\text{评估基准日债券的}\\\text{市场价（收盘价）}\end{matrix}\tag{7-1}$$

如果在特殊情况下市场价格严重扭曲，不能代表实际价格，就应该按非上市债券进行评估。

【例7-1】 2008年5月10日，甲企业购入乙企业的上市债券，购买价为10万元（1 000张，100元/张）。2010年4月2日，甲公司欲转让该上市债券，资产评估师经调查，发现2010年4月2日该债券的收盘价为130元/张。试评估该债券2010年4月2日的价值。

$$\begin{matrix}\text{该债券的}\\\text{价值}\end{matrix}=1\ 000\times130=130\ 000(\text{元})$$

（二）非上市债券的评估

通常对距评估基准日1年内到期的债券，可以采用成本法，根据本金加上持有期利息确定评估值；超过1年到期的债券，可以采用收益法评估，根据本利和折现确定评估值。但对于不能按期收回本金和利息的债券，资产评估师应在调查取证的基础上，通过分析预测，合理确定其评估值。

1. 距评估基准日1年内到期的债券——成本法

这种债券可以忽略货币的时间价值，通常采用成本法评估，即本金加上持有期利息确定评估值。

（1）单利率时

$$F = A(1 + mr) \tag{7-2}$$

（2）复利率时

$$F = A(1 + r)^m \tag{7-3}$$

式中 A——债券面值；

m——计息期限；

r——债券利息率。

【例 7-2】 A 企业持有 2007 年 1 月 1 日政府发行的 5 年期国债，每张面值为 100 元，购入 5 000 张，年利率为 3.65%。假定评估基准日为 2011 年 6 月 30 日，试评估该债券的价值（我国国家债券为单利计息）。

由于该债券距到期日不足 1 年，且属于未上市债券，故选择成本法进行评估。

债券评估值 $F = A(1 + mr) = 100 \times 5\,000 \times (1 + 4.50 \times 3.65\%)$

$= 582\,125$（元）

故该国库券的评估值为 582 125 元。

2. 到期一次性还本付息债券的评估——收益法

评估的数学表达式如下：

$$P = F(1 + i)^{-n} \tag{7-4}$$

式中 P——债券的评估值；

F——债券到期时本利和；

i——折现率；

n——评估基准日到债券到期日的间隔（以年或月为单位）。

【例 7-3】 A 企业拥有 B 企业发行的年利率为 5% 的非上市、到期一次性还本付息、3 年期债券 100 万元，评估时离债券到期日还有 2 年。经资产评估师分析，认为 B 企业经营业绩良好，财务状况稳健，到期后具有还本付息能力，取折现率为 6%。试按单利和复利两种思路评估 A 企业的债券价值。

（1）按单利计息

到期本利和：$F = A(1 + mr) = 1\,000\,000 \times (1 + 3 \times 5\%)$

$= 1\,150\,000$（元）

评估值 $P = F(1 + i)^{-n} = 1\,150\,000/(1 + 6\%)^2 = 1\,023\,496$（元）

（2）按复利计息

到期本利和 $F = A(1 + r)^m = 1\,000\,000 \times (1 + 5\%)^3 = 1\,157\,625$（元）

评估值 $P = F(1 + i)^{-n} = 1\,157\,625/(1 + 6\%)^2 = 1\,030\,282$（元）

3. 定期支付利息，到期还本债券的评估——收益法

其收益现值法公式如下：

$$P = \sum_{i=1}^{n} [R_i(1+r)^{-i}] + A(1+r)^{-n} \tag{7-5}$$

式中 P——债券的评估值；

R——第 t 年的预期利息收益；

r——折现率；

A——债券面值；

i——评估基准日距收取利息日期限；

n——评估基准日距到期还本日期限。

【例 7-4】 上例中，若该债券是每年付息一次，到期一次还本，则其评估值如下：

$$P = \sum_{i=1}^{n} [R_i(1+r)^{-i}] + A(1+r)^{-n} = 1\,000\,000 \times 5\% \times (1+6\%)^{-1} + 1\,000\,000 \times 5\% \times (1+6\%)^{-2} + 1\,000\,000 \times (1+6\%)^{-2}$$

$$= 50\,000 \times 0.9434 + 50\,000 \times 0.8900 + 1\,000\,000 \times 0.8900$$

$$= 981\,670(\text{元})$$

第三节 长期股权投资的评估

一、股票投资的评估

（一）股票投资的概述

1. 股票投资的概念

股票是指股份公司发给股东的所有权凭证，是股东借以取得股利的一种有价证券。股票投资是指企业通过购买等方式取得被投资企业的股票而实现的投资行为。

2. 股票的分类

股票按不同的标准有不同的分类。按是否记名，股票分为记名股票和不记名股票；按股票票面是否注明入股金额，股票分为有面额股票和无面额股票；按股东享有的权益，股票分为普通股股票和优先股股票；按能否公开上市流通，股票分为上市股票和非上市股票。

3. 股票的价值类型

股票的评估价值是指股票的交换价值，由于投资评估主要是对被投资企业盈利能力的评估，因此，该交换价值与股票的内在价值、市场价格和清算价格有着密切的联系。

股票的内在价值是指根据资产评估师对股票未来收益的预测，经过折现后得到的股票价值。这种价值的大小主要取决于被投资企业价值高低。

股票的市场价格是在证券市场上买卖股票的价格。在证券市场比较完善的情况下，股票的市场价格基本上是市场对公司股票内在价值的一种客观评价，在某种程度上可以将市场价格直接作为股票的评估价值。然而，当证券市场发育尚未成熟之时，股票市场的投机成分太大时，股票的市场价格就不能完全代表其内在价值。因此，在具体进行股票价值评估时，也就不能不加分析地将其市场价格作为股票的评估值。

股票的清算价格是指在公司清算时公司的净资产与公司股票总数的比值。如果因经营不善或者其他原因被清算时，该公司的股票价值就相当于公司股票的清算价格。

通常股票的评估价值与股票的账面价值、票面价格和发行价格关系不大。

（二）上市股票的评估

1. 以市场价格反映评估价值

如果股票市场发育健全，不存在非法炒作现象，可以认为股票价格就代表股票的内在价值，此时，可采用市场法评估上市股票的价值。具体来说，可以按照评估基准日的收盘价确定评估值。

2. 以内在价值反映评估价值

如果股票市场发育不健全，存在非法炒作现象，则应采用非上市交易股票的评估方法，即以股票的内在价值作为评估股票价值的依据。具体可以通过对股票发行企业的经营业绩、财务状况及获利能力等因素的分析，综合判断股票的内在价值。另外，以控股为目的持有的上市公司股票，一般采用收益法进行评估。

依据股票市场价格进行评估的结果，应在评估报告书中说明所用的方法，并说明评估结果应随市场价格的变化而予以适当调整。

（三）非上市股票的评估

非上市交易的股票，一般采用收益现值法评估，即综合分析股票发行主体的经营状况及风险、历史利润水平和分红情况、行业收益等因素，合理预测股票投资的未来收益，并选择合理的折现率确定评估值。

1. 普通股的评估

对非上市普通股的价值评估，实际是对普通股预期收益的预测，并折算成评估时点的价值。因此，需要对股票发行企业进行全面、客观的了解和分析：首先要了解历史上的利润水平、利润分配政策，其次了解企业的发展前景，其行业的前途、盈利能力、企业管理人员素质和能力等方面因素。

根据股利收益的趋势，通常把普通股分为三种类型：固定红利模型、红利增长模型和分段式模型。

（1）固定红利模型。其假设的前提是企业经营稳定，分配红利固定，并且今后也能保持固定水平。表达式如下：

$$P = R/i \tag{7-6}$$

式中 P——股票的评估值；

R——股票下一年的红利额；

i——折现率。

【例7-5】 假设被评估企业拥有X公司的非上市普通股100 000股，每股面值为1元。在持有期间，X公司每年的收益率一直保持在15%左右。资产评估师分析后认为该企业生产经营稳定，按稳健的估计，预测在今后可预见的年份中，X公司可靠的收益率仍然可以保持在12%左右。根据该企业的行业特点及当时宏观经济运行情况，确定折现率为10%。试根据上述资料，评估该普通股的价值。

计算评估值：

$$P = R/i = 100\ 000 \times 12\% / 10\% = 120\ 000(\text{元})$$

（2）红利增长模型。此假设模型适用于成长型股票的评估，适用于成长型企业。成长型企业发展潜力大，收益逐步提高。其假设的前提是发行企业并未将剩余收益分配给股东，而是追加投资扩大再生产，因此，红利呈增长型趋势。其计算公式如下：

$$P = R/(r - s) \quad (r > s) \tag{7-7}$$

式中 P——股票的评估值；

R——股票下一年的红利额；

r——折现率；

s——股利增长率。

股利增长率的计算方法：①历史数据分析法，利用统计学方法计算出的历史平均增长速度，以此确定股利增长率。②发展趋势分析法，主要依据发行企业股利分配政策，以企业剩余收益中用于再投资的比率与企业净资产利润率相乘确定股利增长率。

【例7-6】 X企业拥有某非上市公司的普通股股票100 000股，每股面值为1元。持有期间每年的投资收益率保持在14%左右，股票发行企业每年以净利润的80%用于发放股利，其余20%用于追加投资。根据资产评估师对企业经营状况的调查分析，认为该企业的净资产收益率将保持在15%的水平，假定折现率为10%。试评估该股票的价值。

根据式（7-7），该股票的评估值：

$$
\begin{aligned}
P &= R/(r-s) \\
&= 100\ 000 \times 1 \times 14\% \div (10\% - 20\% \times 15\%) \\
&= 14\ 000 \div 7\% \\
&= 200\ 000(\text{元})
\end{aligned}
$$

（3）分段式模型。事实上很多企业在成立时，可能具有经营不稳定的特点，各期的收益变动较大，但经过一段时间经营后，企业逐渐进入稳定经营期，每年的收益较固定，这时候，可以采用分段法评估该企业的价值。相应地，股票投资也采用分段法评估。

$$
P = \frac{R_1}{i}\left[1 - \frac{1}{(1+i)^t}\right] + \frac{R_2}{i(1+i)^t} \tag{7-8}
$$

式中 P——股票的评估值；

R_1——股票前一段的红利额；

i——折现率；

t——股票前一段红利保持的时间；

R_2——股票后一段的红利额。

【例 7-7】 A 公司拥有某一公司非上市交易的普通股股票 20 万股，每股面值 1 元。在持有期间，每年的股利收益率均在 12% 左右。资产评估师对发行股票公司进行调查分析后认为，12% 的收益率可保持 5 年，但从第 6 年起，该股票的年收益率可提高 8 个百分点，并将持续下去。假定折现率为 10%，试评估该股票的价值。

根据式（7-8）

股票的评估值 = 前 5 年的收益折现值 + 第 6 年后收益的折现值

$$
\begin{aligned}
&= 200\ 000 \times 12\% \times (P/A, 10\%, 5) + [200\ 000 \times (12\% + 8\%)/10\%] \times \\
&\quad (1 + 10\%)^{-5} \\
&= 24\ 000 \times 3.7908 + 400\ 000 \times 0.6209 \\
&= 90\ 979 + 248\ 360 \\
&= 339\ 339(\text{元})
\end{aligned}
$$

2. 优先股的评估

优先股是指对公司利润和财产享有优先于普通股权利的股票，是一种兼具股票和债券特征的混合证券。在正常情况下，优先股在发行时就已规定了股息率。

评估优先股主要是判断股票发行主体是否有足够税后利润用于优先股的股息分配。如果被投资企业资本构成合理，企业盈利能力强，具有很强的支付能力，资产评估师可以根据事先确定的股息率，计算出优先股的年收益额，然后进行折现计算，即可得出评估值。其计算公式如下：

$$P = \sum_{i=1}^{\infty}[R_t(1+r)^{-i}] = A/r \tag{7-9}$$

式中 P——优先股的评估值；

R_t——第 t 年的优先股的收益；

r——折现率；

A——优先股的年等额股息收益。

【例 7-8】 A 企业拥有 B 企业 100 000 股优先股股票，每股面值为 2.50 元，股息率为年息 16%。资产评估师经对 B 企业进行综合分析后，认为 B 企业资本结构合理，盈利能力较强，具备支付能力。资产评估师将该优先股的折现率定为 12%。试评估该优先股的价值。

根据式（7-9），该优先股的评估值如下：

$$\begin{aligned}P &= A/r \\ &= 100\,000 \times 2.50 \times 16\% / 12\% \\ &= 333\,333(\text{元})\end{aligned}$$

二、股权投资的评估

股权投资是指投资主体以现金、实物资产或无形资产等直接投入到被投资企业，取得被投资企业的股权，从而通过控制被投资企业获取收益的投资行为。

对股权投资的评估，首先必须了解具体投资形式、收益获取方式和占被投资企业实收资本或所有者权益的比重，根据不同情况，采取不同方法进行评估。其中投资收益的分配形式，比较常见的有如下几种类型：

（1）按投资额占被投资企业实收资本的比例，参与被投资企业净利润的分配。

（2）按被投资企业销售收入或利润的一定比例提成。

（3）按投资方出资额的一定比例支付资金使用报酬等。

投资合同或协议一般规定投资期限。有期限的投资在投资期届满时投入资本的处理方式：按投资时的作价金额以现金返还，以实物资产返还，按期满时的实投资产的变现价格作价以现金返还等。

（一）非控股型长期股权投资的评估

对于非控股型长期投资评估，基本上采用收益现值法，即根据历史上收益情况和被投资企业的未来经营情况及风险，预测未来收益，再用适当折现率折算为现值得出评估值。

（1）对于合同、协议明确约定了投资报酬的长期投资，可将按规定应获得的收益折算为现值，计算评估值。

（2）对到期收回资产的实物投资情况，可按约定或预测出的收益折算为现值，再加上到期收回资产的价值，计算评估值。

(3) 对于不是直接获取资金收入，而是取得某种权利或其他间接经济利益的，可通过了解分析，测算出相应的经济效益，折现计值。

(4) 对于明显没有经济利益，也不能形成任何经济权利的投资则按零价值计算。

(5) 在未来收益难以确定时，也可以采用重置价值法进行评估。即通过对被投资企业进行评估，确定净资产数额，再根据投资方应占的份额确定评估值。

(6) 如果该项投资发生时间不长，被投资企业资产账实基本相符，则可根据核实后的被投资企业资产负债表上的净资产数额，再根据投资方应占的份额确定评估值。

(二) 控股型长期股权投资的评估

对于控股型长期投资，应对被投资企业进行整体评估，然后再测算股权投资的价值。整体评估以收益法为主，在特殊情况下也可以单独采用市场法对被投资企业整体评估，基准日与投资方的评估基准日相同。

第四节 其他长期性资产的评估

一、其他长期性资产的构成

其他长期性资产是指不能包括在流动资产、长期股权投资、持有至到期投资、固定资产、无形资产等以内的资产，主要包括具有长期性质的待摊费用和其他长期资产。长期待摊费用包括筹建期间费用（开办费）、股票发行费用等。其他长期资产主要包括特准储备物资、银行冻结存款、冻结物资以及涉及诉讼的财产等。长期待摊费用本质上是一种费用，而不是资产，只是这些费用的影响不仅体现在本年度，而且延续到以后若干会计年度。因此在评估时应当单独考虑。

二、其他长期性资产的评估

由于其他长期性资产除特准储备物资、银行冻结存款、冻结物资以及涉及诉讼的财产外，主要是已发生费用的摊余价值，这些未摊销的费用不能单独对外交易或转让。只有当企业发生整体产权变更时，才可能涉及对其价值的评估。所以，其他长期性资产能否作为评估对象取决于其能否在评估基准日后带来经济利益。

在评估其他长期性资产时，必须了解其合法性、合理性、真实性和准确性，了解费用支出和摊余情况，了解形成新资产和权利的尚存情况。其评估值要根据评估目的实现后资产的占有情况和尚存情况确定，而且与其他评估对象没有重复计算的现象存在。按此原则，其他长期性资产的不同构成内容应采取不同的评估和处理方法。

1. 开办费

开办费是指企业在筹建期间发生的，不能计入固定或无形资产价值的费用。它主要包括筹建期间人员的工资、员工培训费、差旅费、办公费、注册登记费以及不能计入固定资产或无形资产购建成本的汇兑损益、利息支出等。

根据现行会计制度的规定，企业在筹建期间发行的费用，应于开始生产经营起一次计入开始生产经营当期的损益。因此，如果企业不是在筹建期间评估，则不存在开办费的评估问题。如果企业是在筹建期间评估的，由于开办费的尚存资产或权利的价值难以准确计量，故可按其账面价值计算其评估值。

2. 其他长期待摊费用

其他长期待摊费用，比如股票发行费用等，其影响可能延续到以后的若干年，从理论上讲，对这类项目的评估，应依据企业的收益状况、收益时间及货币的时间价值等因素确定评估值。货币的时间价值因受益时间长短而定。一年内的一般不予考虑，超过一年时间的要根据具体内容、市场行情的变化趋势处理。但从实践上看，由于这些费用对未来产生收益的能力和状况并不能准确界定，如果物价总水平波动不大，可以将其账面价值作为其评估价值，或者按其发生额的平均数计算。

【例 7-9】 某企业租入固定资产改良支出费用发生总额为 48 万元，已摊销 26 万元。租赁协议规定设备租期为 3 年，已租入 2 年，尚有 1 年的使用期限。根据以上资料，租入固定资产改良支出的评估值为 22 万元。

复习思考题

一、思考题

1. 简述长期投资性资产评估的特点。
2. 简述长期投资性资产评估的程序。
3. 简述股票资产的特点。如何对股票资产进行评估？
4. 简述债券资产的特点。如何对债券资产进行评估？
5. 控股型股权投资与非控股型股权投资的评估在方法的选择上有什么区别？
6. 股票的交换价值主要由什么因素决定？什么是股票的内在价值？在什么情况下股票内在价值可以作为评估价值？
7. 红利增长模型的假设前提是什么？
8. 采用市场法评估债券和股票时应注意什么？

二、单项选择题

1. 关于优先股与债券，说法正确的是（　　）。

A. 优先股收益稳定，债券收益不稳定

B. 对被投资企业而言，优先股股息于税前支付，债券利息于税后支付

C. 对被投资企业而言，优先股股息于税后支付，债券利息于税前支付

D. 两者是不同的投资品种，根本不具有共性

2. 上市债券属于（ ）。

A. 可流通债券 B. 不可流通债券 C. 记名债券 D. 不记名债券

3. 被评估债券为2006年发行，面值100元，年利率为5%，5年期的可流通债券。2010年评估时，债券市场上同种同期债券的交易价为110元，该债券的评估值为（ ）。

A. 120元 B. 118元 C. 98元 D. 110元

4. 股票的内在价值属于股票的（ ）。

A. 账面价值 B. 理论价值 C. 无面额价值 D. 发行价格

5. 在股市发育不全、交易不规范的情况下，作为长期投资性资产中的股票投资的评估值应以（ ）作为基本依据。

A. 市场价格 B. 发行价格 C. 理论价格 D. 票面价格

6. 固定红利模型是资产评估师对被评估股票（ ）。

A. 预期收益的一种假设 B. 预期收益的客观认定

C. 历史收益的一种客观认定 D. 预期收益的一种估计

7. 股票理论价格主要取决于（ ）。

A. 股票市场上的人气 B. 股票市场上的供求状况

C. 股票发行价格 D. 股票发行企业预期收益

8. 对距评估基准日1年内到期的非上市债券，采用（ ）方法进行评估较为合适。

A. 本利和折现 B. 市场询价 C. 账面值 D. 本金加持有期利息

9. 上市债券的评估最适合用（ ）。

A. 成本法 B. 市场法 C. 收益法 D. 历史成本法

10. 上市股票的评估一般采用市场法，按评估基准日的（ ）确定评估值。

A. 开盘价 B. 收盘价 C. 最低价 D. 中间价

三、多项选择题

1. 债券作为一种投资工具，其具有的特点有（ ）。

A. 收益相对稳定 B. 收益递增 C. 可随时变现 D. 投资风险小

2. 按股票持有人享有的权利和承担责任的角度，股票可分为（ ）。

A. 无面额股票 B. 面额股票 C. 记名股票

D. 优先股 E. 普通股

3. 股票评估值一般与股票的（ ）有关。

A. 内在价值 B. 账面价值 C. 市场价值

D. 清算价格 E. 票面价格

4. 长期投资评估是对被投资方（ ）。

A. 投资的评估 B. 偿债能力的评估 C. 获利能力的评估

D. 变现能力的评估 E. 全部资产的评估

5. 按债券发行主体划分，债券分为（ ）。

A. 记名债券 B. 政府债券 C. 无记名债券 D. 企业债券

6. 在红利增长型中股票增长率 s 的计算方法主要有（ ）。

A. 重置核算法　　B. 市场法
C. 历史数据分析法　　D. 发展趋势分析法

7. 长期投资评估程序包括（　　）。
A. 明确长期投资项目的有关详细内容
B. 判断长期投资的特点和收回金额计算的正确性和合理性
C. 判断被投资企业资产负债表的准确性
D. 根据长期投资的特点选择合适的评估方法
E. 评定测算长期投资，得出评估结论

8. 有价证券中可以获取固定收益的有（　　）。
A. 普通股　　B. 优先股　　C. 企业债券　　D. 国家债券

9. 根据股利收益的趋势，通常把普通股分为（　　）。
A. 固定红利型　　B. 红利增长型　　C. 分段式模型
D. 直线式模型　　E. 固定股利率模型

10. 下列属于其他长期性资产的有（　　）。
A. 投入到被投资企业的现金　　B. 投入到被投资企业的实物资产
C. 购买的被投资企业的债券　　D. 投入到被投资企业的专有技术

四、判断题

1. 债券投资评估是对投资企业偿债能力的评估。（　　）
2. 票面价值原则是评估股票时应遵循的原则之一。（　　）
3. 股权投资相对于债权投资具有高风险、高收益的特点。（　　）
4. 股票的价值评估通常与股票的内在价值无关。（　　）
5. 评估控股型长期股权投资的价值，先要对被投资企业进行整体评估。（　　）

五、评估题

1. 被评估债券为非上市企业债券，5 年期，年利率为 10%，按年付息到期还本，面值为 100 元，共计 1 500 张。评估时债券购入已满 1 年，第 1 年的利息已经收账，资产评估师确定的折现率为 10%。该被评估企业债券的评估值为多少？

2. 被评估企业以机器设备向 A 企业进行股权投资，投资额占 A 企业资本总额的 15%，协议联营五年，联营期满 A 企业将按机器设备折余价值 20 万元返还给投资方。在评估时双方联营已两年，前两年 A 企业的税后利润保持在 20 万元，投资企业按其在 A 企业的投资份额分享年收益。资产评估师认定 A 企业未来三年的收益水平不会有较大的变化，折现率设定为 10%。投资企业股权投资的评估值为多少？

3. 被评估企业拥有 A 公司共 100 万元的非上市普通股票，从持股期间来看，每年股利分派相当于股票面值的 10%。资产评估师通过调查后了解到 A 公司每年只把税后的 60% 用于股利分配，另 40% 用于公司扩大再生产，公司有很强的发展后劲，公司净资产收益率保持在 15%，折现率设定为 12%。如运用红利增长模型评估被评估企业拥有的 A 公司股票，其评估值为多少？

4. 某企业账面债券投资为 500 000 元，系 A 公司发行 3 年期一次性还本付息非上市债券，年利率为 10%，单利计息，评估时点距到期日为 2 年。对 B 企业的普通股票投资 1 000 000

元，其中上市普通股20万股，每股面值为1元，评估基准日上市股票的收益价为每股3.90元，股票收益率为16%，其余为非上市股票。已知被投资企业每年以净利润的70%发放股利，另30%用于追加投资，其净资产收益率保持在16%。优先股为1 000股，每股面值为100元，系D企业发行，股息率为年息18%。已知A企业债券风险报酬率为3%，B、C、D三家企业的股票风险报酬率均为4%，国库券利率为10%。试评估该企业债券、上市普通股与非上市普通股及优先股的价值。

复习思考题答案

一、略

二、单项选择题

1. C　2. A　3. D　4. B　5. C　6. A　7. D　8. D　9. B　10. B

三、多项选择题

1. A，D　2. D，E　3. A，C，D　4. B，C　5. B，D　6. C，D
7. A，B，C，D，E　8. B，C，D　9. A，B，C　10. A，B，C，D

四、判断题

1. √　2. ×　3. √　4. ×　5. √

五、略

第八章　流动资产评估

学习目标

掌握长期流动资产评估的特点与程序、实物类流动资产、货币性流动资产及债权类流动资产的评估方法等内容。

案例引导

2009 年 3 月，某资产评估事务所对甲企业进行价值评估。张某某负责对存货类资产的评估。由于甲企业对存货的基础管理工作较差，存货的种类和数量又多，张某某一时无从下手。请按照存货的特点对存货进行正确分类，并选择适宜的方法评估存货资产的价值。

第一节　流动资产的特点和评估程序

一、流动资产概述

1. 流动资产的含义

流动资产是指企业可以在一年内或者超过一年的一个营业周期内变现或者耗用的资产，包括现金及各种存款、其他货币资金、应收及预付款项、存货、交易性金融资产、其他流动资产等。现金是指企业的库存现金，包括企业内部各部门周转使用的备用金；各种存款是指企业的各种不同类型的银行存款；其他货币资金是指除现金和银行存款以外的其他货币资产，包括外埠存款、银行本票存款、银行汇票存款、存出投资款、信用卡存款、信用证保证金存款等；应收账款是指企业因销售商品，提供劳务等应向购货和受益单位收取的款项；预付账款是指企业按照购货合同规定预付给供货单位的购货定金或部分货款；存货是指企业的库存材料、在产品、产成品、商品等；交易性金融资产是指企业购入的各种能随时变现，持有时间不超过一年的投资，包括不超过一年的股票、债券、基金等有价证券和其他投资。

2. 流动资产的分类

流动资产按其存在形态的不同，发挥效用的形式不同，评估方法也可能不同，因此，按资产的存在形态对流动资产进行分类有利于流动资产的评估。

（1）货币类流动资产，包括现金和各项存款及交易性金融资产。

（2）实物类流动资产，包括各种材料、在产品、产成品等。

（3）债权类流动资产，包括应收账款、预付账款等。

（4）其他流动资产。

3. 流动资产的特点

（1）周转速度快。流动资产一般经过一个营业周期就改变其形态，具有周转速度快的特点。

（2）变现能力强。流动资产的流动性决定了流动资产的变现能力强于不动产和其他非流动资产，因此，在偿债能力分析中，流动资产是重要的偿债能力保证因素。但各种形态的流动资产的变现能力是有区别的。其中变现能力最强的是货币资产，最差的是各种存货。评估时应充分考虑不同类型资产的变现能力，以便合理评估各种不同类型资产的价值。

（3）形态多样化。从流动资产的类型中可以看出，流动资产有的以货币资产的形态存在，有的以实物类资产的形态存在，还有的以金融资产的形态存在。不同的存在形态，其价值的构成不同，价值量的评估方法也不同。

（4）数量波动大。由于流动资产具有较强的流动性，流动资产的数量可能在较短的时间内发生较大的变动，因此在评估时必须选定评估基准日，以利于价值的评估。

二、流动资产评估的特点

由于流动资产的流动性较强，容易变现，其账面价值与市场价值较为接近，因此，流动资产的价值评估与其他资产的评估相比，具有如下特点：

（1）流动资产评估主要是单项资产评估。因为它是以单项资产为对象进行的资产评估，所以，不需要以其综合获利能力进行综合性价值评估。

（2）必须选准流动资产评估的基准时间。相对于非流动资产而言，流动资产的数量和价值更具波动性，因而，评估基准日的选择需要更精准。一般地，评估基准日应尽可能选择在会计期末，评估时必须在规定的时点进行财产清查、登记和确定流动资产的数量和账面价值，避免因资产发生流动造成评估结果的失真。

（3）资产清查工作量大。流动资产一般数量大、种类多，因而清查工作量大，与之相反的是，流动资产的价值量可能不大，因此，在评估流动资产时如果能够保证评估的质量，可以考虑评估成本的节约。

对流动资产评估时往往需要根据不同企业的生产经营特点和流动资产分布的情况，对流动资产分清主次、重点和一般，选择不同的方法进行清查和评估，做到突出重点，兼顾一般。在清查时采用的方法主要有抽查、重点清查和全面清查。当抽查核实中发现原始资料或清查盘点工作可靠性较差时，应扩大抽查面，直至核查全部流动资产。

（4）流动资产的账面价值基本上可以反映出流动资产的现值。由于流动资产周转速度快、变现能力强，在价格变化不大的情况下，调整后流动资产的账面价值基本上可以反映出流动资产的现值，因此，在特定条件下，可以采用历史成本作为其评估值。

（5）流动资产的评估一般较少考虑无形损耗。对低值易耗品，呆滞、积压存货类流动资产进行评估时，应当考虑其实体性贬值，但一般无须考虑资产的功能性贬值因素。

三、流动资产评估的程序

（一）确定评估范围

1. 鉴定流动资产的资产属性

进行流动资产评估时，首先应明确被评估流动资产的范围，必须划清流动资产与非流动资产的界限，防止将不属于流动资产的机器设备等作为流动资产，也不得把属于流动资产的低值易耗品等作为非流动资产，以避免重复评估和漏评估。

2. 查核待评估流动资产的产权

企业在进行资产评估前，首先应核实流动资产的产权。存放在企业中的外单位委托加工材料、代为保管的材料物资等，尽管存在于该企业中，但由于其产权不属于被评估单位，故不得将其列入流动资产的评估范围。

3. 对被评估流动资产进行抽查核实并验证基础资料

准确地评估资产清单是正确地评估资产价值的基础资料，被评估资产的清单应以实存数量为依据，而不能仅仅以账面记录为准。

（二）对实物类流动资产进行质量检测和技术鉴定

对企业需要评估的材料、半成品、产成品等流动资产进行检测和技术鉴定，目的是了解这部分资产的质量状况，以便确定其是否还具有使用价值，并核对其技术情况和等级与被评估资产清单的记录是否一致。对被评估资产进行技术检测是正确评估资产的重要基础。特别是对那些时效性较强的存货，如有保鲜期要求的食品，有有效期要求的药品、化学试剂等，对其进行技术检测尤为重要。存货在存放期内质量发生变化，会直接影响其变现能力和市场价格，因此，评估时必须考虑各类存货的内在质量因素。对各类存货进行技术质量检测时，可由被评估企业的有关技术人员、管理人员与评估人员合作完成。

（三）对企业的债权情况进行分析

根据对被评估企业与债务的经济往来资信情况的调查了解，以及对每项债权资产的经济内容、发生时间的长短及未清理的原因等因素进行核查，综合分析确定各项债权回收的可能性、回收的时间、回收时将要发生的费用等。

（四）合理选择评估方法

经清查核实后货币类流动资产的账面价值本身就是现值，不需采用特殊方法进行评估，但是对外币存款应按评估基准日的汇率进行折算。

对实物类流动资产的评估，可以采用市场法或成本法。对存货类流动资产的评估，如果其价格变动较大，则以市场价格为基础，对购入价格较低的存货，按现行市价进行调整；而对于购入价格较高的存货，除考虑现行市价外，还要分析最终产品价格是否能够相应提高，或存货本身是否具有按现行市价出售的可能性。

对债权类流动资产的评估，宜采用可变现净值法。

对于其他流动资产，应分别按不同情况进行，其中有物质实体的流动资产，则应视其价值情形，采用与机器设备等相同或相似的方法进行评估。

（五）评定估算流动资产并出具评估结论

经过上述程序后，可以根据选用的方法对流动资产进行评估，分析确定评估结果，并得出相关结论。

第二节 实物类流动资产的评估

一、材料的评估

（一）材料评估的内容与步骤

按其存放的地点，企业中的材料可以分为库存材料和在用材料。在用材料是指在生产过程中形成的产成品或半成品，已不再作为单独的材料存在，故材料评估是指对库存材料的评估。

库存材料包括各种主要材料、辅助材料、燃料、修理用备件、包装物和低值易耗品等。

库存材料的特点是品种多，金额大，而且性质各异，计量单位、计价和购进时间、自然损耗各不相同。根据库存材料的特点，评估时可按下列步骤进行：

（1）账、表与实物数量应相符，并查明有无霉烂、变质、毁损的材料，有无超储呆滞的材料等。

（2）根据不同的评估目的和待估资产的特点，选择合适的评估方法。多采用成本法、市场法。

（3）运用企业库存管理的ABC管理法，按照一定的目的和要求，对材料排队，分清重点，着重对重点材料进行评估。

（二）材料评估的方法

对材料进行评估时，可以根据材料购进情况的不同选择相适应的方法。

1. 近期购进库存材料的评估

近期购进的材料库存时间短，在市场价格变化不大的情况下，其账面值与现行市价基本接近。评估时，可以采用历史成本法，也可以采用市场法。

【例 8-1】 甲企业中 A 材料系 1 个月前从外地购进的，材料明细账的记载：数量为 2 000kg，单价为 5 元/kg，运杂费为 1 000 元。根据材料消耗的原始记录和清查盘点，评估时库存尚有 1 000kg。试评估该材料的价值。

对于以上材料，消耗部分应合并在产品价值中，为了防止重复评估，本例中只评估库存材料价值，可用账面成本。

$$库存材料评估价值 = 1\,000 \times (5 + 1\,000/2\,000) = 5\,500(元)$$

注：因运杂费发生额较大，在评估时应将由被评估材料分担的运杂费计入评估值；如果运杂费发生额较少，如在本市购进时，评估时则可以不考虑运杂费。

2. 购进批次间隔时间长和价格变化大的库存材料评估

对这类材料评估时，可以采用最接近市场价格的材料价格或直接以市场价格作为其评估值。

【例 8-2】 某企业库存 B 材料明细账如下：2009 年该材料分两批购进，第 1 批购进时间为 2009 年的 1 月，数量为 1 000kg，单价为 500 元/kg；第 2 批购进时间为 2009 年 4 月，数量为 2 000kg，单价为 550 元/kg。2009 年 4 月 12 日为评估基准日，试评估该企业 B 材料的价值。

经清查资产，2009 年 1 月购进的 B 材料尚存 200kg，2009 年 4 月购进的 B 材料全部为库存。因此，需评估的 B 库存材料数量为 2 200kg。又经调查，2009 年 4 月 12 日该材料的市场价格为 600 元/kg，因而：

$$B 材料的评估值 = 2\,200 \times 600 = 1\,320\,000(元)$$

注意，有时候由于材料是分期购进的，且购价各不相同，企业采用的核算方法不同，材料的账面余额就不一样。但核算方法的差异不应影响评估结果。在评估时关键是核查库存材料的实际数量，并按最接近市场的价格计算确定其评估值。

3. 缺乏准确现行市价库存材料的评估

购进时间早，市场已经脱销，没有准确市场现价的库存材料评估，可以通过寻找替代品的价格变动资料来修正材料价格；也可以在市场供需分析的基础上，确定该项材料的供需关系，并以此修正材料价格；还可以通过市场同类商品的平均物价指数进行评估。

【例 8-3】 某企业库存 C 材料为 2009 年 1 月购进的，数量为 5 000kg，单价为 600 元/kg。2010 年 5 月 8 日为评估基准日，但在评估时，该材料已脱销，市场上不能查询到相同材料的价值。资产评估师经过市场调查，认为如果这种材料出售，其售价会比账面价值高出 5%。试评估该企业 C 材料的价值。

经清查资产，2009 年 1 月购进 C 材料尚存 1 000kg，因而其评估值 $= 1\,000 \times 600 \times (1 + 5\%) = 630\,000$(元)。

4. 超储积压物资的评估

首先应对超储积压物资的数量和质量进行核实和鉴定，然后区别不同情况进行评估。对其中失效、变质、残损、报废、无用的，应通过分析计算，扣除相应的贬值额后，确定其评估值。

对于库存材料，盘盈、盘亏材料，评估时如果根据会计账面单价确定其评估值，则评估时应认真审核其数量，原则上应以审计后的数量或资产评估师实际盘点的数量作为评估依据。

二、低值易耗品的评估

低值易耗品是指单项价值在规定限额以下或使用期限不满一年，但能多次使用而基本保持其实物形态的劳动资料。不同行业对固定资产和低值易耗品的划分标准不是完全相同的。在评估过程中判断劳动资料是否为低值易耗品，原则上视其在企业中的作用而定。同时，低值易耗品又是特殊流动资产，与典型流动资产相比，它具有周转时间长，不构成产品实体等特点。掌握低值易耗品的分类，是进行低值易耗品评估的前提。

（1）按低值易耗品的用途分类，可以分为一般工具、专用工具、替换设备、管理用具、劳动保护用品和其他。

（2）按低值易耗品的使用情况分类，可以分为两类：一是在库低值易耗品，二是在用低值易耗品。

在库低值易耗品的评估，可以根据具体情况，采用与库存材料评估相同的方法。在用低值易耗品可以采用成本法进行评估，其计算公式如下：

$$\begin{matrix}\text{在用低值易耗品}\\\text{评估值}\end{matrix}=\begin{matrix}\text{全新成本}\\\text{价值}\end{matrix}\times\text{成新率} \tag{8-1}$$

在对低值易耗品进行评估时，由于其使用期限短于固定资产，一般不考虑其功能性损耗。其成新率公式如下：

$$\text{成新率}=\left(1-\begin{matrix}\text{低值易耗品实际}\\\text{已使用月数}\end{matrix}\Big/\begin{matrix}\text{低值易耗品}\\\text{可使用月数}\end{matrix}\right)\times 100\% \tag{8-2}$$

注：由于低值易耗品采用摊销的方式将其价值转入成本、费用中，而摊销的目的在于计算成本、费用，但是，低值易耗品的摊销在会计上采用了较为简化的方法，并不能完全反映低值易耗品的实际损耗程度，因此，资产评估师在确定低值易耗品成新率时，应根据其实际损耗程度，而不能按照其摊销方式。这一点类似于固定资产会计折旧与实际损耗的关系。

【例8-4】 某企业的D低值易耗品，原价为1 000元，预计使用1年，现已使用6个月。该低值易耗品的现行市价为1 200元，由此确定其评估值：

$$\text{在用低值易耗品评估值}=1\ 200\times(1-6/12)=600(\text{元})$$

三、在产品评估

在产品包括在生产过程中尚未加工完毕的在制品、已加工完毕但不能单独对外出售的半成品（可直接对外出售的半成品视为产品进行评估）。在对这部分资产进行评估时，一般可采用成本法或市场法进行评估。

（一）成本法

对于生产周期在半年或一年以上，仍需继续生产、销售并且有盈利的在制品，可以根据技术鉴定和质量检测的结果，按评估时的相关市场价格及费用水平重置同等级在制品及自制半成品所需投入合理的料工费计算评估值；对生产周期短的在制品主要以其发生成本为计价依据，在没有变现风险的情况下，可根据其账面值进行调整。具体方法有以下几种：

1. 按价格变动系数调整原成本

对生产经营正常，会计核算水平较高的企业中的在制品的评估，可参照实际发生的原始成本，根据评估日的市场价格变动情况，调整成重置成本。评估的方法和步骤如下：

（1）对被评估在制品进行技术鉴定，将其中超出正常范围的不合格在制品成本从总成本中剔除。

（2）分析原成本，将非正常的不合理费用从总成本中剔除。

（3）分析原成本中的材料从其生产准备开始到评估日止的市场价格变动情况，并测算出价格变动系数。

（4）分析原成本中的工资、燃料、动力等制造费用从开始生产到评估日，有无大的变动，是否作了调整，并测算出调整系数。

（5）根据技术鉴定、原始成本的分析及价格变动系数的测算，调整成本，确定评估值，必要时还要从变现的角度修正评估值。

基本计算公式如下：

$$\begin{matrix}\text{某项或某类}\\\text{在产品的评估值}\end{matrix}=\begin{matrix}\text{原合理}\\\text{材料成本}\end{matrix}\times\left(1+\begin{matrix}\text{合理材料价格}\\\text{变动系数}\end{matrix}\right)+\begin{matrix}\text{原合理}\\\text{工资费用}\end{matrix}\times\left(1+\begin{matrix}\text{合理工资}\\\text{费用变动系数}\end{matrix}\right)\quad(8\text{-}3)$$

注：在产品成本包括材料、工资、制造费用和期间费用四部分。在评估时，制造费用可以通过一定的方法分摊计入在产品成本；期间费用一般考虑管理费用和借款费用，为了简便起见，通常只有在产品需要经过较长时间制造的情况下才予以考虑，通常可以忽略不计。

2. 按社会平均成本和现行市价评估

由于资产的社会平均成本往往以资产消耗的社会平均工艺定额来反映，根据公允的含义，资产的现行市价也反映社会平均劳动生产率，所以用成本法评估在产品的价值时，可按重置同类资产的社会平均工艺定额确定。计算评估值的基本公式如下：

$$\text{某在产品评估值}=\text{在产品实有数量}\times\left(\text{该工序单件材料工艺定额}\times\text{单位材料现行市价}+\text{该工序单件工时定额}\times\text{正常工资费用}\right)\tag{8-4}$$

对于工艺定额的选取，如果有行业的平均物料消耗标准，可按行业标准计算；没有行业统一标准的，按企业现行的工艺定额计算。

【例 8-5】 某企业 A 在产品共计 500 件，每件在产品消耗甲材料定额为 20kg，乙材料消耗定额为 50kg。据账面记载，企业购入甲材料的单价为 6 元/kg，乙材料的单价为 8 元/kg。而在评估基准日，甲材料的正常市场售价为 5 元/kg，乙材料的正常市场售价为 10 元/kg，单件工时定额为 100h，正常工资费用为 15 元/h。试评估该批在产品的价值。

根据式（8-4），该批在产品的评估值 $=500\times(20\times5+50\times10+100\times15)$

$=1\ 050\ 000$（元）

3. 按在产品的完工程度计算评估值

因为在产品的最高形式为产成品，因此，计算确定在产品评估值时，可以在计算产成品重置成本的基础上，按在产品完工程度计算确定在产品的评估值。其计算公式如下：

$$\text{在产品评估值}=\text{产成品重置成本}\times\text{在产品约当量}\tag{8-5}$$

$$\text{在产品约当量}=\text{在产品数量}\times\text{在产品完工率}\tag{8-6}$$

在产品约当量、在产品完工率可以根据其完成工序与全部工序的比例、生产完成时间与生产周期的比例确定。当然，确定时应分析完成工序、完成时间与其成本耗费的关系。

（二）市场法

市场法是指按同类在产品和半成品的市价，扣除在销售过程中预计发生的费用后计算评估值。一般来说，被评估资产通用性好，能够作为产成品的部件或用于维修，其评估值就较高。对不能继续生产，又无法通过市场调剂出去的专用配件只能按废料回收价格进行评估。

此类在产品计算评估值的基本公式如下：

$$\text{某在产品评估值}=\text{该种在产品实用数量}\times\text{可接受的不含税的单位市场价格}-\text{预计在销售过程中发生的费用}\tag{8-7}$$

如果在调剂过程中有一定的变现风险，还要考虑设立一个风险调整系数，计算可变现的评估值。

$$\text{某报废在产品评估值}=\text{可回收的废料的重量}\times\text{单位重量现行的回收价格}\tag{8-8}$$

【例 8-6】 A 企业因产品技术落后而全面停产，现准备与 B 公司合并，有关在产品的资料如下：

在产品原账面记录的成本为 175 万元，按其状态及通用性分为三类：

第一类为已从仓库中领出，但尚未进行加工的原料。

第二类为已加工成部件，可通过市场销售且流动性较好的在制品。

第三类为加工成的部件，无法销售，又不能继续加工，只能作报废处理的在制品。

对于第一类在制品，可按实有数量、技术鉴定情况、现行市场价格计算其评估值。对于第二类在制品，可根据市场可接受的现行价格、调剂过程中的费用、调剂的风险确定其评估值。对于第三类在制品，只能按废料的回收价格计算其评估值。

根据评估资料可以确定评估结果，如表 8-1、表 8-2、表 8-3 所示。

表 8-1 车间已领用尚未加工的原材料

材料名称	计量单位	实有数量	现行单位市价/元	按市价计算的资产价值/元
S_1	t	150	1 600	240 000
S_2	kg	3 000	18	54 000
S_3	kg	7 000	12	84 000
合计				378 000

表 8-2 车间已加工成部件并可直接销售的在制品

部件名称	编号	计量单位	实用数量	现行单位市价/元	按市价计算的资产价值/元
A	B001	件	1 800	54	97 200
B	B002	件	600	100	60 000
C	B003	台	100	250	25 000
D	B004	台	130	165	21 450
					203 650

表 8-3 报 废 制 品

在产品名称	计量单位	实有数量	可回收废料/(kg/件)	可回收废料数量/kg	回收价格/(元/kg)	评估值/元
D001	件	5 000	35	175 000	0.40	70 000
D002	件	6 000	10	60 000	0.40	24 000
D003	件	4 500	2	9 000	6	54 000
D004	件	3 000	11	33 000	5	165 000
合计						313 000

四、产成品及库存商品的评估

这部分流动资产包括完工入库和已完工并经过质量检验但尚未办理入库手续的产成品、商业企业的库存商品等。对此类存货应依据其变现能力和市场可接受的价格进行评估，适用的方法有成本法和市场法。

（一）成本法

采用成本法对生产及加工工业的产成品评估时，主要根据生产、制造该项产成品全过程发生的成本费用确定其评估值。具体应用过程中，可分以下两种情况进行：

1. 评估基准日与产成品完工时间较接近

当评估基准日与产成品完工时间较接近时，成本升降变化不大，可以直接按照产成品账面成本确定其评估值。其计算公式为如下：

$$\begin{matrix}\text{产成品}\\\text{评估值}\end{matrix}=\begin{matrix}\text{产成品}\\\text{实用数量}\end{matrix}\times\begin{matrix}\text{单位产成品}\\\text{账面成本}\end{matrix} \tag{8-9}$$

2. 评估基准日与产成品完工时间相距较远

当评估基准日与产成品完工时间相距较远时，制造产成品的成本费用变化较大，产成品评估值可按下列公式计算：

$$\begin{matrix}\text{产成品}\\\text{评估值}\end{matrix}=\begin{matrix}\text{产成品实}\\\text{有数量}\end{matrix}\times\left(\begin{matrix}\text{合理材料}\\\text{工艺定额}\end{matrix}\times\begin{matrix}\text{材料单位}\\\text{现行价格}\end{matrix}+\begin{matrix}\text{合理}\\\text{工时定额}\end{matrix}\times\begin{matrix}\text{单位小时合理}\\\text{工时工资费用}\end{matrix}\right) \tag{8-10}$$

或：

$$\begin{matrix}\text{产成品}\\\text{评估值}\end{matrix}=\begin{matrix}\text{产成品}\\\text{实际成本}\end{matrix}\times\left(\begin{matrix}\text{材料成本}\\\text{比例}\end{matrix}\times\begin{matrix}\text{材料综合}\\\text{调整系数}\end{matrix}+\begin{matrix}\text{工资费用}\\\text{成本比例}\end{matrix}\times\begin{matrix}\text{工资费用综合}\\\text{调整系数}\end{matrix}\right) \tag{8-11}$$

【例 8-7】 A 企业产成品实有数量为 1 000 件。根据该企业的成本资料，结合同行业耗用资料分析，合理材料工艺定额为 400kg/件，合理工时定额为 50h。评估基准日生产该产品的材料单价为 50 元/kg，单位小时合理工时费用为 16 元/h。根据上述分析和有关资料，确定该企业产成品评估值。

$$\begin{aligned}\text{产成品评估值}&=1\,000\times(400\times50+50\times16)\\&=20\,800\,000(\text{元})\end{aligned}$$

（二）市场法

市场法是指按不含价外税的可接受市场价格，扣除相关费用后计算被评估产成品评估值的方法。其中工业企业的产品一般以卖出价为依据，商业企业一般以买进价为依据。

采用市场法评估产成品时，现行市价中包含了成本、税金和利润的因素。如何处理待实现的利润和税金，就成为一个不可忽视的问题。

（1）假如以产成品出售为目的，就应直接以现行市场价格作为其评估值，而无须考虑扣除其销售费用和税金。

（2）对于缴纳增值税的产成品来说，其销项税额尽管是向购买方收取的，但并不构成产成品价格。而且，对于买方来说，支付给卖方的销项税额即自身的进项税额，当购进的产成品销售时，企业所支付税款是销项税款与进项税款的差额，这本身就意味着税款的扣除。

（3）在对企业以投资为目的进行产成品评估时，一方面，由于产成品在新的企业中按市价销售后，流转税金和所得税等要流出企业，追加的销售费用也应得到补偿；另一方面，产成品评估值折价后作为投资者权益，具有分配收益的依据。因此，在这种情况下，必须从市价中扣除各种税金和利润后，才能作为产成品评估值。其计算公式如下：

$$\begin{matrix}\text{评估}\\\text{价值}\end{matrix}=\begin{matrix}\text{库存}\\\text{数量}\end{matrix}\times\left(\begin{matrix}\text{不含税的}\\\text{出厂单价}\end{matrix}-\begin{matrix}\text{销售}\\\text{税金}\end{matrix}-\begin{matrix}\text{销售}\\\text{费用}\end{matrix}-\text{企业所得税}\right) \tag{8-12}$$

第三节 货币类资产、债权类资产及其他流动资产的评估

货币性资产主要是指现金和各种银行存款以及交易性金融资产。债权类资产主要包括应收账款、预付账款、应收票据等。其他流动资产主要是指待摊费用和预付费用等。

一、货币类资产的评估

1. 现金和各项存款的评估

众所周知，资产评估主要是对非货币性资产而言的，货币性资产不会因时间的变化而发生差异，因此，现金和各项存款的评估，实际上是对现金和各项存款的清查确认。首先，通过清查盘点及与银行对账，核实现金和各项存款的实有数额；然后，以核实后的实有额作为评估值。如有外币存款，可按当时的国家外汇牌价折算成人民币值。

2. 交易性金融资产的评估

交易性金融资产的目的是企业利用在正常营运中暂时闲置的资金购入一些可随时变现的有价证券。这样既能保证企业现金支付的需要，又可提高资金的使用效益。由于短期投资大多为在证券市场上公开交易的有价证券，因此，可按评估基准日的相关有价证券的收盘价计算确定评估值（市场法）。

二、应收账款及预付账款的评估

企业的应收账款和预付账款是指企业在经营过程中由于赊销原因而形成的尚未收回的款项以及企业根据合同规定预付给供货单位的货款等。在对这些资产估

算时，一般应从两方面进行：一是清查核实应收账款数额（预付账款）。二是判断估计可能的坏账损失。其计算公式如下：

$$\text{应收账款评估值}=\text{应收账款账面余额}-\text{已确认坏账损失}-\text{预计可能发生的坏账损失} \tag{8-13}$$

具体进行应收账款的评估时，其基本程序如下：

第一，确定应收账款账面价值。对机构内部独立核算单位之间往来进行双向核对，避免重计、漏计及其他不真实的债权关系。

第二，确认已确定的坏账损失。已确定的坏账损失是指评估时债务人已经死亡或破产倒闭而确实无法收回的应收账款。

第三，确定预计坏账损失。分类情况如下：

（1）业务往来较多，对方结算信用好。这类应收账款一般能够如期收回。

（2）业务往来少，对方结算信用一般。该类应收账款收回的可能性很大，但回收时间不确定。

（3）一次性业务往来，不太清楚对方信用。这类应收账款可能只收回一部分。

（4）长期拖欠或对方单位已撤销，这类应收账款可能无法收回。

预计坏账损失定量分析的方法如下：

1. 坏账比例法

坏账比例法是指按坏账占全部应收账款的比例来判断不可收回的应收账款，从而确定坏账损失的数额。坏账比例的确定，可以根据被评估企业前若干年（一般为3~5年）的实际坏账损失额与其应收账款发生额的比例确定。其计算公式如下：

$$\text{坏账比例}=\left(\text{评估前若干年发生的坏账数额}\Big/\text{评估前若干年前应收账款余额}\right)\times 100\% \tag{8-14}$$

当然，如果一个企业的应收账款多年来未清理，账面找不到处理坏账的数额，也就无法推算出坏账损失率，在这种情况下就不能采用这种方法。

【例8-8】 经核实，截至评估基准日，某企业应收账款的账面余额为784 500元，前五年的应收账款余额合计为1 000 500元，实际发生的坏账合计数为67 860元。试评估应收账款的价值。

根据式（8-14），前五年坏账占应收账款的百分比：

坏账占应收账款的比例 =（67 860/1 000 500）×100% =6.78%

预计坏账损失额 =784 500×6.78% =53 189.10（元）

注：在确定坏账损失的比率时，还应分析某些特殊原因造成的坏账损失，这部分坏账损失产生的坏账比率有其特殊性，不能直接作为未来预计损失的依据。

2. 账龄分析法

账龄分析法是指按应收账款拖欠时间的长短，分析、判断可收回的金额和坏账。一般来说，应收账款账龄越长，产生坏账的可能性就越大。因此，可将应收账款按账龄长短分成不同的组别，按不同组别估计坏账损失的可能性，进而估计坏账损失的数额。

【例 8-9】 经核实某企业应收账款实有数为 784 500 元，具体发生情况如表 8-4 所示。

表 8-4 坏账损失计算分析表 单位：元

账龄	应收金额	预计坏账损失率(%)	坏账金额
未到期	246 000	1	2 460
已过期:0.50 年以下	112 000	6	6 720
0.50～1 年	325 200	12	39 024
1～2 年	332 500	26	86 450
3 年以上	91 000	38	34 580
合计	784 500	—	169 234

应收账款的评估值 = 784 500 − 169 234 = 615 266(元)

一般来说，如果根据应收账款评估结果重新建账，则新账的账面上的“坏账准备”科目应按零值计算。

三、应收票据的评估

应收票据是指由付款或收款人签发，由付款人承兑，到期无条件付款的一种书面凭证。应收票据是企业因销售商品，提供劳务而收到的尚未兑现的各种票据，是企业持有的经债务人书面承诺，具有法定形式和已确定收款期限的债权凭证。

按承兑人不同，应收票据可分为商业承兑汇票和银行承兑汇票，商业汇票可依法背书转让，也可以向银行申请贴现。应收票据按是否带息分为带息商业汇票和不带息商业汇票两种。不带息应收票据的评估值为其票面金额，带息票据的评估值等于其本金加利息。具体来说，有以下两种评估方法：

1. 按本金加利息确定

计算公式： 应收票据评估值 = 本金 ×(1 + 利息率 × 时间)　　(8-15)

【例 8-10】 某企业拥有一张期限为 3 个月的商业汇票，本金为 700 万元，月息为 6‰。截至评估基准日离付款期尚差 2 个月的时间。试评估该应收票据的价值。

根据式(8-15)，应收票据的评估值 = 7 000 000 × (1 + 6‰ × 2)
= 7 084 000 （元）

2. 按应收票据的贴现值计算

计算公式： 应收票据评估值 = 票据到期价值 − 贴现息　　(8-16)

$$贴现息 = 票据到期价值 \times 贴现率 \times 贴现期 \qquad (8\text{-}17)$$

【例 8-11】 某企业向甲企业出售一批材料，价款 600 万元，商定 6 个月后收款，采取商业承兑汇票结算。该企业于 1 月 5 日开出汇票，并经甲企业承兑。汇票到期日为 7 月 5 日。试评估该笔应收票据于 5 月 5 日的评估价值。

先计算贴现息：

贴现日期为 60 天，贴现率按月息 6‰计算。则：

$$贴现息 = 600 \times 60 \times (1/30) \times 6‰ = 7.20(万元)$$

$$应收票据评估值 = 600 - 7.20 = 592.80(万元)$$

如果被评估的应收票据系在规定的时间尚未收回的票据，则由于会计上将此应收票据视同应收账款管理，并转入应收账款账户，因此，此时应按应收账款的评估方法进行价值评估，在评估应收票据时不要重复计算。

四、待摊费用、预付费用的评估

1. 待摊费用的评估

在 2006 年 2 月 15 日新颁布的《企业会计准则》中，已付待摊的费用在“一年内到期的非流动资产”科目中核算，为了简便起见，本书中仍将其称做“待摊费用”。

待摊费用是指企业中已经支付或发生，但应由本月和以后各个月份负担的费用。待摊费用本身不是资产，它是已耗用资产的反映，但它的支出可以形成一定形态的有形资产和无形资产。因此，要评估确定待摊费用的价值，实际上是确定其实体资产或某种权利的价值。

对于待摊费用的评估，原则上应按其形成的具体资产价值来确定。

2. 预付费用的评估

预付费用之所以作为资产，是因为这类费用在评估日之前企业已经支出，但在评估日之后才能产生效益。如预付的报刊费、预付的保险金、预付的租金等。

预付费用的评估主要依据其未来可产生效益的时间。如果预付费用的效益已在评估日前全部体现，只因发生的数额过大而采用分期返销的办法，这种预付费用不应在评估中作价。只有那些在评估日之后仍将发挥作用的预付费用，才是评估的对象。

【例 8-12】 截至评估基准日，某企业待摊费用和预付费用的账面明细如下：

（1）预付 1 年的保险金 36 万元，已摊销 9 万元。

（2）尚待摊销的低值易耗品余额为 36.90 万元，现行市价为 48 万元。

（3）预付的房屋租金为 100 万元，已摊销 50 万元。根据租约，起租时间为 2008 年 4 月 30 日，租约终止期为 2012 年 4 月 30 日。试评估该企业待摊费用和预付费用的价值。

1）预付的保险金的评估值为摊余价值。

应预留保险金（评估值）=36－9=27（万元）

2）未摊的低值易耗品的评估值应为市价，评估值为48万元。

3）固定资产租金的评估。租入固定的价值按租约规定的租期和4年总租金计算，每年的租金为25万元，租赁的房屋尚有2年使用权。

租金的评估值=50（万元）

复习思考题

一、思考题

1. 什么是流动资产？流动资产的特点主要表现在哪些方面？

2. 流动资产评估的特点表现在哪些方面？

3. 采用市场法对产成品评估时，选择市场价格时应考虑哪些因素？

4. 对库存材料的评估应如何选择评估方法？

5. 为确定可能发生的坏账损失，对应收账款如何进行分类？

6. 简述流动资产的分类。

二、单项选择题

1. 对流动资产评估时，功能性贬值一般应（　　）。

A. 无须考虑　　B. 必须考虑　　C. 考虑一部分

2. 流动资产一般只参加一个生产周期，便改变了其原有形态，其价值也转移到产品价值中，并在产品销售后收回。这体现了流动资产的（　　）特点。

A. 周转速度快　　B. 变现能力强　　C. 形态多样性　　D. 数量波动性

3. 应收账款经评估后，企业重新建账，此时，“坏账准备”科目余额应为0，这是因为（　　）。

A. 新账的“应收账款”账面原值为评估价值，因而不再考虑初始备抵账户的价值

B. “应收账款”经催收已经收回

C. 坏账损失为上期发生数，已计入期间费用，本期不应重复计入

D. 坏账准备已经被冲销

4. 不带息商业承兑汇票，其评估值应为（　　）。

A. 票面金额　　B. 市场价格　　C. 贴现金额　　D. 收益价格

5. 票据的贴现期是指（　　）。

A. 出票日到评估基准日的一段时间

B. 出票日到贴现日的时间

C. 贴现日到票据到期日的时间

D. 评估基准日到票据到期日的时间

6. 按现行的企业会计准则，待摊的费用应在（　　）科目中核算。

A. “一年内到期的非流动资产”　　B. “待摊费用”

C. “预付费用”　　D. “长期待摊费用”

7. 某企业于2008年3月3日预付3年的房租费30万元。2009年6月3日评估时，该房屋租金的评估价值应为（　　）万元。

A. 10　　B. 15　　C. 17.50　　D. 22.50

8. 某企业于5月份购进两批材料。第一批数量为2 000kg，购进单价为8.60元/kg。第二批数量为2 200kg，购进单价为7.50元/kg。5月10日为评估基准日，评估时该种材料的市场售价为9元/kg。经盘点，库存材料的数量为3 000kg，其中800kg为第一次购进的结余数量，2 200kg为第二次购进的数量，则库存材料的评估价值为（　　）元。

A. 23 380　　B. 24 700　　C. 27 000　　D. 22 500

9. 某企业拥有一张期限是6个月的商业汇票，本金为100万元，月息为10‰，截至评估基准日离付款期尚差4个月的时间，由此确定该商业汇票的评估值为（　　）万元。

A. 120　　B. 102　　C. 104　　D. 140

10. 经评估，某企业前5年实际发生的坏账损失率为5.22%，评估基准日企业的应收账款总账余额为534万元，评估时预计坏账损失额为（　　）元。

A. 278 748　　B. 278 758　　C. 378 748　　D. 258 748

三、多项选择题

1. 以下属于流动资产评估特点的有（　　）。

A. 流动资产主要是单项资产评估

B. 应准确确定评估基准日

C. 一般账面价值可以反映出相应的评估值

D. 应当充分考虑流动资产所体现的权益

2. 关于流动资产的评估方法，以下说法正确的有（　　）。

A. 对于实物类流动资产，可以采用市场法或成本法

B. 对货币类流动资产，经清查核实后的账面价值就是其现值

C. 对于债权类流动资产，宜采用可变现净值进行评估

D. 对存货类实物资产，可以采用收益法进行评估

3. 评估应收账款时，其坏账的确定方法有（　　）。

A. 坏账比例法　　B. 账龄分析法

C. 财务制度规定的3‰～5‰　　D. 《企业会计准则》规定的其他比例

4. 近期购进材料的评估，可采用（　　）方法。

A. 市场法　　B. 收益法　　C. 成本法　　D. 账面价值法

5. 产成品及库存商品的评估，一般可以采用（　　）。

A. 收益法　　B. 成本法　　C. 市场法　　D. 账面价值法

6. 对流动资产进行评估时无须考虑功能性贬值，是因为流动资产（　　）。

A. 周转速度快　　B. 变现能力强　　C. 形态多样化　　D. 库存数量少

7. 流动资产的实体性贬值可能体现在（　　）。

A. 在产品　　B. 应收账款

C. 在用低值易耗品　　D. 呆滞、积压物资

8. 对于购进间隔时间长，市场已脱销，没有准确市场现价的库存材料评估，可以采用的

评估方法有（　　）。

A. 通过寻找替代品的价格变动资料来修正材料价格

B. 在市场供需分析的基础上，确定该材料的供需关系，并以此修正材料价格

C. 通过市场同类商品的平均物价指数进行评估

D. 根据材料的账面价值进行评估

9. 在预付费用的评估中，正确的说法有（　　）。

A. 预付费用在评估基准日前已经支付，但在评估基准日后才能产生效益的价值，才能成为预付费用的评估值

B. 预付费用在评估基准日前已经支付，其产生的效益在评估基准日前已全部体现的，其预付费用的评估值应为零

C. 预付费用的评估应按核实后实际支付值为其评估值

D. 对评估基准日前已经支付的预付费用的评估，应区别其在评估基准日之前和之后发生效益的情况，分别按零值和预留值（评估值）进行评定

10. 关于流动资产的评估，下列说法中正确的有（　　）。

A. 实物类流动资产的评估方法通常采用市场法和成本法

B. 在通常情况下，货币类流动资产以账面原值作为评估值最为合理

C. 债权类流动资产按可变现净值进行评估

D. 评估流动资产时一般不需考虑资产的功能性贬值因素

四、判断题

1. 对流动资产评估要考虑其综合获利能力，进行综合性价值评估。（　　）

2. 评估流动资产时一般不需考虑资产的功能性贬值因素。（　　）

3. 对于购进批次间隔时间较长，购进价格变化较大的库存材料的评估，可以根据最后一次购进的单价进行评估。（　　）

4. 如果材料是本地购进的，发生的运杂费用金额可能较小，评估时可以忽略不计。（　　）

5. 国际评估界很少涉及流动资产的评估，特别是实物类流动资产的评估。由于中国注册资产评估师经常需要对资产负债表内的各项资产发表评估意见，因而要求进行流动资产的评估。（　　）

五、评估题

1. 对某企业的在产品进行价值评估，评估时该类在产品共100件，生产时材料已经投入70%，产品的完工程度为50%。假定该类在产品的单位材料消耗定额为1 000元，工资定额为500元，其他费用定额为300元，试评估该类在产品的价值。

2. 某企业有产成品100台，单位成本为65元。根据该企业的会计核算资料，生产该种产品的材料费用与工资、其他费用的比例为65∶35，资产评估师根据目前的市场价格变动情况和其他相关资料，确定材料的综合调整系数为1.06，工资费用的综合调整系数为1.12。试评估该种产成品的价值。

3. 某企业售出一批材料，采用商业汇票结算，价款合计为100万元，期限为6个月。该企业于2009年的6月15日开出汇票，并经对方企业承兑。资产评估师于2010年2月15日对

该企业进行评估，假设贴现息为月息 8‰，试评估该笔商业票据的价值。

复习思考题答案

一、略

二、单项选择题

1. A 2. A 3. A 4. A 5. C 6. A 7. C 8. C 9. B 10. A

三、多项选择题

1. A，B，C 2. A，B，C 3. A，B 4. A，C 5. B，C 6. A，B 7. C，D
8. A，B，C 9. A，D 10. A，B，C，D

四、判断题

1. × 2. √ 3. × 4. √ 5. √

五、略

第九章　资源资产评估

学习目标

掌握资源资产评估的含义、分类与特性，以及如何进行森林资源、矿产资源等资产的评估。

案例引导

全球变暖是目前全球环境研究的一个主要议题。根据对一百多份全球变化资料的系统分析，发现全球平均温度已升高 0.30～0.60℃。其中 11 个最暖的年份发生在 20 世纪 80 年代中期以后，因而全球变暖是一个毋庸置疑的事实。分析表明，虽然地球演化史上曾经多次发生变暖——变冷的气候波动，但人类活动引起的大气温室效应增长可能是主要因素。应如何理解森林资源在防止气候变化中的价值？

第一节　资源资产概述

一、自然资源的含义与分类

1. 自然资源的含义

资源是人类赖以生存和发展的基础，是可供人类利用的宝贵财富。资源资产是在现有认识和科学技术水平条件下，通过开发利用，能够为产权主体带来一定经济利益的自然资源。广义的资源包括自然资源、经济资源和人文社会资源等；狭义的资源是指自然资源，包括矿产资源、森林资源、土地资源、水资源等。在本章中，资源资产是指由狭义的自然资源转化而成的资产。

自然资源是指在自然界中人类可以直接获得的用于生产和生活的物质要素。未被发现或发现了但不知其用途的物质因为没有使用价值，因而也没有价值。

2. 自然资源的分类

自然资源是一个动态的概念，信息、技术和相对稀缺性的变化都能把以前没有价值的物质变成宝贵的资源。按照研究的角度和目的不同，根据自然资源的自然属性、经济属性和生态属性，可以对自然资源进行多种分类。

（1）根据自然资源在开发过程中能否再生，可划分为耗竭性资源和非耗竭性资源。

1）耗竭性资源。耗竭性资源的主体是矿产资源，是经过漫长的地质过程形成的，随着人类的开发利用，其数量会明显减少，其质量会明显下降，这种资源是不可再生资源。

2）非耗竭性资源。非耗竭性资源基本上是由环境要素构成的，在合理开发利用的限度内，人类可以永续利用。非耗竭性资源包括恒定的非耗竭性资源、可再生的非耗竭性资源、不可再生的非耗竭性资源。

恒定的非耗竭性资源不受或基本不受人为因素的影响，具有恒定特性，如气候资源和海洋动力资源。

可再生的非耗竭性资源，在人为因素的干预下会发生增减变化，虽然数量减少，但可以恢复，如生物资源。而森林资源，只要适度采伐，就可不断更新，不会导致资源枯竭。

不可再生的非耗竭性资源，如土地资源，只要合理利用，就可永续使用，如果不合理开发，就会造成沙化、盐碱化、荒漠化。

（2）按照资源的性质，从自然资源与人类的经济关系，可划分为环境资源、生物资源、土地资源、矿产资源和景观资源等。

环境资源。它包括太阳光、地热、空气和天然水等，这类资源比较稳定，一般不会因人类的开发利用而明显减少，为非耗竭性资源。

生物资源。它包括森林资源、牧草资源、动物资源和海洋生物资源等。生物资源吸收了流动的太阳能和水资源，消耗土壤的养分。在太阳能量一定、生物繁殖能力一定以及人类合理利用和保护的条件下，生物资源是可以再生的。

土地资源。它是由地形、土壤、植被、岩石、水文和气候等因素组成的一个独立的自然综合体。土地一般是指地球陆地的表面部分，包括滩涂和内陆水域。土地可以划分为农用地、建设用地和未利用地。农用地主要包括耕地、林地、草地、农田水利用地、养殖水面等。

矿产资源。它是经过一定的地质过程形成的，赋存于地壳或地壳上的固态、液态或气态物质，包括各种能源和各种矿物等。矿产资源包括陆地矿产资源和海洋矿产资源。陆地矿产资源包括金属矿产资源、能源矿产资源和非金属矿产资源；海洋矿产资源包括滨海砂矿、陆架油气、深海沉积矿床等。

景观资源。它主要是指自然景物、风景名胜等，能为人们提供游览、观光、知识、乐趣、度假、探险、考察研究等作用，一般是附着在其他资源之上而存在的。

二、资源资产的特性

作为资产，资源资产具有与其他资产同样的特点：能由特定经济主体拥有或控制，能以货币计量，预期会给经济主体带来未来经济利益。另外，资源资产与其他资产一样具有使用价值。但是，资源资产作为一种特殊的资产，具有其自身的特点：

（1）天然性。一般来说，资源资产都是天然形成的。因此资源资产具有显著的天然性的特征。

（2）稀缺性。稀缺且有用决定了资源资产具有价值。随着人们对资源的利用，在资源有限的情况下，其价值必会逐渐升高。

（3）生态性。各种资源，如太阳、大气、地质、水文、生物等构成了一个复杂的体系，形成特定的生态结构，构成不同的生态系统。不同的资源间互相依存，具有一定的生态平衡规律。如果毫无顾忌地开采和获取资源，使消耗超过补偿的速度，就会导致这些资源毁灭；如果向陆地圈、水圈、大气圈以超过自然净化能力的速度排放废物，就会破坏生态系统的平衡，从而导致某些自然资源难以持续利用。

（4）区域性。资源资产在地域上分布不均衡，存在显著的数量或质量上的地域差异。

三、资源资产评估的特点

1. 资源资产评估的一般是自然资源的使用权价值

我国自然资源大部分属于国家所有，只有一部分属于集体所有。如矿产资源属于国家所有，大部分森林资源属于国家所有，并实行所有权和使用权相分离的制度。由于法律不允许资源资产的所有权转让，因此资源资产评估的对象不是物质实体本身，而是资源资产的使用权价值评估。

2. 资源资产价值一般受资源的区位影响较大

由于资源资产的有限性、稀缺性和区域性，资源资产价格受自然资源所在区位影响很大。

3. 资源资产评估时应充分考虑资源资产达到使用状态前所发生的费用

同样的资源资产由于其开采条件的不同，运输难易程度的不同，会导致其价值的不同。在评估时应当充分考虑资源资产达到使用状态前所发生的费用，以合理评估资源资产的价值。

第二节　森林资产评估

一、森林资产概述

森林资源是一种可再生的自然资源，包括森林、林木、林地以及依托森林、林木、林地生存的野生动物、植物和微生物。森林资产是指以森林资源为物质财富内涵的资产，是在现有认识和科学技术水平条件下，进行经营利用，能够为产权主体带来一定经济利益的自然资源。森林资产是一种特殊资产，除具有一般资产的属性外，还具有可再生性，生长周期长，受自然因素影响大，兼具生态、社会和经济效益于一体的特性，因此，森林资产的培育过程风险大，管护难度大，投资回收期长。现阶段，由于森林中的野生动植物及微生物资源、森林形成的生态资源等的价值暂时难以计量，目前评估的森林资产主要包括由投资及投资收益所形成的人工林以及依法认定的天然林、林地、森林景观资产等。因此，森林资产评估主要是林木资产、林地资产评估。

（1）林木资产。林木资产是指林地内所有的林木所形成的资产。按林木的用途可分为用材林、经济林、薪炭林、防护林、竹林、特种用途林和未成林造林地上的幼树。用材林可分为幼龄林，中龄林，近、成、过熟林。

（2）林地资产。林地资产是森林生长的承载体。林地资产是指依法确认的用于林业用地中具有货币表现属性的资产。林地包括乔木林地、疏林地、未成林造林地、灌木林地、采伐迹地、火烧迹地、苗圃地和国家规划的宜林地。

（3）森林景观资产。森林景观资产包括风景林、部分名胜古迹和纪念林等。

二、森林资产评估程序与资产核查

森林资产通常按照以下程序评估：评估立项、评估委托、资产核查、资料收集、评定估算和提交评估报告书等。

森林资产的实物量是价值量评估的基础，评估机构在森林资产价值量评定估算前，应由林业专业技术人员对被估的森林资产进行实地核查。根据不同的评估目的、评估对象特点和委托方要求，可选择使用抽样控制法、小班抽查法和全面核查法进行核查。

1. 资产核查的内容

森林资产核查项目主要包括权属、林地或森林类型的数量、质量和空间位置等内容。其具体项目如下：

（1）林地：所有权、使用权、地类、面积、立地质量等级和地利等级等。

（2）林木：树种权属，树种组成，林龄，平均胸径，平均树高，幼龄林的单位面积株数，中龄林单位面积活立木蓄积，近、成、过熟林的立木蓄积，材种出材率等级，经济林的单位面积产量，薪炭林的单位面积立木蓄积量，未成林造林地上的幼树的造林成活率，造林保存率，竹林的立竹度，均匀度，整齐度和产笋量等。

（3）其他。

2. 资产核查的方法

核查森林资产的方法通常有抽样核查法、小班核查法和全面核查法。

抽样核查法是指在一定的可靠程度下，抽取一定比例的样本来确定委托方提交的资产清单中的林地和林木的数量是否存在重大误差的方法。一般地，如果资产清单的数量有严重问题，应通知委托方另行提交新的森林资产清单。

小班核查法又称为分层抽样法，是指当总体出现较大的变异性时，资产评估师需要将总体分层，并在每层中抽取样本的一种抽样方法。

全面核查法是指对委托的范围进行详细、全面核查的方法。

三、森林资产评估的主要方法

森林资产评估的对象主要是林地资产、林木资产和森林景观资产，评估时的基本方法也是市场法、收益法和成本法。由于森林资产的特殊性，根据具体的评估对象和资料情况，针对林地资产、林木资产和森林景观资产，又有相对应的具体的评估方法。

（一）林地资产的价值评估方法

林地资产评估主要是林地使用权评估，其评估方法与土地使用权的评估方法原理相同，同样有市场法、收益法和成本法，本章不作详细阐述。

（二）林木资产评估的主要方法

在进行林木资产评估时，要根据不同的林种，选择适用的评估方法和林分质量调整系数进行评定估算。目前主要的评估方法有市场法、剩余法、收益法和成本法等。林木资产评估中林分质量调整系数须综合考虑林分的生长状况、立地质量和经济质量等来确定。

1. 市场法

市场法运用的前提条件是替代原则，因此，要求询价的参照物资产与被评估资产必须是功能上可以相互替代的资产，这就需要明确森林资产的林分概念。

所谓林分，是指内部特征大体一致而与邻近地段又有明显区别的一片林子。一个林区的森林，可以根据树种组成、森林起源、林相、林龄、疏密度、地位级、林型及其他因素的不同，划分成不同的林分。不同的林分，常要求采取不同的森林经营措施。在评估时也应当分别考虑其价值。

当查询到合适的参照物价格时，可以对市场售价进行类比调整，得到被评估林分的林木价值。

从理论上讲市场法适合各种有交易的森林资产的评估，采用该种方法时，至少应选取三个以上参照物进行测算。但是，由于市场条件限制，在有些情况下，如防护林的评估，市场法就并不适用。

$$P = K \times K_b \times G \times Q \tag{9-1}$$

式中 P——林木资产评估值；

Q——被估林木资产的蓄积量；

K——林分质量调整系数；

K_b——物价指数调整系数；

G——参照物单位蓄积的交易价格。

2. 剩余法

剩余法又称市场价倒算法，是指用被评估林木采伐后所得的木材市场销售总收入，扣除木材经营所消耗的成本（含有关税费）及合理利润后，将剩余部分作为林木资产评估价值。剩余法特别适合于成熟龄林木资产评估。其计算公式如下：

$$P = W - C - F + S \tag{9-2}$$

式中　P——林木资产评估值；

W——销售总收入；

C——木材经营成本（包括采运成本、销售费用、管理费用、财务费用及有关税费）；

F——木材经营合理利润；

S——林木资源的再生价值。

3. 收益法

收益法又称收益净现值法，是指将被评估林木资产在未来经营期内各年的净收益按一定的折现率折现为现值，然后累计求和得出林木资产评估价值的方法。收益法适合用于有经常性收益的林木资产，如经济林资产、竹林资产、实验林资产和母树林资产等。

$$P = \sum_{t=1}^{N} \frac{A_t - C_t}{(1+r)^t} \tag{9-3}$$

式中　P——林木资产评估值；

A_t——第 t 年的年收入；

C_t——第 t 年的营林生产成本；

N——经营期；

r——资本化率。

4. 成本法

森林资源作为一种可再生的自然资源，国家每年都要投入大量的资金进行森林资源的保护。一般幼龄林常用成本法评估。

用成本法评估森林资产的价值时应考虑以下成本项目：

（1）营林生产成本。营林生产成本是确定森林价格的基础。营林生产成本应以能够提供商品材的中等宜林地的营林生产成本作为依据。

（2）资金的时间价值。由于培育森林资源的长期性，森林资源的生产周期长，从栽植到采伐往往需要几年、十几年或几十年的时间。在营林生产过程中，需不断投入资金，森林资产价格的评估应充分考虑资金的时间价值对林木价值的影响，充分考虑资金占用的利息，营林的生产成本应以复利计算。同时，林木在不同的时间有不同的价值，同一树种在不同年龄时林木价值不同，形成森林的时序成本和时序价格。

（3）林木生产中的必要损失。在漫长的森林培育过程中，林木可能遭受各种各样的自然灾害，如火、风、雷、水、病虫害等，会带来一定的经济损失。

在评估中，必须对林木生产过程中的这些意外损失作出合理的估计。

（4）地区差价和树种差价。林木是在一定的自然地理条件下，经过人类劳动而生产出来的，因此，林木的成本与价格既受自然条件的制约，又受林木本身生态特性的影响，形成了林木的地区差价和树种差价。因此差价是森林资产价格的重要特征。

（5）合理利润和税金。森林资产的价格中应当包括营林利润。在森林资产评估中，营林利润率的确定，可以以社会平均资本利润率为基础，同时应根据营林生产周期长，风险大的特点，再加上林木生产的实际情况，进行适当调整。税金是指森林资产在经营过程中应缴纳的各种税费。

成本法是指按现时工价及生产水平，重新营造一块与被评估林木资产相类似的林分所需的成本费用，作为被评估林木资产评估价值的方法。其计算公式如下：

$$P = K \times \sum_{t=1}^{n} C_t(1+r)^{n-1} \tag{9-4}$$

式中 P——林木资产评估值；

K——林分质量调整系数；

C_t——过去第 t 年以现时工价及生产水平为标准计算的生产成本，主要包括各年投入的工资、物质消耗、地租等；

r——资本化率；

n——林分年龄。

（三）森林景观资产评估

森林景观资产评估是指具有游览、观光、休闲等价值的森林资源评估，主要包括风景林、森林游憩地、部分名胜古迹和革命纪念林、古树名木等。其评估方法也无外乎市场法、收益法和成本法。

1. 市场法

市场法是指以相同或相似森林景观资产的市场价格作为比较基础，使用景观质量调整系数、物价指数调整系数等调整得到被评估景观资产价值的方法。

2. 收益法

收益法是指对于能够取得门票收入的森林景观资产，可以根据其获利能力，采用收益折现的方法估算被评估景观资产的价值。

3. 成本法

成本法是指可以采取成本项目核算加总的方法估算被评估景观资产的价值。与林木资产相比，森林景观资产的成本项目中还应当考虑旅游设施的价值。

第三节 矿产资源资产评估

一、矿产资源资产评估概述

我国的矿产资源属于国家所有，由国务院行使国家对矿产资源的所有权，国家实行探矿权、采矿权有偿取得制度，并可以依法出让和转让。

探矿权和采矿权通常合称矿业权，简称矿权。在我国，探矿权和采矿权是分别设置的，必须依法分别申请。

探矿权人有权在划定的勘查作业区内进行规定的勘查作业，有权优先取得勘查作业区内矿产资源的采矿权。探矿权人在完成规定的最低勘查投入后，经依法批准，可以将探矿权转让给他人。

采矿权是指对矿产资源的开采权利。已取得采矿权的矿山企业，因企业合并、分立，与他人合资、合作经营，或者因企业资产出售以及有其他变更企业资产产权的情形而需要变更采矿权主体的，经依法批准可以将采矿权转让给他人。

矿业市场中流通的是探矿权和采矿权，本节讨论的矿产资源资产评估是指探矿权价值和采矿权价值的评估。

二、影响矿业权价值的因素

影响矿业权价值的因素主要包括矿产资源本身的稀缺程度和可替代程度、矿产品的供求状况、矿床的自然丰度和地理位置、科技进步因素、资本化率和社会平均利润率等。

1. 矿产资源本身的稀缺程度和可替代程度

一般而言，资源的稀缺程度越高，其可替代程度往往越低。凡是可替代程度低的矿产资源，其资产价值也较高。

2. 矿产品的供求状况

矿产品的供求状况决定矿产品价值的实现程度，决定何种等级的矿产资源将被投入生产过程，从而决定矿产资源资产的价格水平。

3. 矿床的自然丰度

在一定的技术经济条件下，矿床的自然丰度越高，开采所需投入的成本越低，企业的超额利润会越大，矿产资源资产价值也会相应增加。

4. 矿床的地理位置

矿床的地理位置对矿产资源资产价格的影响有时甚至超过矿床本身的自然丰度。矿床距离加工消费地的远近和运输条件的优劣，会影响企业的生产成本。因此，矿床的自然丰度与地理位置综合作用于矿产资源资产价格。

5. 科技进步因素

科技进步会使一些没有被利用的或者被认为无法利用的伴生元素或矿物得到

开发和利用，从而使矿产资源总规模扩大，市场供给增加；科技进步可以发现已被使用的矿产资源新的或更有效的利用价值，从而改变和增加矿产资源资产的价值；科技进步可以发现和创造对矿产资源开发、利用更有效的方法，使采掘企业的技术经济指标发生显著变化，如采矿损失率、矿石贫化率等降低；科技进步可以发现和创造更加有效或现代化的找矿方法，使矿产资源普查和详查的成本和风险降低，环境治理的费用水平下降，从而改变矿产资源资产的价格构成和价格水平。

三、矿业权的主要评估方法

一般地，采矿权评估主要可以采用收益法和市场法。因为探矿权可在不同精度勘查阶段转让，所以通常对于高精度勘查阶段（达到详查和勘探阶段，探明或控制了一定的矿产储量，作过一定数量的试验室选矿实验，尚未进入可行性研究阶段），探矿权的评估方法主要包括收益法、成本法等，对于低精度勘查阶段（处于普查及普查前的地质勘查阶段），探矿权的评估方法主要为成本法。

（一）收益折现思路下的具体方法

1. 贴现现金流量法

贴现现金流量法是指根据矿山企业现有的或设计的矿山设备、生产条件和方案等，预测矿山企业在预测收益期内各年开发利用矿产资源所取得的预期收益额，扣除生产经营成本和税费等后折算成现值，即为采矿权的价值。

$$P = \sum_{t=1}^{n}(W_{at} - W_{bt}) \times \frac{1}{(1+r)^{t}} \tag{9-5}$$

式中 P——采矿权价值；

W_{at}——年剩余利润额；

W_{bt}——社会平均收益额；

r——折现率。

W_{at} = 年销售收入 − 年经营成本 − 年资源补偿费 − 资源税金及其他税金

W_{bt} = 年销售收入 × 社会销售收入平均利润率

2. 约当投资—贴现现金流量法

采用约当投资—贴现现金流量法评估探矿权价值，是指通过对新探矿权人未来开采时投入的全部资产的未来预期收益现值进行估算，按原探矿权人和新探矿权人投资的比例对预期收益现值进行分割后，以原探矿权人分割所得的预期收益现值来确定探矿权的评估价值。因此，约当投资—贴现现金流量法并不是直接对探矿权资产的未来预期收益进行估算的。该方法的应用须具有一定勘查程度，并拥有较详细的地勘投资财务资料。

第一步：根据贴现现金流量法的计算原理，计算新探矿权人资产收益现值。其计算公式如下：

$$W = \sum_{t=1}^{n}\left[W_i \times \frac{1}{(1+r)^i}\right] \tag{9-6}$$

式中　W——资产收益现值；

W_i——第 i 年的收益额；

r——资本化率；

n——计算年限。

其中，W_i = 年销售收入 - 年经营成本 - 年资源补偿费 - 资源税金 - 其他税金。

第二步：计算原探矿权人、新探矿权人投资现值，原探矿权人投资现值 T_y 可采用重置成本法计算，新探矿权人的投资现值 T_x 可采用贴现法计算。其计算公式如下：

$$T_x = \sum_{i=1}^{n}\left[T_i \times \frac{1}{(1+r)^i}\right] \tag{9-7}$$

式中　T_x——新探矿权投资累计现值；

T_i——第 i 年投资值；

r——资本化率；

n——投资年限。

第三步：计算探矿权评估价值。其计算公式如下：

$$P = \frac{T_y}{T_y + T_x} \times W \tag{9-8}$$

式中　P——探矿权评估价值；

T_y——原探矿权人投资现值；

T_x——新探矿权人投资现值；

W——资产收益现值。

（二）市场比较思路下的具体评估方法

1. 可比销售法

可比销售法是指利用已知采矿权转让中的市场价，经过差异因素调整，来估算待估的采矿权价格的方法。可比销售法评估采用下列公式：

$$P = P_x \times \mu \times \xi \times \varphi \times \vartheta \tag{9-9}$$

式中　P——采矿权价值；

P_x——参照的采矿权成交价格；

μ——规模调整系数；

ξ——品位调整系数；

φ——矿产品价格调整系数；

ϑ——采矿权差异调整系数。

应用可比销售法时，要对参照的采矿权价格进行矿床规模差异调整、品位调整、矿产品价格调整、采矿权差异要素调整。其中：

规模调整系数 = 被评估资产采矿探明储量 ÷ 参照的采矿权探明储量

品位调整系数 = 被评估的采矿权精矿平均品位 ÷ 参照的采矿权精矿平均品位

矿产品价格调整系数 = 被评估的采矿权采用的矿产品价格 ÷ 参照的采矿权当时采用的矿产品价格

采矿权差异调整系数 = 被评估的采矿权差异要素评判总值 ÷ 参照的采矿权差异要素评判总值

采矿权差异要素包括矿产资源的交通条件、自然条件、经济环境和地质采选条件等。

可比销售法要求参照的采矿权具有可比性，即矿种相同、自然成因类型相同、工业类型大致相似，同时要取得足够的地质参数。该方法在矿业权市场发达的国家中应用较为广泛。由于我国矿业权交易尚不普遍，该方法的应用受到一定的限制。

2. 联合风险勘查协议法

联合风险勘查协议法是指根据该勘查区已经签订的联合风险经营协议的条款，或类似的勘查区所签订的协议条款，按照合作公司所承诺的勘查投资及其所获得的相应的股权，评估探矿权价值的方法。

3. 粗估法

粗估法是在低勘查精度阶段采用的一种近似方法。它是指根据公开上市公司的地质信息报告或定期披露的地质资料以及矿业股票市场和财务市场走势的长期分析资料，如价格与收益比、价格与现金流量比等指标来估算探矿权价值的方法。目前常用的有资源品级价值粗估法和以单位国土面积资源价值为基础的评估方法。

（三）成本核算思路下的具体评估方法

1. 有效工作量核算法

探矿权评估的重置成本法与一般资产评估的重置成本法原理相同，是在现行技术条件下，采用新的价格费用标准，获得与被评估的探矿权具有相同勘探效果的探矿权重置价值，扣除技术性贬值后评估探矿权净值的方法。根据探矿权的地质勘查特点，主要利用有效实物工作量计算重置价值，其他投入按照分摊的办法处理。其计算公式如下：

$$P = P_b \times (1+f) \times (1-\xi)$$
$$= \sum_{i=1}^{n} (U_{bi} \times P_{ui}) \times (1+\varepsilon) \times (1+f) \times (1+\xi) \tag{9-10}$$

式中 P——探矿权评估值；

P_b——探矿权资产重置全价；

f——地勘风险系数；

ξ——技术性贬值系数；

U_{bi}——各类地勘实物工作量；

P_{ui}——相对应的各类地勘实物工作量现行市价；

n——地勘实物工作量项数；

ε——其他地质工作、综合研究及编写报告、岩矿实验、工地建筑等四项费用分摊系数。

四项费用分摊系数是根据行业（部门）多年的资料初步统计出来的。在地勘工作中，这四项费用一般是由几个地勘项目共同耗费的，难以算出单个项目耗费的具体数额，所以通常采用分摊的办法处理。

技术性贬值是指由于地质勘查技术原因，导致探矿权所依托的地勘成果质量出现问题，或者由于其他技术原因引起的已探明矿产储量的损失，从而影响探矿权持续使用，降低其获利能力。因此在评估时需要作技术性贬值处理。

2. *地勘加和法*

地勘加和法是指利用地勘投入的重置成本加上以地勘投入所分配的超额利润来确定探矿权价值，是重置成本法和贴现现金流量法相结合的一种评估方法。它既考虑了探矿权投入的成本，也考虑了探矿权未来的获利能力。其计算公式如下：

$$P = P_x + L_n \tag{9-11}$$

$$L_n = M \times \frac{T}{T + G} \tag{9-12}$$

式中　P——探矿权评估值；

P_x——不含勘查风险的探矿权净价；

L_n——应分配的超额利润；

M——超额利润总额；

T——地勘总投资；

G——矿山建设总投资。

3. *地质要素评序法*

地质要素评序法是指以基础购置成本为基数，通过对地勘成果综合评价，将定性的地质要素转化为定量的价值调整系数，对基础购置成本进行调整来确定探矿权价值的方法。基础购置成本包括国家规定缴纳的探矿权使用费和矿业权人承诺履行的地质基本支出或者已经形成的原始地质勘查费。

复习思考题

一、思考题

1. 简述资源性资产的特性。
2. 什么是非耗竭性资源？什么是耗竭性资源？试分别举例说明。

3. 森林资产价格的主要构成要素有哪些？森林资产的评估方法有几种？

4. 矿产资源资产的评估方法有哪几种？

二、单项选择题

1. 以下属于耗竭性资源的是(　　)。

A. 矿产资源　B. 经济资源　C. 人文社会资源　D. 以上都不是

2. 矿产、地质资源属于(　　)。

A. 可再生资源　B. 经济资源　C. 不可再生资源　D. 人文社会资源

3. 资源资产评估的实质是评估资源资产的(　　)。

A. 各类资源资产实体　B. 所有权　C. 使用权　D. 获取收益能力

4. 营林的生产成本通常是以(　　)的营林成本作为依据。

A. 优等宜林地　B. 劣等宜林地　C. 中等宜林地　D. 任意宜林地

5. 森林资源属于(　　)。

A. 耗竭性资源　B. 可再生非耗竭性资源

C. 恒定的非耗竭性资源　D. 人文社会资源

6. 以下属于影响资源性资产评估价值的重要因素的是(　　)。

A. 资源的性质　B. 资源的品牌　C. 资源的区位　D. 资源的本质

7. 采用市场法评估林木资产的价值时，不需考虑的因素是(　　)。

A. 物价指数调整系数　B. 林木资源的再生价值

C. 林分质量调整系数　D. 被估林木资产的蓄积量

8. 在村民张某的房屋下埋藏着某稀有金属矿产，则该矿产的所有权属于(　　)。

A. 张某　B. 国家

C. 张某所在的村庄　D. 张某所在的镇政府集体所有

9. 资源资产评估的是资源的(　　)。

A. 经济价值　B. 生态价值　C. 社会效益　D. 综合价值

10. 收益折现思路下的贴现现金流量法适用于(　　)的评估。

A. 勘察精度高的详查和勘探阶段的矿业权评估

B. 勘察精度低的勘探初级阶段的矿业权评估

C. 各勘察阶段的矿业权评估

D. 仅用于采矿权的评估

三、多项选择题

1. 以下属于恒定的非耗竭性资源的有(　　)。

A. 气候资源　B. 海洋动力资源　C. 矿产资源　D. 森林资源

2. 影响矿产资源资产价值的因素主要包括(　　)。

A. 科技进步　B. 矿床自然丰度

C. 矿产的稀缺程度和替代程度　D. 矿床的地理位置

3. 从矿产资源与人类的经济关系的角度划分，资源可分为(　　)。

A. 环境资源　B. 非耗竭性资源　C. 恒定资源　D. 景观资源

4. 资源资产的特性包括(　　)。

A. 有用性　　B. 稀缺性　　C. 有限性　　D. 生态性

5. 森林资源资产评估主要包括(　　)的评估。

A. 林木资产　　B. 林地资产
C. 森林景观资产　　D. 森林微生物资产

6. 资源资产评估的目的有(　　)。

A. 使用权出让　　B. 融资　　C. 所有权转让　　D. 企业兼并

7. 采用收益法评估森林资源时主要适用于(　　)资产。

A. 经济林　　B. 实验林　　C. 竹林　　D. 防护林

8. 采用可比销售法评估采矿权时，需要对已知采矿权转让中的市场成交价进行若干系数调整，这些系数包括(　　)。

A. 品位调整系数　　B. 规模调整系数　　C. 价格调整系数　　D. 差异调整系数

9. 一个林区的森林，可以根据(　　)等因素的不同，划分成不同的林分。

A. 树种组成　　B. 森林起源　　C. 林相　　D. 林龄

10. 矿业权包括(　　)。

A. 探矿权　　B. 采矿权
C. 所有权　　D. 政府规定的其他权利

四、判断题

1. 未被发现或发现了但不知其用途的物质不是资源，因而也没有价值。(　　)

2. 资源资产评估是依托资源资产的实体进行的，但其实质是使用资源经营权权益的资本化。(　　)

3. 凡自然资源都能形成资源资产。(　　)

4. 资源资产评估的是资源的权益价值，因此评估的不是实物而是资源的权益。(　　)

5. 环境资源、生物资源和土地资源均为非耗竭性资源。(　　)

五、评估题

现有一片经济林，假设该森林被全部采伐，所得木材的销售总收入预计为3 000万元。现已知生成该林木的经营成本为500万元，林木经营者要求的合理利润为销售收入的6%，该森林的再生价值为500万元。试评估该森林资源的林木价值。

复习思考题答案

一、略

二、单项选择题

1. A　2. C　3. D　4. C　5. B　6. C　7. B　8. B　9. A　10. A

三、多项选择题

1. A,B　2. A,B,C,D　3. A,D　4. A,B,C,D　5. A,B,C　6. A,B,D
7. A,B,C　8. A,B,C,D　9. A,B,C,D　10. A,B

四、判断题

1. √　2. √　3. ×　4. √　5. ×

五、略

第十章　企业价值评估

学习目标

掌握企业价值评估的含义、范围及如何运用收益法、市场法和成本法进行企业价值的评估。

案例引导

北京时间2010年3月28日，中国浙江吉利控股集团有限公司（以下简称吉利集团）在瑞典哥德堡与福特汽车签署最终股权收购协议，获得沃尔沃轿车公司（以下简称沃尔沃轿车）100%的股权以及相关资产（包括知识产权）和全部的销售渠道，本次收购涉及金额18亿美元。国内很多人对吉利集团李书福的决策表示肯定，媒体称赞其为一个非常有智慧的人。路透社于3月28日撰文称，李书福可算做中国版“亨利·福特”。在该媒体眼中，其成功收购福特汽车旗下著名品牌沃尔沃轿车的交易有望改写汽车行业历史。但有人为吉利集团的未来感到担忧，认为这只是一个“穷小子”为了一个心仪的明星买了一颗巨大无比的“鸽子蛋”戒指，如果“穷小子”不能继续努力，必会从此败阵。甚至有人估算，如果吉利集团想真正“消化”沃尔沃轿车，至少还需要再投入14亿美元资金。这对于目前已负债累累的民营企业吉利集团来说，是一个巨大的考验。请思考，如何从企业价值的角度来看待吉利集团的这次收购行为？

第一节　企业价值评估及其范围界定

一、企业及其特点

企业是指以盈利为目的，按照法律程序建立起来的经济实体。在形式上它体现为由各种要素资产组成的并具有持续获利能力的自负盈亏的经济实体。

企业作为一项特殊资产，具有其自身的特点：

（1）盈利性。企业作为一类特殊的资产，其经营目的就是盈利。评价企业的价值时，主要应以其盈利能力的高低作为判断的标准。

（2）持续经营性。企业要获取盈利，必须进行经营，而且要在经营过程中努力降低成本和费用，为此，企业要对各种生产经营要素进行有效组合并保持其最佳利用状态。影响生产经营要素最佳利用的因素有很多，持续经营是保证企业正常盈利的一个重要方面。

（3）整体性。构成企业的各个要素资产虽然各具不同性能，但它们在服从特定系统目标的前提下构成企业整体。构成企业的各个要素资产的功能可能不会都很健全，但它们可以综合在一起，成为具有良好整体功能的资产综合体。当然，即使构成企业的各个要素资产的个体功能良好，但如果它们之间的功能不匹配，由此组合而成的企业整体功能也未必很好。所以，企业价值评估强调整体性。

二、企业价值的基本理论

根据资产评估的基本理论，评估价值是指资产的交换价值，因此，本章中所称企业价值，并不是指资产的内在价值，而是指为了交换而评估的价值，即公允价值。公允价值的具体表达形式取决于评估的目的。

根据评估目的以及评估结果的不同用途，企业价值可以通过不同的层面表现：①企业整体价值。②企业投入资本的价值。③企业全部股东权益的价值。④企业部分股东权益的价值。

中国资产评估协会于 2004 年 12 月 30 日颁布的《企业价值评估指导意见（试行）》（中评协[2004]134 号文件）第三条明确指出："本指导意见所称企业价值评估，是指注册资产评估师对评估基准日特定目的下企业整体价值、股东权益价值或部分权益价值进行分析、估算并发表专业意见的行为和过程。"由此可以看出，目前我国企业价值评估主要是指企业整体价值评估、企业股东全部权益价值评估和企业股东部分权益价值评估。

企业整体价值是指企业总资产价值减去企业负债中的非付息债务价值后的余值，或用企业所有者权益价值加上企业的全部付息债务价值表示。

企业股东全部权益价值就是企业的所有者权益或净资产价值。

企业股东部分权益价值其实就是企业一部分股权的价值，或股东全部权益价值的一部分。事实上，由于不同股东的权益的内涵可能不同，因此，一般地，部分股东权益价值并不等于全部股东权益价值与股权比率的乘积。在实务中，通常资产评估师应当在适当的情况下考虑由于控股权和少数股权等因素产生的溢价或折价，并将这种考虑在资产评估报告中作出披露。

三、企业价值评估中有效资产与无效资产的界定

企业之所以具有价值，事实上是企业有效资产作用的结果，有些资产虽然也属于企业的资产，但其对于企业的盈利能力并不产生影响，因此，在评估时界定资产的有效性非常重要。

企业评估的具体范围是指资产评估师具体实施评估的资产范围，即有效资产范围。它是在评估的一般范围的基础上，经过合理、必要的重组后的评估范围。将企业中的有效资产与非有效资产进行合理、必要的划分，是进行企业价值评估的重要前提。

在划定企业评估的具体范围时，应注意以下几点：

（1）对于在评估时点一时难以界定的产权或因产权纠纷暂时难以得出结论的资产，应划为“待定产权”，暂不列入企业评估的资产范围。

（2）在产权界定范围内，对企业中存在的生产能力闲置或浪费以及某些局部资产的功能与整体企业的总体功能不一致等情况，按照效用原则，应提醒委托方进行企业资产重组，重新界定企业评估的具体范围，以避免造成委托方的权益损失。

企业的资产重组主要有两种形式：①“资产剥离”，即将企业中的闲置资产、无效资产在进行企业评估之前剥离出去，不列入企业评估的范围。②对企业生产经营能力的“填平补齐”，即针对影响企业生产经营能力的薄弱环节，进行必要的改进，以保证企业生产的协调和平衡，使企业形成一个完整的生产能力及获利能力的载体。不论是“资产剥离”还是“填平补齐”，都应以企业正常的设计生产经营能力为限，不可以人为地缩小或扩大企业的生产经营能力和获利能力。

第二节　企业价值评估的收益法

收益法适用于持续经营假设前提下的企业价值评估。

持续经营假设是指在企业评估时，假定企业将按照原来的经营目的、经营方式持续地经营下去。持续经营假设尽管是一种假设，但是，这种假设也不是可以随便运用的，它需要建立在对企业能够持续经营的专业判断之上。判断企业能否持续经营，需考虑以下方面：

（1）评估目的。引起此次企业评估的经济活动或资产业务要求企业持续经营，或评估结果的具体用途要求以企业持续经营为前提。

（2）企业提供的产品或服务是否为市场所需要。若企业产品或服务不能为市场所接受，企业无预期收益，则不能滥用持续经营假设。

（3）企业要素资产的功能和状态。若企业各个要素资产破损严重、工艺落后或各种功能严重失调，以致不能满足企业持续经营的需要，也不宜采用持续经营假设。

一、企业收益的含义

1. 企业收益的界定

收益额是运用收益现值法评估企业整体的基本参数之一。在企业整体评估中，收益额是指企业在正常条件下获得的归企业的收益所得额。

企业收益通常可以从权责发生的角度和收付实现的角度进行认识。从权责发生的角度认识收益，收益通常表现为利润，包括税前利润、税后利润、息税前利润等指标。但是，由于利润是通过复杂的会计处理程序计算得到的，被管理层操纵的可能性较大，因此，利润的可靠性往往较差。从收付实现的角度认识收益，收益常被定义为现金流量。它通常表现为将现金流量、息前净现金流量等指标。

2. 企业价值评估中收益的选择

在选择收益额时，首先应当考虑收益额与折现率一致的问题，在保证两者一致的前提下，用不同的收益折现得到不同的企业价值内涵。

选择何种层次和口径的企业收益作为企业评估的依据，首先应服从于企业评估的目标，即评估的是净资产价值，是投资资本价值，还是总资产价值，其次，还应服从于哪种层次或者口径的企业收益额更能客观地反映出企业的正常获利能力。在不影响实现企业评估目标的前提下，选择最能客观反映企业正常获利能力的企业收益额作为收益折现的基础是比较适宜的。

二、收益法在企业价值评估中的运用

1. 企业持续经营假设前提下的收益法

（1）年金法。年金法的公式如下：

$$P = A/r \tag{10-1}$$

式中 P——企业重估价值；

A——企业每年的年金收益；

r——资本化率。

用于整体企业评估的年金法，是指把企业未来可预测的各年预期收益进行年金化处理，然后再把已年金化了的企业预期收益进行收益还原，估测整体企业的重估价值。因此，式（10-1）又可以换算成如下计算公式：

$$P = \sum_{i=1}^{n}[R_i \times (1+r)^{-i}] \times (A/P,r,n) \div r \tag{10-2}$$

式中 $\sum_{i=1}^{n}[R_i \times (1+r)^{-i}]$——企业前 n 年预期收益折现值之和；

$(A/P,r,n)$——投资回收系数。该系数的数学表达式为 $\dfrac{r(1+r)^n}{(1+r)^n-1}$ 或 $\dfrac{1}{\sum_{i=1}^{n}(1+r)^{-i}}$；

r——资本化率。

式（10-2）也可以写成

$$P = \sum_{i=1}^{n}[R_i \times (1+r)^{-i}] \times \left[\frac{r(1+r)^n}{(1+r)^n-1}\right] \div r \tag{10-3}$$

$$P = \sum_{i=1}^{n}[R_i \times (1+r)^{-i}] \div \sum_{i=1}^{n}[(1+r)^{-i}] \div r \tag{10-4}$$

【例 10-1】 待估企业预计未来 5 年的预期收益额为 100 万元、120 万元、

150 万元、160 万元、200 万元。假定资本化率为 10%，试用年金法估测待估企业整体价值。

运用式（10-4），可以得出：

$$P = \sum_{i=1}^{n}[R_i \times (1+r)^{-i}] \div \sum_{i=1}^{n}[(1+r)^{-i}] \div r$$
$$= [100 \times 0.9091 + 120 \times 0.8264 + 150 \times 0.7513 + 160 \times 0.6830 + 200 \times 0.6209] \div (0.9091 + 0.8264 + 0.7513 + 0.6830 + 0.6209) \div 10\%$$
$$= (91 + 99 + 113 + 109 + 124) \div 3.7908 \div 10\%$$
$$= 536 \div 3.7908 \div 10\%$$
$$= 1\ 414(\text{万元})$$

（2）分段法。分段法是指将持续经营的企业的收益预测分为前后段。对于前段企业的预期收益采取逐年预测折现累加的方法；而对于后段的企业收益，则针对企业具体情况假设它按某一规律变化，并按企业收益变化规律，对企业后段预期收益进行还原及折现处理。将企业前后两段收益现值加在一起便构成了整体企业的收益现值。

假设以前段最后一年的收益作为后段各年的年金收益，分段法的公式如下：

$$P = \sum_{i=1}^{n}[R_i \times (1+r)^{-i}] + \frac{R_n}{r} \times (1+r)^{-n} \tag{10-5}$$

假设从$(n+1)$年起的后段，企业预期年收益将按一固定比率(s)增长，则分段法的公式如下：

$$P = \sum_{i=1}^{n}[R_i \times (1+r)^{-i}] + \frac{R_{n+1}}{(r-s)} \times (1+r)^{-n} \tag{10-6}$$

【例 10-2】 待估企业预计未来 5 年的收益额为 100 万元、120 万元、150 万元、160 万元、200 万元，并根据企业的实际情况推断，从第 6 年开始，企业的年预期收益额将维持在 200 万元水平上。假定资本化率为 10%，试用分段法估测待估企业的整体价值。

运用式（10-5）：

$$P = \sum_{i=1}^{n}[R_i \times (1+r)^{-i}] + \frac{R_n}{r} \times (1+r)^{-n}$$
$$= (100 \times 0.9091 + 120 \times 0.8264 + 150 \times 0.7513 + 160 \times 0.6830 + 200 \times 0.6209) + (200/10\%) \times 0.6209$$
$$= 536 + 2\ 000 \times 0.6209 = 1\ 778(\text{万元})$$

承上例，假如资产评估师根据企业的实际情况推断，企业从第 6 年起，收益额将在第 5 年的水平上以 2% 的增长率保持增长，其他条件不变，试估测待估企业的整体价值。

运用式（10-6）：

$$P = \sum_{i=1}^{n}[R_i \times (1+r)^{-i}] + \frac{R_{n+1}}{(r-s)} \times (1+r)^{-n}$$

$$= (100 \times 0.9091 + 120 \times 0.8264 + 150 \times 0.7513 + 160 \times 0.6830 + 200 \times 0.6209) + \frac{200 \times (1+2\%)}{(10\% - 2\%)} \times 0.6209$$

$$= 536 + 2\,550 \times 0.6209 = 536 + 1\,583 = 2\,129（万元）$$

2. 企业非永续经营假设前提下收益现值法

（1）企业非永续经营假设。通常企业是持续经营的资产，企业价值就是持续经营假设下的价值评估。但如果企业章程中规定了企业的有限经营期限，则可按照章程中规定的时间进行价值评估。但使用该假设时资产评估师必须具体分析这个前提适用的合理性，如果经营者有意延长经营期限，且这种延长符合法律标准，则资产评估师还应当按照持续经营假设评估企业价值。

（2）企业非永续经营假设是从最有利于回收企业投资的角度，争取在不追回资本性投资的前提下，充分利用企业现有的资源，最大限度地获取投资收益，直至企业无法持续经营为止。

（3）企业非永续经营假设前提下收益现值法的数学表达式。在非持续经营假设前提下，整体企业评估适宜采用分段法进行，其计算公式如下：

$$P = \sum_{i=1}^{n}[R_i \times (1+r)^{-i}] + P_n \times (1+r)^{-n} \qquad (10\text{-}7)$$

式中　P_n 为第 n 年企业资产的变现值；其他符号含义同前。

第三节　企业价值评估中的成本法和市场法

一、企业价值评估的成本法

成本法又称为成本加和法，也可简称为加和法，该方法实际是通过对企业账面价值的调整得到企业价值，是以企业要素资产的重建作为出发点的，在评估时往往容易忽略企业的盈利能力及形成盈利能力的某些重要的无形资产因素，如企业的管理效率、企业的自创商誉、企业的销售网络等。这些无形资产因素往往在会计核算中未加以考虑，而在评估时也往往不作为单独的要素进行确认，因而，成本法评估企业价值时可能发生低估。

在持续经营假设前提下，一般不能单独采用成本法对企业的整体价值进行评估，因为运用成本法评估企业资产时，是通过分别估测构成企业的所有可确指的资产后加和而成的。这种方法无法把握一个持续经营企业的价值的整体性，亦很难把握各个单项资产对企业的贡献，更难衡量企业各单项资产间的工艺匹配和有机组合因素可能产生的整合效应，即不可确指的无形资产。因此，在一般情况下，不宜单独运用成本法评估一个在持续经营假设前提下的企业价值。在特殊情况下，资产评估师只采用成本法对一个持续经营企业进行评估时，应给予特别说明。

在正常情况下，运用成本法评估一个持续经营的企业应同时应用收益法进行验证。特别是在我国目前的条件下，企业的社会负担及非正常费用比较多，企业的财务数据很难真实反映企业的获利能力，而且单凭企业的财务资料进行企业预期收益测算的可靠性不够。将企业评估的收益法和成本法配合使用，可以起到互补的作用。既便于资产评估师对企业的整体性及整体获利能力的把握，也可以使对企业预期收益的预测建立在较为坚实的基础之上。因此，在运用成本法评估一个持续经营的企业时，在对构成企业的各类单项资产评估的过程中，不能“只见树木，不见森林”。

二、企业价值评估的市场法

企业价值评估的市场法采用常见的财务指标——市盈率来评估企业的价值。市盈率是上市公司每股股票价格与其每股年收益额之比。市场法是指利用市盈率作为基本参考依据，经过对上市公司与被评估企业的相关因素进行对比分析后得出被评估企业价值的方法。

市场法的基本思路如下：

（1）从证券市场中搜集与被评估企业相同或相似的上市公司，把上市公司的股票价格按公司不同口径的收益额计算出不同口径的市盈率。不同的收益额口径：税前无负债净现金流量、无负债净现金流量、净利润等。

（2）分别按各口径市盈率相对应的口径计算被评估企业的各口径收益额。

（3）以上市公司各口径的市盈率乘以被评估企业相对口径的收益额，得到一组被评估企业初步价值。

（4）对于该组按不同口径市盈率计算出的企业价值分别给出权重，加权平均计算出企业价值。

利用上市公司的市盈率作为乘数评估企业价值时，还必须作适当的调整，以剔除被评估企业与上市公司之间的差异。其中，企业变现能力是上市公司与被评估企业之间的重要差别。上市公司具有较好变现能力，而被评估企业相比之下差距较大，这种变现能力差异必须体现在评估值中。其他的差异也必须作出恰当的调整，保证评估值趋于合理。

运用市场法评估企业时，需要有较为完善和发达的证券交易市场，要有行业部门齐全且足够数量的上市公司。尽管我国的证券市场从无到有，得到了迅速的发展，上市公司的行业种类和公司数量越来越多，但是，我国的上市公司在股权设置、股权结构等方面还有许多特殊问题，市场发育也不尽完善。因此，我国在短时期内运用市场法评估企业价值尚有困难。

复习思考题

一、思考题

1. 试分析企业价值评估与构成企业的各个单项资产的简单评估值加和之间的区别。
2. 企业价值评估的范围包括哪些?
3. 简述成本法评估企业价值的基本思路。
4. 简述市场法评估企业价值的基本思路。
5. 简述收益法评估企业价值的具体运用。

二、单项选择题

1. 利用净利润指标作为企业价值评估的收益额，资本化后的价值应该是企业的(　　)。

A. 部分股权　　B. 所有者权益　　C. 投资资本　　D. 总资产

2. 在持续经营假设前提下，运用资产的成本法评估企业价值时，各个单项资产的评估，应按(　　)原则确定其价值。

A. 变现　　B. 预期　　C. 替代　　D. 贡献

3. 利用净利润加上扣税后的长期负债利息作为企业价值评估的收益额，资本化后的价值应该是企业的(　　)。

A. 部分股权　　B. 所有者权益　　C. 投资资本　　D. 总资产

4. 评估企业的资产价值时，选择(　　)作为资本化的收益额最为直接。

A. 利润总额

B. 净利润

C. 净现金流量 + 负债利息 × (1 − 所得税税率)

D. 净现金流量 + 长期利息 × (1 − 所得税税率)

5. 用于企业价值评估的收益额，通常不包括(　　)。

A. 利润总额　　B. 净利润

C. 净现金流量　　D. 息前净现金流量

6. 从量的角度上讲，企业价值评估与构成企业的单项资产评估加和之间的差异主要表现在(　　)。

A. 管理人员才干　　B. 商誉　　C. 企业获利能力　　D. 无形资产

7. 运用收益法进行企业价值评估时，其前提条件是(　　)。

A. 企业具有持续获利能力　　B. 企业各项资产完好

C. 企业具有无形资产　　D. 企业具有商誉

8. 由于企业经营的目的是对资产进行保值增值，因此，从本质上讲，企业评估的真正对象是(　　)。

A. 企业的生产能力　　B. 企业的全部资产　　C. 企业整体资产　　D. 企业获利能力

9. 当企业的整体价值低于企业单项资产评估值之和时，通常的情况是(　　)。

A. 企业的资产收益率低于社会平均资金收益率

B. 企业的资产收益率高于社会平均资金收益率

C. 企业的资产收益率等于社会平均资金收益率

D. 企业的资产收益率趋于社会平均资金收益率

10. 在企业价值评估中，投资资本是指(　　)。

A. 所有者权益 + 负债　　B. 所有者权益 + 流动负债

C. 所有者权益 + 长期负债　　D. 长期投资

11. 运用收益法评估企业价值时，企业的收益是指(　　)。

A. 企业的实际收益　　B 企业的净利润

C. 企业的净现金流量　　D. 企业未来的客观收益

三、多项选择题

1. 企业作为一类特殊的资产，具有(　　)特点。

A. 盈利性　　B. 持续经营性　　C. 收益无限期　　D. 整体性

2. 成本法中可能忽略的无形资产要素有(　　)。

A. 企业的管理效率　　B. 企业的自创商誉　　C. 企业的销售网络　　D. 企业的专利权

3. 用以衡量和判断被评估企业现时获利能力的指标主要有(　　)。

A. 净资产利润率　　B. 净资产报酬率　　C. 投资资本利润率

D. 投资资本报酬率　　E. 企业资金利润率

4. 在折现率与收益额口径保持一致的前提下，直接用于评估企业所有者权益价值的财务指标是(　　)。

A. 利润总额　　B. 利税总额　　C. 净利润　　D. 净现金流量

5. 在企业价值评估中，企业价值的表现形式包括(　　)。

A. 投入资本价值　　B. 长期投资价值　　C. 所有者权益价值　　D. 长期负债价值

四、判断题

1. 上市公司的企业内在价值应该等同于评估基准日该公司全部股票市值之和。(　　)

2. 用收益法评估企业价值时，评估时点企业的实际收益可以直接用来计算企业价值。(　　)

3. 企业整体资产是企业各项可确指资产的汇集，其价值等于各项可确指资产价值之和。(　　)

4. 以持续经营为前提对企业进行评估时，成本法一般应当作为唯一使用的评估方法。(　　)

5. 在某些情况下，企业在持续经营前提下的价值并不必然大于在清算前提下的企业变现价值。(　　)

五、评估题

1. 某企业预计未来 5 年的预期收益额为 11 万元、12 万元、13 万元、14 万元、15 万元。假定资本化率为 10%，试用年金法估测该企业持续经营条件下的企业价值。

2. 某企业预计未来 5 年的预期收益额为 11 万元、12 万元、13 万元、13 万元、14 万元，并从第 6 年开始，企业的年收益额将维持在 15 万元水平上。假定资本化率为 10%，试用分段法估测该企业持续经营条件下的企业价值。

3. 某企业预计未来 5 年的预期收益额为 11 万元、11 万元、13 万元、13 万元、14 万元，并从第 6 年开始，企业的年收益额将在第 5 年的水平上以 1% 的增长率增长。假定资本化率为 10%，试估测该企业持续经营条件下的企业价值。

4. 某企业距其企业章程规定的经营期限只剩 5 年，到期后不再继续经营。预计未来 5 年的预期收益额为 11 万元、11 万元、12 万元、12 万元、14 万元，5 年后，该企业变现预计可收回 50 万元。假定资本化率为 10%，试估测该企业价值。

复习思考题答案

一、略

二、单项选择题

1. B　2. D　3. C　4. C　5. A　6. B　7. A　8. D　9. A　10. C　11. D

三、多项选择题

1. A,B,D　2. A,B,C　3. A,C,E　4. C,D　5. A,B,C

四、判断题

1. ×　2. ×　3. ×　4. ×　5. ×

五、略

附　录

附表一　复利终值系数表

期数	年利率									
	1%	2%	3%	4%	5%	6%	7%	8%	9%	10%
1	1.0100	1.0200	1.0300	1.0400	1.0500	1.0600	1.0700	1.0800	1.0900	1.1000
2	1.0201	1.0404	1.0609	1.0816	1.1025	1.1236	1.1449	1.1664	1.1881	1.2100
3	1.0303	1.0612	1.0927	1.1249	1.1576	1.1910	1.2250	1.2597	1.2950	1.3310
4	1.0406	1.0824	1.1255	1.1699	1.2155	1.2625	1.3108	1.3605	1.4116	1.4641
5	1.0510	1.1041	1.1593	1.2167	1.2763	1.3382	1.4026	1.4693	1.5386	1.6105
6	1.0615	1.1262	1.1941	1.2653	1.3401	1.4185	1.5007	1.5869	1.6771	1.7716
7	1.0721	1.1487	1.2299	1.3159	1.4071	1.5036	1.6058	1.7138	1.8280	1.9487
8	1.0829	1.1717	1.2668	1.3686	1.4775	1.5938	1.7182	1.8509	1.9926	2.1436
9	1.0937	1.1951	1.3048	1.4233	1.5513	1.6895	1.8385	1.9990	2.1719	2.3579
10	1.1046	1.2190	1.3439	1.4802	1.6289	1.7908	1.9672	2.1589	2.3674	2.5937
11	1.1157	1.2434	1.3842	1.5395	1.7103	1.8983	2.1049	2.3316	2.5804	2.8531
12	1.1268	1.2682	1.4258	1.6010	1.7959	2.0122	2.2522	2.5182	2.8127	3.1384
13	1.1381	1.2936	1.4685	1.6651	1.8856	2.1329	2.4098	2.7196	3.0658	3.4523
14	1.1495	1.3195	1.5126	1.7317	1.9799	2.2609	2.5785	2.9372	3.3417	3.7975
15	1.1610	1.3459	1.5580	1.8009	2.0789	2.3966	2.7590	3.1722	3.6425	4.1772
16	1.1726	1.3728	1.6047	1.8730	2.1829	2.5404	2.9522	3.4259	3.9703	4.5950
17	1.1843	1.4002	1.6528	1.9479	2.2920	2.6928	3.1588	3.7000	4.3276	5.0545
18	1.1961	1.4282	1.7024	2.0258	2.4066	2.8543	3.3799	3.9960	4.7171	5.5599
19	1.2081	1.4568	1.7535	2.1068	2.5270	3.0256	3.6165	4.3157	5.1417	6.1159
20	1.2202	1.4859	1.8061	2.1911	2.6533	3.2071	3.8697	4.6610	5.6044	6.7275
21	1.2324	1.5157	1.8603	2.2788	2.7860	3.3996	4.1406	5.0338	6.1088	7.4002
22	1.2447	1.5460	1.9161	2.3699	2.9253	3.6035	4.4304	5.4365	6.6586	8.1403
23	1.2572	1.5769	1.9736	2.4647	3.0715	3.8197	4.7405	5.8715	7.2579	8.9543
24	1.2697	1.6084	2.0328	2.5633	3.2251	4.0489	5.0724	6.3412	7.9111	9.8497
25	1.2824	1.6406	2.0938	2.6658	3.3864	4.2919	5.4274	6.8485	8.6231	10.8347
26	1.2953	1.6734	2.1566	2.7725	3.5557	4.5494	5.8074	7.3964	9.3992	11.9182

（续）

	年利率									
期数	1%	2%	3%	4%	5%	6%	7%	8%	9%	10%
27	1. 3082	1. 7069	2. 2213	2. 8834	3. 7335	4. 8223	6. 2139	7. 9881	10. 2451	13. 1100
28	1. 3213	1. 7410	2. 2879	2. 9987	3. 9201	5. 1117	6. 6488	8. 6271	11. 1671	14. 4210
29	1. 3345	1. 7758	2. 3566	3. 1187	4. 1161	5. 4184	7. 1143	9. 3173	12. 1722	15. 8631
30	1. 3478	1. 8114	2. 4273	3. 2434	4. 3219	5. 7435	7. 6123	10. 0627	13. 2677	17. 4494
35	1. 4166	1. 9999	2. 8139	3. 9461	5. 5160	7. 6861	10. 6766	14. 7853	20. 4140	28. 1024
40	1. 4889	2. 2080	3. 2620	4. 8010	7. 0400	10. 2857	14. 9745	21. 7245	31. 4094	45. 2593
45	1. 5648	2. 4379	3. 7816	5. 8412	8. 9850	13. 7646	21. 0025	31. 9204	48. 3273	72. 8905
50	1. 6446	2. 6916	4. 3839	7. 1067	11. 4674	18. 4202	29. 4570	46. 9016	74. 3575	117. 3909
55	1. 7285	2. 9717	5. 0821	8. 6464	14. 6356	24. 6503	41. 3150	68. 9139	114. 4083	189. 0591
60	1. 8167	3. 2810	5. 8916	10. 5196	18. 6792	32. 9877	57. 9464	101. 2571	176. 0313	304. 4816

	年利率									
期数	12%	14%	15%	16%	18%	20%	24%	28%	32%	36%
1	1. 1200	1. 1400	1. 1500	1. 1600	1. 1800	1. 2000	1. 2400	1. 2800	1. 3200	1. 3600
2	1. 2544	1. 2996	1. 3225	1. 3456	1. 3924	1. 4400	1. 5376	1. 6384	1. 7424	1. 8496
3	1. 4049	1. 4815	1. 5209	1. 5609	1. 6430	1. 7280	1. 9066	2. 0972	2. 3000	2. 5155
4	1. 5735	1. 6890	1. 7490	1. 8106	1. 9388	2. 0736	2. 3642	2. 6844	3. 0360	3. 4210
5	1. 7623	1. 9254	2. 0114	2. 1003	2. 2878	2. 4883	2. 9316	3. 4360	4. 0075	4. 6526
6	1. 9738	2. 1950	2. 3131	2. 4364	2. 6996	2. 9860	3. 6352	4. 3980	5. 2899	6. 3275
7	2. 2107	2. 5023	2. 6600	2. 8262	3. 1855	3. 5832	4. 5077	5. 6295	6. 9826	8. 6054
8	2. 4760	2. 8526	3. 0590	3. 2784	3. 7589	4. 2998	5. 5895	7. 2058	9. 2170	11. 7034
9	2. 7731	3. 2519	3. 5179	3. 8030	4. 4355	5. 1598	6. 9310	9. 2234	12. 1665	15. 9166
10	3. 1058	3. 7072	4. 0456	4. 4114	5. 2338	6. 1917	8. 5944	11. 8059	16. 0598	21. 6466
11	3. 4785	4. 2262	4. 6524	5. 1173	6. 1759	7. 4301	10. 6571	15. 1116	21. 1989	29. 4393
12	3. 8960	4. 8179	5. 3503	5. 9360	7. 2876	8. 9161	13. 2148	19. 3428	27. 9825	40. 0375
13	4. 3635	5. 4924	6. 1528	6. 8858	8. 5994	10. 6993	16. 3863	24. 7588	36. 9370	54. 4510
14	4. 8871	6. 2613	7. 0757	7. 9875	10. 1472	12. 8392	20. 3191	31. 6913	48. 7568	74. 0534
15	5. 4736	7. 1379	8. 1371	9. 2655	11. 9737	15. 4070	25. 1956	40. 5648	64. 3590	100. 713
16	6. 1304	8. 1372	9. 3576	10. 7480	14. 1290	18. 4884	31. 2426	51. 9230	84. 9538	136. 969
17	6. 8660	9. 2765	10. 7613	12. 4677	16. 6722	22. 1861	38. 7408	66. 4614	112. 139	186. 278
18	7. 6900	10. 5752	12. 3755	14. 4625	19. 6733	26. 6233	48. 0386	85. 0706	148. 024	253. 338
19	8. 6128	12. 0557	14. 2318	16. 7765	23. 2144	31. 9480	59. 5679	108. 890	195. 391	344. 540

（续）

	年利率									
期数	12%	14%	15%	16%	18%	20%	24%	28%	32%	36%
20	9.6463	13.7435	16.3665	19.4608	27.3930	38.3376	73.8641	139.380	257.916	468.574
21	10.804	15.668	18.822	22.574	32.324	46.005	91.592	178.406	340.449	637.261
22	12.100	17.861	21.645	26.186	38.142	55.206	113.57	228.36	449.39	866.67
23	13.552	20.362	24.891	30.376	45.008	66.247	140.83	292.30	593.20	1178.68
24	15.179	23.212	28.625	35.236	53.109	79.497	174.63	374.14	783.02	1603.00
25	17.000	26.462	32.919	40.874	62.669	95.396	216.54	478.90	1033.59	2180.08
26	19.040	30.167	37.857	47.414	73.949	114.475	268.51	613.00	1364.34	2964.91
27	21.325	34.390	43.535	55.000	87.260	137.371	332.95	784.64	1800.93	4032.28
28	23.884	39.204	50.066	63.800	102.967	164.845	412.86	1004.34	2377.22	5483.90
29	26.750	44.693	57.575	74.009	121.501	197.814	511.95	1285.55	3137.94	7458.10
30	29.960	50.950	66.212	85.850	143.371	237.376	634.82	1645.50	4142.07	10143.02
35	52.800	98.100	133.176	180.314	327.997	590.668	1861.05	5653.9	16599.2	47191.3
40	93.051	188.884	267.864	378.721	750.378	1469.772	5455.9	19426.7	66520.8	219561.6
45	163.99	363.68	538.77	795.44	1716.68	3657.26	15994.7	66749.6	266579.6	1021529
50	289.00	700.23	1083.66	1670.70	3927.36	9100.44	46890.4	229350	1068308	4752755
55	509.32	1348.24	2179.62	3509.05	8984.84	22644.80	137465	788040	4281207	22112608
60	897.60	2595.92	4384.00	7370.20	20555.14	56347.51	402996	2707685	17156784	102880840

附表二 复利现值系数表

	年利率									
期数	1%	2%	3%	4%	5%	6%	7%	8%	9%	10%
1	0.9901	0.9804	0.9709	0.9615	0.9524	0.9434	0.9346	0.9259	0.9174	0.9091
2	0.9803	0.9612	0.9426	0.9246	0.9070	0.8900	0.8734	0.8573	0.8417	0.8264
3	0.9706	0.9423	0.9151	0.8890	0.8638	0.8396	0.8163	0.7938	0.7722	0.7513
4	0.9610	0.9238	0.8885	0.8548	0.8227	0.7921	0.7629	0.7350	0.7084	0.6830
5	0.9515	0.9057	0.8626	0.8219	0.7835	0.7473	0.7130	0.6806	0.6499	0.6209
6	0.9420	0.8880	0.8375	0.7903	0.7462	0.7050	0.6663	0.6302	0.5963	0.5645
7	0.9327	0.8706	0.8131	0.7599	0.7107	0.6651	0.6227	0.5835	0.5470	0.5132
8	0.9235	0.8535	0.7894	0.7307	0.6768	0.6274	0.5820	0.5403	0.5019	0.4665
9	0.9143	0.8368	0.7664	0.7026	0.6446	0.5919	0.5439	0.5002	0.4604	0.4241
10	0.9053	0.8203	0.7441	0.6756	0.6139	0.5584	0.5083	0.4632	0.4224	0.3855

（续）

	年利率									
期数	1%	2%	3%	4%	5%	6%	7%	8%	9%	10%
11	0.8963	0.8043	0.7224	0.6496	0.5847	0.5268	0.4751	0.4289	0.3875	0.3505
12	0.8874	0.7885	0.7014	0.6246	0.5568	0.4970	0.4440	0.3971	0.3555	0.3186
13	0.8787	0.7730	0.6810	0.6006	0.5303	0.4688	0.4150	0.3677	0.3262	0.2897
14	0.8700	0.7579	0.6611	0.5775	0.5051	0.4423	0.3878	0.3405	0.2992	0.2633
15	0.8613	0.7430	0.6419	0.5553	0.4810	0.4173	0.3624	0.3152	0.2745	0.2394
16	0.8528	0.7284	0.6232	0.5339	0.4581	0.3936	0.3387	0.2919	0.2519	0.2176
17	0.8444	0.7142	0.6050	0.5134	0.4363	0.3714	0.3166	0.2703	0.2311	0.1978
18	0.8360	0.7002	0.5874	0.4936	0.4155	0.3503	0.2959	0.2502	0.2120	0.1799
19	0.8277	0.6864	0.5703	0.4746	0.3957	0.3305	0.2765	0.2317	0.1945	0.1635
20	0.8195	0.6730	0.5537	0.4564	0.3769	0.3118	0.2584	0.2145	0.1784	0.1486
21	0.8114	0.6598	0.5375	0.4388	0.3589	0.2942	0.2415	0.1987	0.1637	0.1351
22	0.8034	0.6468	0.5219	0.4220	0.3418	0.2775	0.2257	0.1839	0.1502	0.1228
23	0.7954	0.6342	0.5067	0.4057	0.3256	0.2618	0.2109	0.1703	0.1378	0.1117
24	0.7876	0.6217	0.4919	0.3901	0.3101	0.2470	0.1971	0.1577	0.1264	0.1015
25	0.7798	0.6095	0.4776	0.3751	0.2953	0.2330	0.1842	0.1460	0.1160	0.0923
26	0.7720	0.5976	0.4637	0.3607	0.2812	0.2198	0.1722	0.1352	0.1064	0.0839
27	0.7644	0.5859	0.4502	0.3468	0.2678	0.2074	0.1609	0.1252	0.0976	0.0763
28	0.7568	0.5744	0.4371	0.3335	0.2551	0.1956	0.1504	0.1159	0.0895	0.0693
29	0.7493	0.5631	0.4243	0.3207	0.2429	0.1846	0.1406	0.1073	0.0822	0.0630
30	0.7419	0.5521	0.4120	0.3083	0.2314	0.1741	0.1314	0.0994	0.0754	0.0573
35	0.7059	0.5000	0.3554	0.2534	0.1813	0.1301	0.0937	0.0676	0.0490	0.0356
40	0.6717	0.4529	0.3066	0.2083	0.1420	0.0972	0.0668	0.0460	0.0318	0.0221
45	0.6391	0.4102	0.2644	0.1712	0.1113	0.0727	0.0476	0.0313	0.0207	0.0137
50	0.6080	0.3715	0.2281	0.1407	0.0872	0.0543	0.0339	0.0213	0.0134	0.0085
55	0.5785	0.3365	0.1968	0.1157	0.0683	0.0406	0.0242	0.0145	0.0087	0.0053
60	0.5504	0.3048	0.1697	0.0951	0.0535	0.0303	0.0173	0.0099	0.0057	0.0033

	年利率									
期数	12%	14%	15%	16%	18%	20%	24%	28%	32%	36%
1	0.8929	0.8772	0.8696	0.8621	0.8475	0.8333	0.8065	0.7813	0.7576	0.7353
2	0.7972	0.7695	0.7561	0.7432	0.7182	0.6944	0.6504	0.6104	0.5739	0.5407
3	0.7118	0.6750	0.6575	0.6407	0.6086	0.5787	0.5245	0.4768	0.4348	0.3975

（续）

	年利率									
期数	12%	14%	15%	16%	18%	20%	24%	28%	32%	36%
4	0.6355	0.5921	0.5718	0.5523	0.5158	0.4823	0.4230	0.3725	0.3294	0.2923
5	0.5674	0.5194	0.4972	0.4761	0.4371	0.4019	0.3411	0.2910	0.2495	0.2149
6	0.5066	0.4556	0.4323	0.4104	0.3704	0.3349	0.2751	0.2274	0.1890	0.1580
7	0.4523	0.3996	0.3759	0.3538	0.3139	0.2791	0.2218	0.1776	0.1432	0.1162
8	0.4039	0.3506	0.3269	0.3050	0.2660	0.2326	0.1789	0.1388	0.1085	0.0854
9	0.3606	0.3075	0.2843	0.2630	0.2255	0.1938	0.1443	0.1084	0.0822	0.0628
10	0.3220	0.2697	0.2472	0.2267	0.1911	0.1615	0.1164	0.0847	0.0623	0.0462
11	0.2875	0.2366	0.2149	0.1954	0.1619	0.1346	0.0938	0.0662	0.0472	0.0340
12	0.2567	0.2076	0.1869	0.1685	0.1372	0.1122	0.0757	0.0517	0.0357	0.0250
13	0.2292	0.1821	0.1625	0.1452	0.1163	0.0935	0.0610	0.0404	0.0271	0.0184
14	0.2046	0.1597	0.1413	0.1252	0.0985	0.0779	0.0492	0.0316	0.0205	0.0135
15	0.1827	0.1401	0.1229	0.1079	0.0835	0.0649	0.0397	0.0247	0.0155	0.0099
16	0.1631	0.1229	0.1069	0.0930	0.0708	0.0541	0.0320	0.0193	0.0118	0.0073
17	0.1456	0.1078	0.0929	0.0802	0.0600	0.0451	0.0258	0.0150	0.0089	0.0054
18	0.1300	0.0946	0.0808	0.0691	0.0508	0.0376	0.0208	0.0118	0.0068	0.0039
19	0.1161	0.0829	0.0703	0.0596	0.0431	0.0313	0.0168	0.0092	0.0051	0.0029
20	0.1037	0.0728	0.0611	0.0514	0.0365	0.0261	0.0135	0.0072	0.0039	0.0021
21	0.0926	0.0638	0.0531	0.0443	0.0309	0.0217	0.0109	0.0056	0.0029	0.0016
22	0.0826	0.0560	0.0462	0.0382	0.0262	0.0181	0.0088	0.0044	0.0022	0.0012
23	0.0738	0.0491	0.0402	0.0329	0.0222	0.0151	0.0071	0.0034	0.0017	0.0008
24	0.0659	0.0431	0.0349	0.0284	0.0188	0.0126	0.0057	0.0027	0.0013	0.0006
25	0.0588	0.0378	0.0304	0.0245	0.0160	0.0105	0.0046	0.0021	0.0010	0.0005
26	0.0525	0.0331	0.0264	0.0211	0.0135	0.0087	0.0037	0.0016	0.0007	0.0003
27	0.0469	0.0291	0.0230	0.0182	0.0115	0.0073	0.0030	0.0013	0.0006	0.0002
28	0.0419	0.0255	0.0200	0.0157	0.0097	0.0061	0.0024	0.0010	0.0004	0.0002
29	0.0374	0.0224	0.0174	0.0135	0.0082	0.0051	0.0020	0.0008	0.0003	0.0001
30	0.0334	0.0196	0.0151	0.0116	0.0070	0.0042	0.0016	0.0006	0.0002	0.0001
35	0.0189	0.0102	0.0075	0.0055	0.0030	0.0017	0.0005	0.0002	0.0001	0.0000
40	0.0107	0.0053	0.0037	0.0026	0.0013	0.0007	0.0002	0.0001	0.0000	0.0000
45	0.0061	0.0027	0.0019	0.0013	0.0006	0.0003	0.0001	0.0000	0.0000	0.0000
50	0.0035	0.0014	0.0009	0.0006	0.0003	0.0001	0.0000	0.0000	0.0000	0.0000

（续）

期数	年利率									
	12%	14%	15%	16%	18%	20%	24%	28%	32%	36%
55	0.0020	0.0007	0.0005	0.0003	0.0001	0.0000	0.0000	0.0000	0.0000	0.0000
60	0.0011	0.0004	0.0002	0.0001	0.0000	0.0000	0.0000	0.0000	0.0000	0.0000

附表三　年金终值系数表

期数	年利率									
	1%	2%	3%	4%	5%	6%	7%	8%	9%	10%
1	1.0000	1.0000	1.0000	1.0000	1.0000	1.0000	1.0000	1.0000	1.0000	1.0000
2	2.0100	2.0200	2.0300	2.0400	2.0500	2.0600	2.0700	2.0800	2.0900	2.1000
3	3.0301	3.0604	3.0909	3.1216	3.1525	3.1836	3.2149	3.2464	3.2781	3.3100
4	4.0604	4.1216	4.1836	4.2465	4.3101	4.3746	4.4399	4.5061	4.5731	4.6410
5	5.1010	5.2040	5.3091	5.4163	5.5256	5.6371	5.7507	5.8666	5.9847	6.1051
6	6.1520	6.3081	6.4684	6.6330	6.8019	6.9753	7.1533	7.3359	7.5233	7.7156
7	7.2135	7.4343	7.6625	7.8983	8.1420	8.3938	8.6540	8.9228	9.2004	9.4872
8	8.2857	8.5830	8.8923	9.2142	9.5491	9.8975	10.260	10.637	11.028	11.436
9	9.3685	9.7546	10.159	10.583	11.027	11.491	11.978	12.488	13.021	13.579
10	10.462	10.950	11.464	12.006	12.578	13.181	13.816	14.487	15.193	15.937
11	11.567	12.169	12.808	13.486	14.207	14.972	15.784	16.645	17.560	18.531
12	12.683	13.412	14.192	15.026	15.917	16.870	17.888	18.977	20.141	21.384
13	13.809	14.680	15.618	16.627	17.713	18.882	20.141	21.495	22.953	24.523
14	14.947	15.974	17.086	18.292	19.599	21.015	22.550	24.215	26.019	27.975
15	16.097	17.293	18.599	20.024	21.579	23.276	25.129	27.152	29.361	31.772
16	17.258	18.639	20.157	21.825	23.657	25.673	27.888	30.324	33.003	35.950
17	18.430	20.012	21.762	23.698	25.840	28.213	30.840	33.750	36.974	40.545
18	19.615	21.412	23.414	25.645	28.132	30.906	33.999	37.450	41.301	45.599
19	20.811	22.841	25.117	27.671	30.539	33.760	37.379	41.446	46.018	51.159
20	22.019	24.297	26.870	29.778	33.066	36.786	40.995	45.762	51.160	57.275
21	23.239	25.783	28.676	31.969	35.719	39.993	44.865	50.423	56.765	64.002
22	24.472	27.299	30.537	34.248	38.505	43.392	49.006	55.457	62.873	71.403
23	25.716	28.845	32.453	36.618	41.430	46.996	53.436	60.893	69.532	79.543
24	26.973	30.422	34.426	39.083	44.502	50.816	58.177	66.765	76.790	88.497
25	28.243	32.030	36.459	41.646	47.727	54.865	63.249	73.106	84.701	98.347

（续）

	年利率									
期数	1%	2%	3%	4%	5%	6%	7%	8%	9%	10%
26	29.526	33.671	38.553	44.312	51.113	59.156	68.676	79.954	93.324	109.18
27	30.821	35.344	40.710	47.084	54.669	63.706	74.484	87.351	102.72	121.10
28	32.129	37.051	42.931	49.968	58.403	68.528	80.698	95.339	112.97	134.21
29	33.450	38.792	45.219	52.966	62.323	73.640	87.347	103.97	124.14	148.63
30	34.785	40.568	47.575	56.085	66.439	79.058	94.461	113.28	136.31	164.49
35	41.660	49.994	60.462	73.652	90.320	111.43	138.24	172.32	215.71	271.02
40	48.886	60.402	75.401	95.026	120.80	154.76	199.64	259.06	337.88	442.59
45	56.481	71.893	92.720	121.03	159.70	212.74	285.75	386.51	525.86	718.90
50	64.463	84.579	112.80	152.67	209.35	290.34	406.53	573.77	815.08	1163.9
55	72.852	98.587	136.07	191.16	272.71	394.17	575.93	848.92	1260.1	1880.6
60	81.670	114.05	163.05	237.99	353.58	533.13	813.52	1253.2	1944.8	3034.8

	年利率									
期数	12%	14%	15%	16%	18%	20%	24%	28%	32%	36%
1	1.0000	1.0000	1.0000	1.0000	1.0000	1.0000	1.0000	1.0000	1.0000	1.0000
2	2.1200	2.1400	2.1500	2.1600	2.1800	2.2000	2.2400	2.2800	2.3200	2.3600
3	3.3744	3.4396	3.4725	3.5056	3.5724	3.6400	3.7776	3.9184	4.0624	4.2096
4	4.7793	4.9211	4.9934	5.0665	5.2154	5.3680	5.6842	6.0156	6.3624	6.7251
5	6.3528	6.6101	6.7424	6.8771	7.1542	7.4416	8.0484	8.6999	9.3983	10.146
6	8.1152	8.5355	8.7537	8.9775	9.4420	9.9299	10.980	12.136	13.406	14.799
7	10.0890	10.730	11.067	11.414	12.142	12.916	14.615	16.534	18.696	21.126
8	12.2997	13.233	13.727	14.240	15.327	16.499	19.123	22.163	25.678	29.732
9	14.7757	16.085	16.786	17.519	19.086	20.799	24.712	29.369	34.895	41.435
10	17.549	19.337	20.304	21.321	23.521	25.959	31.643	38.593	47.062	57.352
11	20.655	23.045	24.349	25.733	28.755	32.150	40.238	50.398	63.122	78.998
12	24.133	27.271	29.002	30.850	34.931	39.581	50.895	65.510	84.320	108.44
13	28.029	32.089	34.352	36.786	42.219	48.497	64.110	84.853	112.30	148.47
14	32.393	37.581	40.505	43.672	50.818	59.196	80.496	109.61	149.24	202.93
15	37.280	43.842	47.580	51.660	60.965	72.035	100.8	141.30	198.00	276.98
16	42.753	50.980	55.717	60.925	72.939	87.442	126.0	181.87	262.36	377.69
17	48.884	59.118	65.075	71.673	87.068	105.9	157.3	233.79	347.31	514.66
18	55.750	68.394	75.836	84.141	103.7	128.1	196.0	300.25	459.45	700.94

（续）

期数	年利率									
	12%	14%	15%	16%	18%	20%	24%	28%	32%	36%
19	63.440	78.969	88.212	98.603	123.4	154.7	244.0	385.32	607.47	954.28
20	72.052	91.025	102.44	115.4	146.6	186.7	303.6	494.21	802.86	1298.8
21	81.699	104.77	118.81	134.8	174.0	225.0	377.5	633.59	1060.8	1767.4
22	92.503	120.44	137.63	157.4	206.3	271.0	469.1	812.00	1401.2	2404.7
23	104.603	138.30	159.28	183.6	244.5	326.2	582.6	1040.4	1850.6	3271.3
24	118.155	158.66	184.17	214.0	289.5	392.5	723.5	1332.7	2443.8	4450.0
25	133.334	181.87	212.79	249.2	342.6	472.0	898.1	1706.8	3226.8	6053.0
26	150.334	208.33	245.71	290.1	405.3	567.4	1114.6	2185.7	4260.4	8233.1
27	169.374	238.50	283.57	337.5	479.2	681.9	1383.1	2798.7	5624.8	11198
28	190.699	272.89	327.10	392.5	566.5	819.2	1716.1	3583.3	7425.7	15230
29	214.583	312.09	377.17	456.3	669.4	984.1	2129.0	4587.7	9802.9	20714
30	241.333	356.79	434.75	530.3	790.9	1181.9	2640.9	5873.2	12941	28172
35	431.663	693.57	881.17	1120.7	1816.7	2948.3	7750.2	20189	51869	131084
40	767.091	1342.0	1779.1	2360.8	4163.2	7343.9	22729	69377	207874	609890
45	1358.23	2590.6	3585.1	4965.3	9531.6	18281	66640	238388	833058	2837579
50	2400.02	4994.5	7217.7	10436	21813	45497	195373	819103	3338460	13202094
55	4236.01	9623.1	14524	21925	49910	113219	572767	2814425	13378768	61423907
60	7471.64	18535	29220	46058	114190	281733	1679147	9670301	53614945	285780109

附表四 年金现值系数表

期数	年利率									
	1%	2%	3%	4%	5%	6%	7%	8%	9%	10%
1	0.9901	0.9804	0.9709	0.9615	0.9524	0.9434	0.9346	0.9259	0.9174	0.9091
2	1.9704	1.9416	1.9135	1.8861	1.8594	1.8334	1.8080	1.7833	1.7591	1.7355
3	2.9410	2.8839	2.8286	2.7751	2.7232	2.6730	2.6243	2.5771	2.5313	2.4869
4	3.9020	3.8077	3.7171	3.6299	3.5460	3.4651	3.3872	3.3121	3.2397	3.1699
5	4.8534	4.7135	4.5797	4.4518	4.3295	4.2124	4.1002	3.9927	3.8897	3.7908
6	5.7955	5.6014	5.4172	5.2421	5.0757	4.9173	4.7665	4.6229	4.4859	4.3553
7	6.7282	6.4720	6.2303	6.0021	5.7864	5.5824	5.3893	5.2064	5.0330	4.8684
8	7.6517	7.3255	7.0197	6.7327	6.4632	6.2098	5.9713	5.7466	5.5348	5.3349
9	8.5660	8.1622	7.7861	7.4353	7.1078	6.8017	6.5152	6.2469	5.9952	5.7590

（续）

期数	年利率									
	1%	2%	3%	4%	5%	6%	7%	8%	9%	10%
10	9.4713	8.9826	8.5302	8.1109	7.7217	7.3601	7.0236	6.7101	6.4177	6.1446
11	10.3676	9.7868	9.2526	8.7605	8.3064	7.8869	7.4987	7.1390	6.8052	6.4951
12	11.2551	10.575	9.954	9.385	8.863	8.384	7.9427	7.5361	7.1607	6.8137
13	12.1337	11.348	10.635	9.986	9.394	8.853	8.3577	7.9038	7.4869	7.1034
14	13.0037	12.106	11.296	10.563	9.899	9.295	8.7455	8.2442	7.7862	7.3667
15	13.8651	12.849	11.938	11.118	10.380	9.712	9.1079	8.5595	8.0607	7.6061
16	14.7179	13.578	12.561	11.652	10.838	10.106	9.4466	8.8514	8.3126	7.8237
17	15.5623	14.292	13.166	12.166	11.274	10.477	9.7632	9.1216	8.5436	8.0216
18	16.3983	14.992	13.754	12.659	11.690	10.828	10.0591	9.3719	8.7556	8.2014
19	17.2260	15.678	14.324	13.134	12.085	11.158	10.3356	9.6036	8.9501	8.3649
20	18.0456	16.351	14.877	13.590	12.462	11.470	10.5940	9.8181	9.1285	8.5136
21	18.8570	17.011	15.415	14.029	12.821	11.764	10.8355	10.0168	9.2922	8.6487
22	19.6604	17.658	15.937	14.451	13.163	12.042	11.0612	10.2007	9.4424	8.7715
23	20.4558	18.292	16.444	14.857	13.489	12.303	11.2722	10.3711	9.5802	8.8832
24	21.2434	18.914	16.936	15.247	13.799	12.550	11.4693	10.5288	9.7066	8.9847
25	22.0232	19.523	17.413	15.622	14.094	12.783	11.6536	10.6748	9.8226	9.0770
26	22.7952	20.121	17.877	15.983	14.375	13.003	11.8258	10.8100	9.9290	9.1609
27	23.5596	20.707	18.327	16.330	14.643	13.211	11.9867	10.9352	10.0266	9.2372
28	24.3164	21.281	18.764	16.663	14.898	13.406	12.1371	11.0511	10.1161	9.3066
29	25.0658	21.844	19.188	16.984	15.141	13.591	12.2777	11.1584	10.1983	9.3696
30	25.8077	22.396	19.600	17.292	15.372	13.765	12.4090	11.2578	10.2737	9.4269
35	29.4086	24.999	21.487	18.665	16.374	14.498	12.9477	11.6546	10.5668	9.6442
40	32.8347	27.355	23.115	19.793	17.159	15.046	13.3317	11.9246	10.7574	9.7791
45	36.0945	29.490	24.519	20.720	17.774	15.456	13.6055	12.1084	10.8812	9.8628
50	39.1961	31.424	25.730	21.482	18.256	15.762	13.8007	12.2335	10.9617	9.9148
55	42.1472	33.175	26.774	22.109	18.633	15.991	13.9399	12.3186	11.0140	9.9471
60	44.9550	34.761	27.676	22.623	18.929	16.161	14.0392	12.3766	11.0480	9.9672

期数	年利率									
	12%	14%	15%	16%	18%	20%	24%	28%	32%	36%
1	0.8929	0.8772	0.8696	0.8621	0.8475	0.8333	0.8065	0.7813	0.7576	0.7353
2	1.6901	1.6467	1.6257	1.6052	1.5656	1.5278	1.4568	1.3916	1.3315	1.2760

（续）

期数	年利率									
	12%	14%	15%	16%	18%	20%	24%	28%	32%	36%
3	2.4018	2.3216	2.2832	2.2459	2.1743	2.1065	1.9813	1.8684	1.7663	1.6735
4	3.0373	2.9137	2.8550	2.7982	2.6901	2.5887	2.4043	2.2410	2.0957	1.9658
5	3.6048	3.4331	3.3522	3.2743	3.1272	2.9906	2.7454	2.5320	2.3452	2.1807
6	4.1114	3.8887	3.7845	3.6847	3.4976	3.3255	3.0205	2.7594	2.5342	2.3388
7	4.5638	4.2883	4.1604	4.0386	3.8115	3.6046	3.2423	2.9370	2.6775	2.4550
8	4.9676	4.6389	4.4873	4.3436	4.0776	3.8372	3.4212	3.0758	2.7860	2.5404
9	5.3282	4.9464	4.7716	4.6065	4.3030	4.0310	3.5655	3.1842	2.8681	2.6033
10	5.6502	5.2161	5.0188	4.8332	4.4941	4.1925	3.6819	3.2689	2.9304	2.6495
11	5.9377	5.4527	5.2337	5.0286	4.6560	4.3271	3.7757	3.3351	2.9776	2.6834
12	6.1944	5.6603	5.4206	5.1971	4.7932	4.4392	3.8514	3.3868	3.0133	2.7084
13	6.4235	5.8424	5.5831	5.3423	4.9095	4.5327	3.9124	3.4272	3.0404	2.7268
14	6.6282	6.0021	5.7245	5.4675	5.0081	4.6106	3.9616	3.4587	3.0609	2.7403
15	6.8109	6.1422	5.8474	5.5755	5.0916	4.6755	4.0013	3.4834	3.0764	2.7502
16	6.9740	6.2651	5.9542	5.6685	5.1624	4.7296	4.0333	3.5026	3.0882	2.7575
17	7.1196	6.3729	6.0472	5.7487	5.2223	4.7746	4.0591	3.5177	3.0971	2.7629
18	7.2497	6.4674	6.1280	5.8178	5.2732	4.8122	4.0799	3.5294	3.1039	2.7668
19	7.3658	6.5504	6.1982	5.8775	5.3162	4.8435	4.0967	3.5386	3.1090	2.7697
20	7.4694	6.6231	6.2593	5.9288	5.3527	4.8696	4.1103	3.5458	3.1129	2.7718
21	7.5620	6.6870	6.3125	5.9731	5.3837	4.8913	4.1212	3.5514	3.1158	2.7734
22	7.6446	6.7429	6.3587	6.0113	5.4099	4.9094	4.1300	3.5558	3.1180	2.7746
23	7.7184	6.7921	6.3988	6.0442	5.4321	4.9245	4.1371	3.5592	3.1197	2.7754
24	7.7843	6.8351	6.4338	6.0726	5.4509	4.9371	4.1428	3.5619	3.1210	2.7760
25	7.8431	6.8729	6.4641	6.0971	5.4669	4.9476	4.1474	3.5640	3.1220	2.7765
26	7.8957	6.9061	6.4906	6.1182	5.4804	4.9563	4.1511	3.5656	3.1227	2.7768
27	7.9426	6.9352	6.5135	6.1364	5.4919	4.9636	4.1542	3.5669	3.1233	2.7771
28	7.9844	6.9607	6.5335	6.1520	5.5016	4.9697	4.1566	3.5679	3.1237	2.7773
29	8.0218	6.9830	6.5509	6.1656	5.5098	4.9747	4.1585	3.5687	3.1240	2.7774
30	8.0552	7.0027	6.5660	6.1772	5.5168	4.9789	4.1601	3.5693	3.1242	2.7775
35	8.1755	7.0700	6.6166	6.2153	5.5386	4.9915	4.1644	3.5708	3.1248	2.7777
40	8.2438	7.1050	6.6418	6.2335	5.5482	4.9966	4.1659	3.5712	3.1250	2.7778
45	8.2825	7.1232	6.6543	6.2421	5.5523	4.9986	4.1664	3.5714	3.1250	2.7778

（续）

期数	年利率									
	12%	14%	15%	16%	18%	20%	24%	28%	32%	36%
50	8. 3045	7. 1327	6. 6605	6. 2463	5. 5541	4. 9995	4. 1666	3. 5714	3. 1250	2. 7778
55	8. 3170	7. 1376	6. 6636	6. 2482	5. 5549	4. 9998	4. 1666	3. 5714	3. 1250	2. 7778
60	8. 3240	7. 1401	6. 6651	6. 2492	5. 5553	4. 9999	4. 1667	3. 5714	3. 1250	2. 7778

参 考 文 献

［1］ 全国注册资产评估师考试用书编写组．全国注册资产评估师考试综合习题集［M］. 北京：中国财政经济出版社，2006.

［2］ 全国注册资产评估师考试用书编写组．历年注册资产评估师考试试题及答案汇编［M］. 北京：中国财政经济出版社，2002.

［3］ 全国注册资产评估师考试用书编写组．中国注册会计师执业规范准则［M］. 北京：中国财政经济出版社，2006.

［4］ 全国注册资产评估师考试用书编写组．资产评估［M］. 北京：经济科学出版社，2009.

［5］ 全国注册资产评估师考试辅导丛书编委会．资产评估［M］. 上海：立信会计出版社，2009.